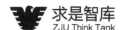

国家高端智库　浙江智库 ZHEJIANG THINK TANK　求是智库 ZJU Think Tank

浙江跨区域合作典型案例

——（2021）——

陈　健　周谷平◎主　编

辛越优　敖　晶◎副主编

ZHEJIANG UNIVERSITY PRESS
浙江大学出版社

图书在版编目(CIP)数据

　　浙江跨区域合作典型案例:2021 / 陈健,周谷平主编;辛越优,敖晶副主编. —杭州:浙江大学出版社,2023.3
　　ISBN 978-7-308-23547-1

　　Ⅰ.①浙… Ⅱ.①陈… ②周… ③辛… ④敖… Ⅲ.①区域经济合作－经济发展－案例－浙江－2021 Ⅳ.①F127.55

　　中国国家版本馆 CIP 数据核字(2023)第 035227 号

浙江跨区域合作典型案例(2021)

陈　健　周谷平　主　编
辛越优　敖　晶　副主编

责任编辑	陈佩钰(yukin_chen@zju.edu.cn)
文字编辑	金　璐
责任校对	许艺涛
封面设计	续设计
出版发行	浙江大学出版社
	(杭州市天目山路 148 号　邮政编码 310007)
	(网址:http://www.zjupress.com)
排　　版	浙江时代出版服务有限公司
印　　刷	广东虎彩云印刷有限公司绍兴分公司
开　　本	787mm×1092mm　1/16
印　　张	16.25
字　　数	245 千
版 印 次	2023 年 3 月第 1 版　2023 年 3 月第 1 次印刷
书　　号	ISBN 978-7-308-23547-1
定　　价	78.00 元

序

　　区域协调发展是党中央站在全局的高度提出的战略,旨在继续发挥不同地区的优势和积极性,通过健全市场机制、合作机制、互助机制、扶持机制等,逐步扭转区域发展不平衡及区域发展差距拉大的趋势,形成东中西相互促进、优势互补、共同发展的新格局。习近平同志强调,实施区域协调发展战略,加大力度支持革命老区、民族地区、边疆地区、贫困地区快速发展,强化举措推进西部大开发形成新格局,深化改革加快东北等老工业基地振兴,发挥优势推动中部地区崛起,创新引领率先实现东部地区优化发展,建立更加有效的区域协调发展新机制。[①] 加快推进区域协调发展战略,是贯彻落实新发展理念的必然要求,是实现高质量发展的必经之路,是解决发展不平衡不充分问题和促进共同富裕的重要举措。

　　浙江是区域经济社会改革发展先进省份,近 20 年来,浙江始终践行习近平同志提出的"八八战略"及区域协调发展的战略思想,强调区域经济社会的整体发展、系统发展、联动发展,在推进跨区域合作,特别是促进东西部扶贫协作、"山海协作"、"一带一路"国际合作等方面,涌现出诸多鲜活的典型案例,彰显了浙江跨区域合作的创新实践和发展特色。

　　浙江大学区域协调发展研究中心(以下简称中心)依托浙江大学中国西部发展研究院(以下简称西部院)整合学校相关研究力量,于 2017 年 6 月纳入国家高端智库建设培育单位,2018 年 9 月列入浙江省新型重点专业智库,2020 年 3 月增选为国家高端智库建设试点单位。西部院则成立于 2006 年

---

　　① 习近平. 决胜全面建成小康社会　夺取新时代中国特色社会主义伟大胜利——在中国共产党第十九次全国代表大会上的报告[M]. 北京:人民出版社,2017.

10月，由国家发展改革委与浙江大学共建，时任浙江省委书记习近平同志亲自为西部院揭牌奠基，并在西部院成立大会上讲话，做了重要指示。

中心凝练了"一核心两联动""三大研究方向""两大支撑平台"有机组合、开放交叉的研究格局。中心坚持以西部大开发研究为核心，通过浙江发展经验提升促进东西互动，通过沿边开发开放联通"一带一路"沿线国家促进内外联动；围绕区域协调发展重大理论和实践问题，依托浙江大学多学科综合优势，将区域经济合作、社会民生改善、生态文明建设作为三大研究方向，同时将人才培养和数据资源库作为中心开展区域协调发展研究的两大支撑平台。2020年，中心启动了"区域协调发展研究丛书"的编撰和出版工作。该丛书坚持以习近平新时代中国特色社会主义思想为指导，紧紧围绕如何更加深入推进区域的内生发展动力，聚焦要素有序自由流动、主体功能约束有效、基本公共服务均等、资源环境可承载的区域协调发展新格局等内容开展深入研究。丛书汇聚了东西部互动与区域协调发展、"一带一路"建设与区域协调发展、浙江区域协调发展实践研究"三个核心领域"的研究成果，是中心多年来坚守初心、锐意创新的集成之作。

《浙江跨区域合作典型案例（2021）》是继《浙江跨区域合作发展报告（2020）》后，中心推出的又一力作，充分体现了中心作为国家高端智库和浙江省新型重点专业智库，持续在区域合作领域的精耕细作和责任担当。

《浙江跨区域合作典型案例（2021）》一书，围绕浙江的产业、教育、医疗、文化、旅游、科技等方面的扶贫协作和国际经贸、"一带一路"共建等区域协调发展主题，通过一个个鲜活生动、富有典型意义的案例研究，总结了浙江推进跨区域合作的有效做法和经验模式。相信该书的出版，将有助于把区域协调发展的学术研究和政策研究引向深入，为各级政府解决区域协调发展现实问题和推进区域合作提供参考方案，为浙江高质量建设共同富裕示范区和助力我国高质量推进乡村振兴，贡献浙江大学智库的力量和智慧。

2022 年 9 月 12 日

目 录

第一篇　对口协作篇

第一章 教育扶贫——阻断穷根的有效法宝

教育是最大的民生之一。东西部扶贫协作是党中央、国务院作出的重大战略部署,对实现全面建成小康社会目标具有重大影响。推动教育东西扶贫协作,加快东部地区先进教育理念的迁移,促进东部地区教育资源的流动共享,对建档立卡贫困家庭子女实施兜底式精准帮扶,既是政治任务,也是民生大事,对帮助和巩固西部地区脱贫攻坚、促进共同富裕将起到重要作用。

一、教育扶贫的内涵

教育扶贫,是指针对贫困地区的贫困人口进行教育投入和教育资助服务,使贫困人口掌握脱贫致富的知识和技能,通过提高当地人口的科学文化素质来促进当地的经济和文化发展,并最终摆脱贫困的一种扶贫方式。[①] 其核心的理论在于,以促进人的发展为基础,增强人力资本的外溢价值,通过提高人的本领,实现人的个体发展和群体素质提升,转化为经济增长的动力。我国学者于 1997 年提出教育扶贫论,强调教育具有反贫困的功能,可以切断贫困的恶性循环链;应该把教育纳入扶贫的资源配置中,实现教育投资的多元化,使公共教育资源向贫困地区倾斜。强调教育不能仅仅为了反贫困,而需要具备四个条件:(1)提高贫困地区的人口综合素质;(2)建立相对公平的经济分配制度;(3)优化贫困人口配置,提高贫困人口劳动力与生产要素的结合度和效率;(4)增加资本积累和投入,为反贫困提供经济基础,创造更多的就业机会。[②] 2009 年,浙江大学中国西部发展研究院陈健、周谷平等在参与研究起草《中共中央、国务院关于深入实施西部大开发战略的若干意见》时提出,深入实施西部大开发战略要加快启动"教育扶贫工程",并

[①] 谢君君.教育扶贫研究述评[J].复旦教育论坛,2012(10):66-71.
[②] 林乘东.教育扶贫论[J].民族大家庭,1997(5):56-57.

积极研究推动广西、宁夏等地的教育扶贫试点工作。同时还推动了教育部等部门《关于实施教育扶贫工程的意见》的出台,得到党和国家领导人的充分肯定。

从内涵来看,教育扶贫是一项投资于人的政策,它旨在通过个体人力资本的增加,使贫困群体摆脱困境。教育扶贫政策的实施需要考虑人力资本的投入、生产和使用三个关键环节,亦即贫困群体投资教育的意愿、接受教育的质量以及最终的投资回报。同时,实现教育扶贫必须重视社会关系的重建,从隐性的制度逻辑上消解社会对于贫困的制约。[①] 如果增加人力资本量(由教育和知识推动的劳动力素质的改善)或改进技术,或者在这两方面都加以改善,那么增加物质资本量就不会出现报酬递减的现象。全要素生产率的提高是经济增长的关键,实际上反映的是技术进步的经济影响,只有改变原有工作方式去利用新技术,新技术的潜能才能充分发挥提速经济增长的作用。教育扶贫是当时国家扶贫开发工作的理论和实践创新,把教育扶贫作为脱贫攻坚的优先任务,以提高贫困人口的文化素质和劳动技能为重点,推进教育强民、技能富民、就业安民的实现。[②]

二、教育扶贫的方式及特点

(一)教育扶贫的社会功能

2015 年 11 月,中央扶贫开发工作会议明确把"发展教育脱贫一批"列入"五个一批"脱贫举措中,赋予教育重要使命,提出"治贫先治愚,扶贫先扶智,国家教育经费要继续向贫困地区倾斜、向基础教育倾斜、向职业教育倾斜,帮助贫困地区改善办学条件,对农村贫困家庭幼儿特别是留守儿童给予特殊关爱"。[③] 教育是最大的民生之一的理念已经被老百姓普遍认同,社会对教育的重视和参与度也日益增强。党的十八大后,习近平总书记力推教育综合改革,更期望教育能够培养人才资源,推进创业就业,并从提升人的

---

① 孟照海.教育扶贫政策的理论依据及实现条件[J].教育研究,2016(11):47-53.
② 曾天山.以新理念新机制精准提升教育扶贫成效[J].教育研究,2016(12):35-42.
③ 脱贫攻坚战冲锋号已经吹响 全党全国咬定目标苦干实干[N].人民日报,2015-11-29.

思想和素质上解决贫困的问题,即扶贫必扶智。其实,早在 20 世纪 90 年代初,时任福建省宁德地委书记的习近平同志就已清楚看到,要想彻底解决贫困问题,关键在于教育。他提醒干部说:"我们已经看到了闽东经济的贫困,那么,教育是不是也'贫困'? 把问题看得严重些,还是好的。"他还强调,必须把人才作为改革开放和经济发展所急需的软环境中最为重要的一环来抓,"人才兴旺就是科技兴旺,经济兴旺。经济靠科技,科技靠人才,人才靠教育。教育发达—科技进步—经济振兴是一个相辅相成、循序递进的统一过程,其基础在于教育"。①

(二)教育扶贫的经济功能

教育要发挥提高生产率,促进多要素整合,转化人才红利的作用。教育的发展要融合到经济转型升级和构建美好生活过程中,克服教育"服务性"不充分的表现,解决教育对经济社会发展的贡献度还比较低的矛盾。新时代我国经济社会发展中的"不充分"与"美好生活需要"之间的矛盾急需"高质量发展"予以解决。高质量发展,就是最大化、最充分化、最可持续的发展。而这种"最充分化"的发展必须是转变过去的方式,转向新型的增长方式,即从过去以消耗资源、单一要素支撑、低端劳动力推动等增长方式,转型升级为以科技创新、全要素支撑、高端人才驱动的高质量、充分化的发展方式。充分化增长与发展的转型升级方式必须依托人才、科技创新成果转化、全要素资源有效配置,而这些都需要教育驱动人才、科技创新、全要素资源有效支撑。教育是"经济基础"还是"上层建筑"曾在学界被广泛讨论,从侧面反映出学界存在教育应当超前发展,与先发展经济后考虑教育的矛盾问题。从世界教育的发展来看,发达国家的诸多案例表明,教育的发展带动了经济与社会的发展,投资于教育,培养人才和激发创新,有利于实现经济的快速增长与转型升级;同时,也存在这种情况:当经济快速发展到需要转型和越过增长拐点时,才发现教育的支撑与引领作用。前者是超前、优先的教育投资与发展方式,后者则稍处于被动改革的境地。习近平总书记早期提出的"越穷越要办教育"的思想理念,也正好对应了教育应当优先发展和提

---

① 习近平.摆脱贫困[M].福州:福建人民出版社,1992.

前谋划,确立了教育是"经济基础"的核心,体现在确保教育的支持经费"优先保障"、教育的事项"优先谋划"。①

(三)教育扶贫的文化功能

教育不仅具有育人和社会服务的功能,而且也有文化与价值观传承的功能。中小学生既是知识和文化受体,同时也是知识的传播者和塑造者,在社会文化和价值观的改造中具有极为重要的作用。高等教育的受众群体是大学生,是一群特殊的且肩负国家发展、民族复兴神圣使命的未来领导者和社会主义的接班人。习近平指出,办好中国特色社会主义大学,要坚持立德树人,把培育和践行社会主义核心价值观融入教书育人全过程。② 因此,对于大学生群体的核心价值观、文化传承、中国特色社会主义理论等方面的教育尤其重要,是有效引导新时代大学生践行社会主义核心价值观的关键举措。所以,习近平的教育新内涵更加体现在对青年大学生的思想、价值观、道德和文化等方面的培育上。习近平在对我们应该建设什么样的国家、培养什么样的人才的论断上,特别强调必须增强道路自信、理论自信、制度自信、文化自信,"千磨万击还坚劲,任尔东南西北风"。同时他还强调我国有独特的历史、独特的文化、独特的国情,这决定了我国必须走自己的高等教育发展道路,扎实办好中国特色社会主义高校。③ 这"四个自信"是习近平对高等教育发展指明的重点和方向,体现了新时代中国特色社会主义核心价值观的要求。习近平还指出,核心价值观其实就是一种德,既是个人的德,也是一种大德,就是国家的德、社会的德。习近平强调要注重道德实践:"修德,既要立意高远,又要立足平实。要立志报效祖国、服务人民,这是大德,养大德者方可成大业。同时,还得从做好小事、管好小节开始起步。""道不可坐论,德不能空谈。于实处用力,从知行合一上下功夫,核心价值观才能

---

① 习近平的扶贫故事[N].人民日报,2020-05-20.

② 习近平.坚持立德树人思想引领 加强改进高校党建工作[EB/OL].(2014-12-29).http://news.xinhuanet.com/politics/2014/12/29/c_1113818177.htm.

③ 坚持走自己的高等教育发展道路——论学习贯彻习近平总书记高校思想政治工作会议讲话[N].人民日报,2016-12-08.

内化为人们的精神追求，外化为人们的自觉行动。"[①]

（四）教育扶贫的区域协调功能

迈进新时代的我国产业发展，需要脱离大规模依赖消耗资源换取 GDP 增长的恶性循环，转向依靠知识与科技创新，发展新兴产业的可持续增长模式。高校是技术创新、知识传播和知识转化的主体，高等教育在国家创新体系中将发挥更为重要的基础性作用。[②] 人民日益增长的美好生活需要和不平衡不充分的发展之间的矛盾是新时代我国社会的主要矛盾，主要体现在我国东中西部发展的不均衡。特别是西部地区，长期受到地方经济薄弱条件的影响，支撑高等教育发展能力疲乏。从教育部第四轮学科评估结果可以看出，东中西部地区高等教育发展极不均衡，在获得 A 类学科总数中，东部地区高校有 496 个、占 68.98%，中部地区有 101 个、占 14.05%，西部地区有 66 个、占 9.18%，东北地区有 56 个、占 7.79%，且山西、海南、广西、新疆、内蒙古、贵州、宁夏、青海、西藏一个 A 类学科都没有，[③] 由此可见地区高等教育实力差异之巨大。而西部地区是实现全面小康的重要区域，更加迫切需要优质高等教育提供大批掌握先进技术和能从事技术研发、产品开发、专利应用的高层次人才，因此高等教育的"均衡性"更加引起党中央的极大关注。习近平总书记一针见血地指出了西部存在的困难与人才培养的重要意义。2014 年在"五四"青年节即将到来之际，习近平总书记给河北保定学院西部支教毕业生群体代表回信："我在西部地区生活过，深知那里的孩子渴求知识，那里的发展需要人才。多年来，一批批有理想、有担当的青年，像你们一样在西部地区辛勤耕耘、默默奉献，为当地经济社会发展、民族团结进步作出了贡献。"[④] 从习近平总书记的回信可以看出，区域差异必须打破，在破解资源有效配置困境的同时，鼓励更多人支持西部教育的发展。全面决胜小

---

① 习近平. 青年要自觉践行社会主义核心价值观——在北京大学师生座谈会上的讲话[N]. 人民日报，2014-05-05.

② 徐小洲，辛越优，倪好. 论经济转型升级背景下我国高等教育结构改革[J]. 教育研究，2017(8)：64-71.

③ 青塔. 第四轮学科评估结果，全国各省份和主要城市差距到底有多大？[EB/OL]. (2018-01-02). http://www.cingta.com/index.html？p=4235.

④ 习近平. 给河北保定学院西部支教毕业生群体代表回信勉励青年人到基层和人民中去建功立业在实现中国梦的伟大实践中书写别样精彩的人生[N]. 人民日报，2014-05-04.

康社会的最大困难在农村尤其是西部农村，而西部地区教育与东部发达省份的教育仍然存在较大差距，贫困地区青年获得高等教育仍然存在诸多困难。习近平总书记多次强调西部地区、革命老区等为新中国建设做出了巨大贡献，而当前这些地区的贫困问题必须引起全国的关注与支持。他强调要通过领导联系、山海协作、对口帮扶，加快科学扶贫和精准扶贫，办好教育等民生实事，支持和帮助贫困地区和贫困群众尽快脱贫致富奔小康。[①] 让更多的贫困山区和西部地区的青年接受优质教育，成为习近平总书记力图通过培养人才实现扶贫开发的关键任务，也是阻断贫困代际传递的重要途径。

三、浙江跨区域开展教育扶贫的创新实践

浙江省按照国家有关要求，承担和开展东西部协作工作任务，主要定点面向四川、湖北（恩施州）、贵州（黔东南州、黔西南州）、吉林（延边州）四省，从产业、教育、医疗、科技等全方面开展帮扶，有效促进了中西部地区、东北地区的经济社会发展。从教育扶贫协作的整体情况来看，在义务教育、职业教育、高等教育等全领域都有安排和部署，通过师资培训、硬件设施支持、双向交流等措施加以推进，特别针对建档立卡家庭子女予以重点支持。《浙江省教育厅、浙江省对口支援工作领导小组办公室关于做好扶贫协作地区建档立卡贫困家庭学生来浙就读就业工作的通知》强调，全省各地有关中等职业学校对四川、湖北（恩施州）、贵州（黔东南州、黔西南州）、吉林（延边州）四省建档立卡贫困家庭子女实施兜底式招生，招收他们到浙江省就读中职学校并推荐就业，对建档立卡贫困家庭子女按照共同招生、共同培养、属地管理、优先帮扶的模式，切实做好招生、培养、管理和毕业就业等工作。

浙江省根据生源和专业情况，与受援地采取"1＋2"东西分段（前一年在西部地区，后两年在浙江就读）、"0＋3"（三年在浙江就读）等多种灵活形式，共同培养。根据浙江与四川等四省商定的东西扶贫协作财政援助资金管理有关制度，扶贫协作地区建档立卡贫困家庭子女学生来浙就读费用，纳入浙江省年度财政援助资金盘子，由受援方提出资金安排计划，按每生每年不少

---

① 习近平.在福建调研时的讲话[N].人民日报，2014-11-03.

于 1.8 万元的标准给予资助,用于学生的伙食、交通、住宿、教材、校服等方面。引进 100 名"名誉村长"(校长、院长),积极引导更多的东部学校老校长(老院长)到黔东南担任校长(院长)。进一步深化教育组团式帮扶,突出教学管理、教学质量、师资培训等重点环节,全方位推进教育组团试点工作,将组团式帮扶由义务教育向学前教育和职业教育双向拓展,提高教育组团式帮扶的整体效果。

在推进职业教育扶贫协作和对口帮扶上,整体成效较为突显,充分发挥了职业教育在精准扶贫工作中的重要作用,切实承担起职业教育应有的社会责任。2021 年,浙江认真贯彻落实教育部、浙江省教育厅关于精准帮扶职业教育的相关文件要求,在经费投入、共建合作、人员交流、学生培养、职业培训等方面深入开展系列帮扶工作,形成团队支教特色并取得了明显的成效,充分发挥了职业教育在精准扶贫工作中的重要作用,切实承担起了职业教育应有的社会责任。2021 年,浙江全力做好内职班工作,做好 1593 名新疆班学生和 128 名西藏班学生的教育管理服务工作。落实职业教育东西部协作任务,逐项落实浙江省帮扶新疆阿克苏地区和兵团一师、西藏那曲、青海海西州、贵州、云南、四川、吉林等地的职业教育对口帮扶工作。2021 年,浙江克服新冠疫情影响,招收云南省建档立卡贫困家庭学生 1009 人、四川省建档立卡贫困家庭学生 661 人。[①]

四、浙江"组团式"教育帮扶黔东南州的案例分析

为决战脱贫攻坚、决胜同步小康,推进东西部教育对口支援,助力黔东南苗族侗族自治州(以下简称黔东南州)教育脱贫保障工作的顺利实施,浙江省及杭州市积极加强东西部协作,健全东西部教育协作机制,充分发挥东部学校的教育优势,促进黔东南州教师队伍建设,提升学校管理水平,强力推进教育脱贫,助推西部教育事业发展。

---

① 浙江省教育厅.浙江省中等职业教育质量年度报告(2022)[R/OL].(2022-05-06).https://jyt.zj.gov.cn/art/2022/5/6/art_1659827_58937038.html.

(一)浙江"组团式"教育帮扶在黔东南州的主要举措

积极加强东西部协作机制建设,采取东西部学校结对帮扶方式,组织东部学校高级管理人才及优秀骨干教师队伍,赴黔东南州开展教育"组团式"帮扶。黔东南州的学校中层以上干部及教师到杭州跟岗学习、集中培训,有效促进黔东南州教师队伍综合能力和水平的提高,同时,杭州市给予资金项目支持,促进黔东南州改善办学条件,提升办学水平。

第一,学校结对帮扶全覆盖。受援方主动出击,积极行动,黔东南州教育局主要领导、分管领导等多次到杭州开展工作对接,多次与杭州市教育局协商沟通,积极争取杭州市教育局的大力支持。黔东南州各县(市)教育和科技局高度重视,纷纷组织教育局班子成员、学校团队等到杭州市,对口帮扶区县协调东西部教育帮扶工作,以此促进黔东南州农村学校与杭州市等支援城市学校的结对率不断提升。截至 2019 年 12 月 20 日,东部地区共有 487 所学校(其中杭州市 445 所)与黔东南州 688 所中小学校及幼儿园签订结对帮扶协议,并开展帮扶活动;黔东南州 15 个集中连片贫困县(不含凯里市)乡镇中心校以上公办中小学校和职业技术学校共有 413 所,都已经实现一对一结对全覆盖;另外,凯里市乡镇中心校以上已有 31 所学校与杭州市对口帮扶的西湖区学校签订了结对帮扶协议,并开展结对帮扶工作。杭黔两地结对学校通过校长挂职(任职)、教师支教送教、学生交流学习、物资捐助,以及黔东南州选派教师到杭州结对学校跟岗学习、集中培训、课堂观摩等方式,开展教育帮扶工作。

第二,大力推进教育"组团式"帮扶。一是杭州市对贵州台江县开展教育"组团式"帮扶的成功经验和做法获得积极推广。为大力促进黔东南州教育"组团式"帮扶工作的开展,黔东南州教育局起草《黔东南州教育"组团式"帮扶工作实施方案》,其经黔东南州人民政府常务会、州委全面深化改革委员会等会议审定通过,于 2019 年 11 月 8 日由州委组织部、州教育局、州扶贫办联合行文下发并组织实施。切实开展好市州级层面的教育"组团式"帮扶工作,逐步将"输血式"帮扶向"造血式"帮扶转变,增强了黔东南州教育"组团式"帮扶的内生动力。二是促进黔东南州各县积极争取杭州市对口帮扶学校开展实质性的帮扶工作。每个贫困县至少集中开展 1～2 所学校的组团帮扶工作,黔东南州重点开展教育组团式帮扶学校共 19 所,东部地区学校积极组织中层以上干部、优秀骨干教师到受援学校开展教育"组团式"帮扶工作。2019 年,杭州市教育团队到黔东南州任职、挂职、支教教师共达190 人,其中教育"组团式"帮扶团队 90 人(含中层以上干部 34 人)。同时,带动黔东南州内部区域帮扶联动,2020 年 4 月,黔东南州教育局组织省州名师名校长工作室所在学校,凯里第一、第四幼儿园,凯里第五、第八小学,凯里第二、第四初级中学,共 12 名校(园)长及骨干教师,分别到从江县贵运幼儿园、贯洞镇第二小学、从江县第四中学开展教育"组团式"帮扶,帮扶成效十分明显。三是杭州市和黔东南州积极组织黔东南州学校管理干部、教师到杭州开展跟岗学习和集中培训,拓宽教师视野,更新教育理念,提升黔东南州教师队伍综合素质和教育教学能力。2019 年黔东南州各县市共选派学校管理人员及教师到杭州跟岗学习一个月以上的有 308 人,2019 年黔东南州各县市选派到杭州进行教学交流、短期培训的教师共有 1399 名。四是激发了黔东南州各受援学校积极主动与浙江对口帮扶学校沟通,积极争取扶持和帮助。2017—2019 年,黔东南州各受援学校共获得杭州市对口帮扶学校、杭州市各社会团体的捐款捐物共 7914.6 万元,其中捐款人民币 6124.54万元、捐赠物资折合人民币 1790.05 万元。五是积极推进线上线下交流相结合。积极组织黔东南州 688 所东西部结对中小学校和幼儿园与东部学校进行线上交流,充分利用网络平台开展"空中送课""空中送培""空中教研"等活动。

第三,积极加强开展"爱心工程"建设。自 2017 年杭州市教育局与黔东南州教育局签订《杭州市教育局、黔东南州教育局关于深化对口帮扶教育工作合作框架协议》以来,杭州市教育局十分关注黔东南州贫困地区学生的学习和生活,由杭州市出资补助贫困家庭学生的学习费、生活费和交通费。从2017 年开始在黔东南州民族高级中学开办"杭黔高中扶智班",每年向全州80 个贫困县招收建档立卡贫困家庭学生 100 名,至 2019 年共招收 300 名。杭州市共补助资金 559.63 万元,切实解决了黔东南州贫困家庭学生上学难问题。2020 年上半年新冠疫情期间,杭州各单位、团体和爱心人士为黔东南州中小学校捐赠图书、器材、设备、校服、书包、餐具等学习和生活用品,还给各学校捐赠口罩等防疫物资,物资折合人民币共1894.4695万元,其中防疫物资31.9124万元。

第四,加强职业教育东西互动合作。杭州市对口帮扶黔东南州以来,抢抓杭州帮扶黔东南的历史机遇,加强联系,在杭黔两地党委、政府的高度重视下,开展高位推动。在杭州优质职业院校的结对帮扶下,黔东南州职业教育发展取得了明显成效。2019年5月16日,黔东南州工业学校召开杭黔高中阶段学校结对帮扶暨黔东南州贫困学生赴杭就读中职校工作座谈会,杭州市中策职业学校与黔东南中等职业技术学校,杭州市旅游职业学校、杭州市人民职业学校与台江县中等职业学校,杭州市电子信息职业学校与丹寨县民族职业技术学校,杭州市交通职业高级中学与岑巩县中等职业学校,杭州市西湖职业高级中学与凯里市第一中等职业学校,余杭区临平职业高级中学与黔东南州工业学校(黔东南技师学院)现场签订对口帮扶协议,双方将在学生培养、互派教师交流、教学资源共享等方面开展合作,以促进黔东南州职业院校的发展。2019年,杭州职业院校共接受了黔东南州选送的345名学生,杭州共补助就读学生生活补助费用319.85万元。此外,杭州市中华职教社利用东西部协作契机,组织开展2020年温暖工程"星火计划"特种(紧缺)技能型人才同心班精准扶贫项目,组织黔东南州五所职业学校48名贫困家庭学生,到杭州职业技术学院进行为期三个月的电梯专业技术人才培训,培训结束后考取上岗证,安排顶岗实习,并推荐至浙江地区或家乡就业。依托蔡崇信基金会搭建"基金会＋企业＋职业学校"的合作方式,联合浙江知名企业,组织黔东南州职业院校教师参加电商视觉美工、影视后期制作、直播及短视频运营和班主任技能提升培训工作。

第五,深入推进智力帮扶和教师专业发展。一是积极选派优秀教师到黔东南州支教。充分发挥浙江和杭州优质学校教育优势和人才优势,积极促进东部学校先进教育理念、办学理念和育人理念向黔东南州传导,支持黔东南州教师队伍建设,提升教师队伍综合素质,全面推进教师队伍专业化成长。其中2020年上半年,杭州市积极选派杭州知名校长、骨干教师到黔东南州中小学校任职和支教,共选派校长和教师160名,其中校(园)长38名、中层干部9名、骨干教师113名。二是积极开展教师线上培训。2020年上半年,因受新冠疫情影响,黔东南州积极响应"停课不停学、停课不停教"的号召,全力推行"空中黔课"。为使"空中黔课"开展得更有效果、更有质量,杭州对口帮扶区县与黔东南州受援县(市)组织教师与杭州优质学校教师开展线上交流学习。半年来,杭州市共对6560名黔东南州中小学校及幼儿园教师进行线上培训,其中麻江县250名、黎平县475名、岑巩县240名、丹寨县610名、黄平县800名、雷山县700名、三穗县2026名、台江县1459名。三是黔东南州积极邀请杭州教育专家开展专题讲座。为加强教师培养培训工作,采取"请进来"的方式,积极主动邀请杭州教育专家到黔东南州中小学开展专题培训。2020年上半年,黔东南州共邀请67名杭州教育专家到黔东南州中小学校开展教育教学专题培训,共培训教师2729名。

(二)浙江"组团式"教育帮扶在黔东南州取得的成效

通过加快东西部协作工作的开展,全面提升黔东南州教师队伍教育教学能力,提升黔东南州学校管理水平,推动了黔东南州教育事业的发展。

第一,人才帮扶带动强。特别是杭州市学军中学退休的知名校长陈立群同志,他放弃杭州市繁华的生活环境和民办学校的优厚待遇,2016年到黔东南州台江县民族中学(以下简称台江民中)担任校长,开展教育帮扶、智力支边工作,开启了杭州对黔东南州实施教育"组团式"帮扶的先河,推动了浙江教育"组团式"帮扶的蓬勃发展。2019年,党中央、国务院授予陈立群校长"时代楷模"荣誉称号。陈立群校长组团帮扶台江,不仅激发了"组团式"帮扶效应,成效更是十分明显。在陈校长的引领下,2016—2020年杭州各优质学校共有87名教师被引进到台江开展支教工作,组织人数之多、帮扶力度之大,前所未有。

第二,资金帮扶力度大。一是浙江大学在台江民中设立"求是奖教金"。从2016年8月起,浙江大学连续五年每年捐赠20万元设立"求是奖教金",共计100万元,每年奖励20名爱岗敬业、业务精湛的一线教师,2017年9月,台江民中发放第一批"求是奖教金"20万元。二是实施"求是强师"计划。从2016年起,浙江大学支持台江民中50万元实施"求是强师"计划,用三年时间,分批派送台江民中所有教师到杭州进行一次免费培训。三是支教教师设立奖教金。陈立群校长个人每年出资4.5万元设立"台江民中陈立群奖教金"，丁耀林老师个人每年出资 1.5 万元设立"苗秀耀林杯"青年教师课堂教学大比武奖励基金。四是慷慨解囊资助学生。学生有困难，陈立群校长毫不犹豫地资助学生 500～1000 元不等。

第三，帮扶促进教学质量显著突破。在杭州对口帮扶下，陈立群校长带领台江民中 2017 年高考成绩创历史新高。789 人参加考试，一本上线人数 43 人，完成州指标的 179％；二本以上上线人数 294 人，完成州指标的 131％；体育专项招生考试本科双上线人数 18 人，美术专项双上线人数 16 人，音乐专项双上线人数 13 人；大学上线率达 99％。2018 年高考更是成果喜人，高考 600 分以上有 8 人（其中理科 3 人，文科 5 人），突破了 11 年来未有 600 分的瓶颈，王丹凤同学以 647 分（贵州省排名第 917 名）荣获台江县理科第一名，张芸同学以 662 分（贵州省排名第 416 名）荣获台江县文科第一名；901 人参加考试，一本上线人数 73 人，比上年净增 30 人，完成州指标的 183％；二本以上上线人数 450 人，比上年净增 156 人，完成州指标的 140％；体育专项招生考试本科双上线人数 33 人，美术专项双上线人数 28 人，音乐专项双上线人数 17 人；专科及以上上线 893 人，大学上线率达 99.1％。2018 年高考，台江县打破了高考成绩 11 年来在黔东南州连年垫底的局面。2019 年，在黔东南州教育局依据中考招生成绩下达给台江民中的一本指标是 44 人，实际完成 107 人；二本指标 306 人，实际完成 561 人；高考本科完成率连续三年位居黔东南州第一。2020 年，台江民中共有 1047 名学生参加高考。按照贵州省划定的高考录取分数线，台江一本上线 270 人，同比上年净增 163 人，较上年提高 152.3％；一本、二本共上线 810 人，同比上年净增 249 人，较上年提高 44.4％，一本、二本上线人数再创历史最好成绩。此外，参加体育、音乐、美术专项招生考试本科上线 19 人，专科上线 218 人。本科和专科共上线 1047 人，总上线率 100％，台江县当年参加高考的学生都获得了上大学的机会。黔东南州的 15 个县中，在人口规模上，台江属于小县，但在数据分析上，令人振奋。从上线人数看，台江县的一本上线人数超过了 9 个县，二本上线人数超过了 10 个县；从高分段看，600 分以上有 25 人，超过了 9 个县；从增长率看，台江县连续四年位列黔东南州第一。陈立群校长理念先进、治校严谨、忘我工作，用他的余热和光辉引领着黔东南州教育的成长。

因此,2019年他获得"教育先锋""时代楷模"的荣誉称号。

(三)浙江"组团式"教育帮扶在黔东南州实践的总结

第一,加强东西部协作,推动基础教育发展。巩固乡镇以上中小学校结对帮扶工作,辐射带动易地扶贫搬迁安置点学校及村级完小、乡镇幼儿园开展结对帮扶,实现结对帮扶全覆盖;继续深化教育"组团式"帮扶工作,大力推广台江民中教育"组团式"帮扶成果,加强开展28所高中教育"组团式"帮扶活动,提升黔东南州高中的办学质量;加强中小学校基础设施建设,创建100所示范性"智慧校园",提升学校智能化办学能力和水平。

第二,加强东西部协作,提升职业学校办学能力。一是指导专业建设。杭州市优质职业院校在专业建设、人才培养方案、课程体系、信息化教学、技能大赛等方面给予指导,提高黔东南州职业教育专业水平。二是学生联合培养。继续开展东西部协作联合培养中职生相关工作,依托杭州市汽车高级技工学校和杭州市直属优质职业院校的办学资源,每年输送200名"0+3"和"2+1"模式的建档立卡贫困户学生和经济困难家庭学生接受杭州优质的职业教育,同等享受优惠政策。三是互派教师交流。建立中青年专业骨干教师结对帮扶机制,定期开展教师互访工作。杭州选派专业带头人到黔东南州职业院校支教,同时黔东南州选派年轻教师赴杭州跟岗学习或挂职锻炼。四是开展就业扶贫。依托杭州温暖工程"星火计划"特种(紧缺)技能型人才同心班精准扶贫项目,帮助建档立卡贫困户学生赴杭就业,促进黔东南州贫困家庭增收。

第三,加强东西部协作,提升教师队伍综合素养。继续采取"请进来、走出去"的教师培养模式,通过支教挂职迎才、"银龄计划"纳才、专家讲座培才等方式,选派杭州知名校长、骨干教师到黔东南州支教挂职、任职和开展专题讲座,每年选派杭州优秀教育人才800名;积极组织黔东南州教育干部及专业技术人才赴杭州跟岗学习、集中培训,每年组织2000名赴杭州跟岗学习和集中培训。总之,通过采取"请进来、走出去"的教师培养模式,加强了黔东南州教师队伍建设,提升了黔东南州教师队伍的综合素养。

第四,加强东西部协作,提升支教教师引领能力。为充分发挥支教校长、教师的引领示范、辐射带动作用,提升支教教师的引领能力,从2020年起，黔东南州每年评选一批支教名校长、名教师、名班主任，并建立支教"三名队伍"领航工作室，到 2023 年将评选 200 名支教"三名队伍"，建立 200 个支教"三名队伍"领航工作室，充分发挥支教"三名队伍"的引领示范和辐射带动作用。

参考文献

[1]坚持走自己的高等教育发展道路——论学习贯彻习近平总书记高校思想政治工作会议讲话[N].人民日报，2016-12-08.

[2]林乘东.教育扶贫论[J].民族大家庭，1997(5):56-57.

[3]孟照海.教育扶贫政策的理论依据及实现条件[J].教育研究，2016(11):47-53.

[4]青塔.第四轮学科评估结果，全国各省份和主要城市差距到底有多大？[EB/OL].（2018-01-02）.http://www.cingta.com/index.html? p=4235.

[5]脱贫攻坚战冲锋号已经吹响 全党全国咬定目标苦干实干[N].人民日报，2015-11-29.

[6]习近平.摆脱贫困[M].福州：福建人民出版社，1992.

[7]习近平.给河北保定学院西部支教毕业生群体代表回信勉励青年人到基层和人民中去建功立业在实现中国梦的伟大实践中书写别样精彩的人生[N].人民日报，2014-05-04.

[8]习近平.坚持立德树人思想引领 加强改进高校党建工作[EB/OL].（2014-12-29）.http://news.xinhuanet.com/politics/2014-12/29/c_1113818177.htm.

[9]习近平.青年要自觉践行社会主义核心价值观——在北京大学师生座谈会上的讲话[N].人民日报，2014-05-05.

[10]习近平.在福建调研时的讲话[N].人民日报，2014-11-03.

[11]谢君君.教育扶贫研究述评[J].复旦教育论坛，2012(10):66-71.

[12]徐小洲，辛越优，倪好.论经济转型升级背景下我国高等教育结构改革

[J].教育研究,2017(8):64-71.

[13]曾天山.以新理念新机制精准提升教育扶贫成效[J].教育研究,2016
　　(12):35-42.

[14]浙江省教育厅.浙江省中等职业教育质量年度报告（2022）[R/OL].
　　（2022-05-06）. https://jyt. zj. gov. cn/art/2022/5/6/art _ 1659827 _
　　58937038. html.

执笔人:辛越优,浙江大学中国西部发展研究院

第二章 医疗帮扶——暖心惠民一生恩情

医疗帮扶是东西部扶贫协作中最让老百姓获得实惠和切身利益的帮扶方式之一,牵系着西部贫困地区老百姓的生命健康。浙江省在医疗帮扶上积累了诸多经验,也取得了显著成绩。从医疗援疆、援藏,到东西部医疗对口扶贫协作,都将医疗帮扶作为推进东西部协作和切实帮助西部地区社会发展的重要内容。浙江省支援医院采取"组团式"帮扶方式,向受援医院派驻管理和技术团队,加强受援医院制度建设和科室内部管理。积极提供远程会诊、远程查房、远程病理及医学影像诊断、远程继续教育等资源,不断提升受援医院管理和医疗技术水平。聚焦医疗服务短板,细化年度帮扶计划,实现精准帮扶。

一、医疗帮扶的内涵及价值意义

因病致贫、因病返贫的现象,以及新冠疫情给世界带来的警醒与启示,不仅在于国家经济社会发展及国家治理体系等宏观层面,而且也在于医疗卫生、公共卫生、应急防控机制完善,以及物资供给和卫生人才保障等微观层面,以应对人民日益追求高质量健康的需求和实现健康中国发展的需求。国务院扶贫办 2016 年摸底调查显示,当时全国 7000 多万名贫困农民中,因病致贫的有 42%,涉及 1200 多万个家庭;有的即使暂时摆脱了贫困,也往往因为患病而再次返贫;致贫原因,33% 是疾病影响劳动力所致,12% 是"灾难性医疗支出"或大额医疗费用所致。[①] 因此,整合资源推进医疗帮扶,对于促进区域协调发展、夯实人民生命健康基石、支撑共同富裕等具有重要的价值意义。

① 中国政府网.国务院常务会议:补上贫困地区医疗"短板"[EB/OL].(2016-06-09).http://www.gov.cn/zhengce/2016-06/09/content_5080760.htm? from=timeline&isappinstalled=0.

（一）跨区域医疗帮扶的内涵

跨区域医疗帮扶,通常是指医疗资源相对较好的地区通过医卫人才输出、医疗资金支持、医疗平台搭建、共享医疗技术等方法,对医疗资源相对较弱的地区进行支援的一种扶贫方式。我国在精准扶贫的内涵下,产生了精准教育扶贫、精准科技扶贫、精准医疗扶贫、精准健康扶贫等模式。而精准医疗扶贫是指对因病致贫、因病返贫及患有特殊疾病的家庭和个人开展精准的治疗补助和帮扶。精准健康扶贫是基于预防为主的思想提出的,通过对引起公众疾病和劳动能力丧失等健康问题的共同因素加以精准识别、精准控制、精准消除和精准预防,来增加健康的有利因素,减少疾病造成的贫困。精准医疗扶贫是从临床角度出发,其服务对象是具体的,一对一的,目的是解决因病导致的贫困问题,它是精准扶贫的重要组成部分。而精准健康扶贫是从公共卫生角度出发,面对的是贫困群体、社区和环境,是预防因病致贫、因病返贫的根本之道;精准健康扶贫是精准医疗扶贫的进一步战略提升。[①]

医疗帮扶的目标及重点,在于促进医疗技术、知识等的传递,为贫困地区人民增加获得优质医疗资源的机会;其核心在于通过医疗帮扶,使欠发达地区的医疗卫生人才能够成长和发展,实现医疗卫生"造血"功能,也能保障经济社会的持续发展。跨区域医疗帮扶兼有解决贫困、缩小经济鸿沟、促进医疗人才开发等丰富内涵。

（二）跨区域医疗帮扶的价值

在卫生领域,欠发达地区人才短缺问题早已存在,对于乡村振兴重点帮扶县域而言,问题则更为突出,需求更加迫切。医疗帮扶的关键在于促进当地医卫人才的成长与发展,不仅需要从医疗技术、医疗硬件等加以帮扶,而且更加需要从医生、护士等专业人才培养上加以帮扶和指导,重视医疗器材等的"硬帮扶",但更应强调专科医生等人才及医疗技术的"软帮扶"。

医疗帮扶以"打造人才"为核心,去实现"远程医疗"模式经验共享的战略目标愿景,同时也提升西部地区共同攻克人类命运重大挑战的凝聚力。

---

① 蔡进华,王富珍,高胜利.基于疾病预防视角对医疗扶贫的思考[J].中国健康教育,2017(5):477-479.

在后新冠疫情时代,人民的团结精神与凝聚力对于推动医疗健康和经济社会发展至关重要,卫生人力资源也在实现诸如千年健康发展目标方面发挥着不可或缺的作用。一方面,医疗帮扶与合作是我国制度优势下的特殊产物,致力于供给高质量卫生人才和健康标准,支持欠发达地区获得健康服务的基本权利。另一方面,西部地区贫困是导致健康水平低的原因之一,而贫困、不平等和社会排斥又进一步加剧了健康不良状态。推进发达地区对欠发达地区的医疗帮扶,使优质医疗资源能够进一步扩大共享范围,有利于提升整个国家的整体国民健康质量,同时也不断注入经济社会发展的可持续动力。

二、浙江"组团式"医疗帮扶模式

浙江省东西部扶贫协作共结对四川、贵州、湖北、吉林四省的 15 个市(州)80 个县(市、区)。2018—2020 年,浙江省共向四省投入财政帮扶资金113.83 亿元,选派了 400 多名党政干部和 7000 多名专业技术人才到对口帮扶地区挂职交流。在这过程中,浙江重视发挥民营企业力量,着力解决对口地区教育、医疗等方面的突出问题,比如马云公益基金会、吉利集团的"吉时雨"精准扶贫计划、传化集团的"传化安心卫生室"等都发挥了重要作用。[①]浙江大学医学院附属第二医院汪四花,2016 年到贵州省黔东南自治州台江县人民医院帮扶,把"浙二精神"和"浙二技术"植根于台江,为当地打造出一批技术过硬的医疗人才。总之,浙江发挥数字社会优势,形成了"互联网＋教育""互联网＋医疗"等智力帮扶的"浙江模式"。

跨区域医疗帮扶自从脱贫攻坚实施以来,主要采取发达地区"组团式"医疗帮扶模式,支持欠发达地区的医疗卫生事业发展。"组团式"医疗帮扶的创新模式,涉及专业范围广、力度大,援助效果持久性好,具有推广价值。其中,典型的"组团式"医疗帮扶应用在"组团式"医疗援疆工作过程中,主要包括"以院包科""传帮带""师带徒""远程会诊""三下乡义诊"等,变"输血"

---

① 李卫宁. 助力对口地区全面打赢脱贫攻坚战[EB/OL]. (2020-09-12). http://rmfp. people. com. cn/n1/2020/0912/c406725-31859106. html.

模式为"造血与输血并重"模式,变"单兵"作战为"集体"作战,通过多种形式使受援医院快速成长,把先进的医疗技术留在当地。[①] 2016年《中共中央、国务院关于深化投融资体制改革的意见》正式提出了医疗人才"组团式"援疆的意见,当年4月,首批"组团式"医疗队伍集中进疆,对新疆医疗卫生事业进行全方位支援。而在浙江省对口支援新疆阿克苏地区的医疗帮扶中,基于医疗人才"组团式"援疆创新模式,更加强调以构建跨省医联体"组团式"医疗帮扶为重要抓手。浙江省卫健委与浙江省援疆指挥部牵头推进,由浙江省人民医院、浙江医院、浙江省肿瘤医院、浙江省立同德医院、温州医科大学附属第一医院、温州医科大学附属第二医院、温州医科大学附属眼视光医院共七家省级医院,跨区域与对口支援医院(新疆阿克苏地区第一人民医院)共同组建浙—阿跨省新型医疗联合体,[②]浙江大学六所附属医院组团帮扶兵团一师。浙江省以省级医疗援助医院为主体,构建五级联动的新型医联体,通过学科帮扶、人才培养、开展远程医疗和远程教学并轨帮扶、激发科研创新等方法,使受援医院医疗服务能力和科研教学能力得到明显提升。当地各族群众享受到更为优质和实惠的医疗服务,使"因病致贫、因病返贫"现象得到有效遏制。自2016年1月建立跨省医联体以来,柔性援疆专家在短期内集中进行针对性、有成效的帮扶,与"以院包科"工作形成"双轮驱动",让当地百姓享受到浙江医学发展成果,确保组团式援疆工作取得实效。[③]

三、浙江医疗帮扶实践案例[④]

(一)浙江"组团式"医疗援疆案例分析

浙江"组团式"医疗队紧紧围绕新疆社会稳定和长治久安的总目标,不

---

① 胡晓媛,梁敏,杨萍.卫生对口援疆工作的形式及问题研究[J].中国医院,2014(4):21-22.

② 金苗苗,涂建锋,金虹,等.跨省医联体新模式延伸医疗援疆内涵[J].温州医科大学学报,2019(11):857-858.

③ 金苗苗,涂建锋,金虹,等.跨省医联体新模式延伸医疗援疆内涵[J].温州医科大学学报,2019(11):857-858.

④ 本案例来源于浙江省对口工作领导小组办公室《对口工作典型案例汇编》;浙江省援疆指挥部,《创新实施医疗援疆"三大两远程"工程 助推受援地医疗水平不断提升》。

断发扬"干在实处,走在前列,勇立潮头"的浙江精神,积极践行"舍家报国,倾情援疆"的援疆誓言,按照中组部、国家卫健委和浙新两省区党委政府的要求,创新工作模式,及时总结经验,不断拓宽思路,深入实施"三大两远程"工程(大卫生、大组团、大帮带和远程医疗、远程培训),浙江充分发挥了"组团式"医疗援疆最大效力,助推受援地医疗水平不断提升。

具体来看,浙江省委、省政府高度重视对口支援工作,坚持把医疗人才"组团式"援疆工作作为"体现中央关怀、提升维稳实力、促进民族团结、推动兵地融合、惠及各族群众"的民生工程、民心工程、政治工程来抓,在政策、人才和资金上不断向"组团式"医疗援疆工作倾斜。根据受援地区医院的实际需求,精心挑选第二批"组团式"医疗援疆人才,所选派的两位医疗队队长,均系医学博士和后方医院院长助理,分别任阿克苏地区第一人民医院院长和兵团第一师医院院长,全力以赴抓医院管理、带人才队伍,大力开创两院发展新局面;医疗队副队长任医院党委委员、副院长,协助医疗队队长做好医疗队管理工作;其余专家分别任首席专家、科室主任,集中开展对口帮扶。2016—2018年,共从浙江13家省级三甲医院派出三批"组团式"援疆医疗人才103人(其中在阿克苏地区第一人民医院和兵团第一师医院实施"组团式"援疆的医生各有20人、15人),重点支援"组团式"援疆医院——阿克苏地区第一人民医院和兵团第一师医院的心内科、眼科、妇科、产科、儿科等25个专业的发展,并发挥了"组团式"援疆工作的标杆示范作用。同时,加大了地区统筹援疆资金的扶持力度,2019年度增加"组团式"医疗援疆工作的项目资金3050万元。

为进一步创新开展"组团式"医疗援疆工作,浙江省根据受援地实际情况,创新推进以"三大两远程"医疗援疆暨跨省医联体建设为载体的新型"组团式"帮扶模式。2019年1月4日,浙江省援疆指挥部联合阿克苏地委、地区行署,在阿克苏市召开"浙江医疗援疆'三大两远程'工作推进暨浙阿跨省医疗联合体成立大会",浙新两省(区)、兵团及阿克苏地区、第一师阿拉尔市有关部门领导以及浙江大学、温州医科大学与浙江省13家三甲支援医院的领导专家等200余人,参加"组团式"医疗援疆现场观摩和跨省医联体成立大会,各项工作得到了积极推进。这一举措受到了社会各界的广泛好评和关注,中央电视台《朝闻天下》《浙江日报》、"浙江在线""天山网"等中央和省级媒体的刊登和播报,进一步打响了浙江省教育医疗人才"组团式"援疆品牌。

1. 浙江"组团式"医疗援疆的创新举措

为创新开展医疗援疆工作,浙江省援疆指挥部根据受援地的实际情况,稳步推进"三大两远程"工程。其中,主要的创新举措体现在以下五方面:一是在"大卫生"方面,帮扶内容由原来纯粹医疗技术和医院管理,扩大到涵盖基层巡回义诊、面向社会的卫生知识普及教育、地方疾病调查研究和预防等的"大卫生"格局。二是在"大组团"方面,规模由原来35名医疗专家的"小组团",扩大到受援地方和兵团、地区县市全覆盖的"大组团",以及由浙江省市医疗队共96名医疗援疆人才成立的18个"专科联盟""大组团"。三是在"大帮带"方面,将原来传统的师傅带徒弟的"传帮带"方式,升级为涵盖"以院包科"、专家团建院、院帮院、浙阿跨省新型医联体建设等内容的"大帮带"模式。借助跨省医联体成员单位优势,补充非受援专业帮带实力弱的短板,构成13家支援医院—地区两家医院—县(团场)医院—乡镇(连队)卫生院—村卫生室五级联动、双向转诊、多方受益的医疗援疆新模式。四是在"远程医疗"方面,在原来远程会诊的基础上,进一步借助科技的力量,强化互联网医院建设理念、建立四级上下联动信息化远程医疗平台,借助浙阿跨省新型医联体建设的优势和院士专家工作站优质资源,针对特殊、疑难病历,及时连线浙江省后方医院知名专家,开展远程病理、远程超声、远程影像等,远程医疗内涵不断丰富和提升。五是在"远程培训"方面,建立电子图书馆、空中课堂、"掌E课堂",打破浙阿两地地域屏障,促成援受双方远程的双向交流和多维度融合,让疑难复杂病患者在边疆就能享受到内地优质三甲医院的规范化、同质化治疗,边疆医疗人才随时享受到后方医院的同质化教学培训,进一步推动"三大两远程"工程的稳步落地。

2. 浙江"组团式"医疗援疆的成效分析

浙江"组团式"医疗援疆工作(见表2-1)开展三年以后,阿克苏地区和兵团第一师的医疗服务水平明显提升,学科建设能力显著增强,培养了一支优秀的"带不走"的本地医疗人才队伍。主要体现在以下五方面。

第一,医疗技术水平大幅提升。两家"组团式"受援医院医疗队共开展新技术新项目36项共254例,浙阿跨省医联体专家开展的新技术应用,其中(包含)二尖瓣置换术、主动脉瓣置换术等12项技术,填补了阿克苏地区空白。新建儿童重症医学科、放疗科、核医学科和临床心理科四个空白学科。分别成立了"浙江省人民医院阿克苏分院""浙江大学附属医院—新疆生产建设兵团第一师医院医疗联合体""温州医科大学附属眼视光医院阿克苏眼视光中心"等,受援医院的医疗服务能力与水平明显提升。

表 2-1 2017—2019 年浙江对口支援新疆医疗卫生工作开展情况

分 项		2017 年	2018 年	2019 年
医疗卫生水平提升情况	项目数/个	14	50	43
	资金量/万元	6190	8341	7283
	支持乡镇卫生院标准化建设/个	16	13	21
	选派医疗人才人数/人	96	96	96
	柔性引进医疗人才人数/人	114	198	191
	传帮带人数/人	317	386	318
	培训医疗人才人次/人次	22214	11952（赴浙进修204人）	15119

第二,医院建设管理明显规范。全面推进精细化管理改革,进一步推动管理标杆的体系建设。结合床旁结算、预约诊疗、移动支付、优质护理,自助缴费、及时结算、孕产妇保健及贴心体检等服务,践行浙江省"最多跑一次"的优质服务理念,成功打造地区的服务标杆。参与乌什县、柯坪县医院医联体建设,定期开展远程查房、会诊,参与义诊157次,诊疗4000余人次,进一步践行公益标杆医院的政治使命和职责担当。

第三,医疗人才队伍不断壮大。培养学员徒弟93人,累计开展教学查房947次,共计培训5000余人次,邀请后方专家入疆指导20余人次,外派进修学习149人。本地学员在专家的大力带教下,目前已能独立开展心脏房间隔缺损修补术、经皮肾镜术、冠脉造影支架植入、输尿管软镜碎石术、玻璃体切割手术等多项核心技术,多名学员已被培养成学科带头人和后备学科带头人。

第四,学科建设不断完善。打造了卒中中心、胸痛中心、创伤中心、危重孕产妇诊治中心和儿童诊疗中心"五大中心",五官科学科群、急危重症学科群"浙阿多学科诊疗团队"、"浙江大学附属第一医院兵团南疆泌尿外科中心"等,进一步增强拳头优势,学科优势不断凸显。

第五,受援地群众的获得感大大增强。2018 年 9 月至 2019 年 3 月,两支"组团式"医疗队共接诊患者 8656 人,手术 1534 台次,主持抢救 2494 人次。阿克苏地区第一人民医院手术量同比增长 3.3%,危重症患者抢救成功率由 85.5%增至 88.9%,住院转诊率下降 2.9%。兵团第一师医院转诊率下降 59%,手术量同比增长了 12%。医院对外影响力不断提升,受援医院美誉度、患者满意度和各族群众的获得感进一步增强。

此外,从 2016 年 4 月份开始,浙江大学的六所附属医院采用"以院包科"的形式,对兵团一师医院进行援助,这其实是一种"带土移植",加强团队力量。一是提升了医院的医疗服务能力和水平。2016—2020 年,在医院里开展了新技术、新项目 309 项,其中有 67 项技术填补了新疆地区的技术空白,同时也打造了急诊科、病理科、泌尿外科、妇产科、神经外科等一批南疆乃至疆内知名的重点专科,特别是兵团一师病理科达到了新疆地区前三的水平。二是帮新疆带出了一支"带不走"的专家团队,加大了对卫生人才的培养力度。通过多形式对口帮扶,"团队带团队""师带徒""专家带骨干"为兵团一师医院培养了 20 多位业务骨干,帮扶筹建国家级住院医师规范化培训基地,已经连续招收助培医生 100 多名。三是给兵团南疆各族干部群众带来了卫生健康实惠。组团式援疆工作开展以来,援疆医生开展各类健康宣教、巡回义诊 350 余次,受益群众 1 万余人次。兵团一师医院门急诊较援疆前增长了 14%,收治住院患者增长了 15.2%,手术量增长了 69.3%,三级手术增长了 132.3%,四级手术增长了 104%。浙江"组团式"医疗援疆为兵团南疆各族干部群众带去了福音,得到了大家的认可和一致好评。[①]

---

① 国务院新闻办公室.卫健委举行"十三五"期间组团支援与对口帮扶工作进展成效发布会[EB/OL].(2020-12-15).http://www.scio.gov.cn/xwfbh/gbwxwfbh/xwfbh/wsb/Document/1694680/1694680.htm.

　　近三年来，浙江"组团式"医疗援疆工作业绩和援疆医疗人才的感人事迹，得到了《人民日报》《浙江日报》《新疆日报》《兵团日报》《新疆经济报》《阿克苏日报》和阿克苏地区电视台等媒体的宣传，如报道《浙江医生完成阿克苏地区首例多孔微创"补心"手术》《援疆专家紧急出手、危重患者化险为夷》《援疆让阿克苏医疗卫生事业驶入快车道》等，受到了社会广泛关注与赞誉。两支医疗队三批援疆人才分别荣获"医疗人才'组团式'援疆工作先进集体""浙江省市优秀援疆干部人才""浙江优秀援疆医生""优秀党务工作者"等集体荣誉、主题荣誉和个人荣誉等，进一步彰显了浙江援疆医疗铁军的良好精神风貌。2018年8月"医师节"，由15名援疆医生组成的浙江大学"组团式"援疆医疗队被授予"最美浙江人·最美天使"特别奖。

　　3.浙江"组团式"医疗援疆的经验启示

　　"组团式"医疗援疆是中组部为整体推进新疆医疗卫生水平提出的一项重要举措，浙江"组团式"医疗援疆队将坚持以人民为中心，坚持把当地老百姓就医的满意、幸福感和获得感作为检验成效的基本标准，扎实推进"三大两远程"工程和浙阿跨省医联体建设，利用浙阿跨省医疗联合体这个平台，充分发挥浙江后方医院医疗资源丰厚的优势，集中援疆医生的优势，引领阿克苏地区及兵团一师其他医疗机构的诊疗水平上一个台阶。一是深化医疗帮扶机制建设。推广"大卫生、大医疗、大帮带、远程医疗、远程培训"的援疆模式。二是创新远程智慧医疗新形式。建立健全各支援医院、前方"组团式"受援医院、县市、乡镇、村等五级联动远程医疗协作专线。通过智慧医疗手段，将优质医疗资源最大化传递到县市级医院，帮助县市级医院实现基础病、常见病零转诊的目标。三是进一步健全新型跨省医联体建设。借鉴"长三角医院联盟"合作模式，融合跨省医联体各成员单位优势，进一步健全浙阿跨省医联体，切实加强人员交流，进一步提高受援医院医疗水平。

　　（二）浙江"组团式"医疗援青案例分析①

　　青海省海西州地处青藏高原，交通条件复杂，水资源质量偏硬，医疗卫

---

　　①　本案例来源于浙江省对口工作领导小组办公室《对口工作典型案例汇编》;浙江省援青指挥部,《浙江医疗援青助力高原群众健康》。

生条件基础薄弱,卫生人才较为缺乏,导致老百姓"看病难""看病贵"等长期存在的问题难以解决。在对口帮扶机制下,浙江省依托浙江大学附属第一医院专家团队定点支援帮扶海西州人民医院,在卫生技术人员培养、医疗设施投入、专科门诊建设等方面取得显著成效。

1. 浙江"组团式"医疗援青的主要举措及成效分析

一是硬件设备强支撑。先后投入援青资金 6000 多万元,用于医疗用房、医疗设备等采购,切实提升了海西州人民医院的硬件设备质量和信息化水平,切实服务更多海西百姓。2018 年,海西州人民医院累计实现远程会诊近 200 例,举办远程培训 185 场,护理系列讲座 80 余次,4625 人参加培训。二是帮助完善医院管理制度。浙江的援青专家团队根据海西州人民医院发展需要,帮助建立健全内部管理机制、管理制度、决策机制、议事规则等,有效提高了医院的运行效率。对 11 个行政职能科室、四个医技科室的 1127 项制度进行梳理修订。三是新建一批学科。浙江医疗援青专家协助海西州人民医院成立了心血管内科、泌尿外科等,建成海西州临床检验中心、海西州东部区域医联体胸痛中心、卒中中心、创伤中心和血液透析中心。四是发展新的诊疗技术。发挥自身专业优势是援青医疗专家带动海西州人民医院医生在医疗技术方面实现快速提升的关键,共填补海西州医疗技术空白 48 项,新增检验检查项目 27 项。五是培育医疗专业技术人才。浙江对海西州人民医院人才队伍建设体现出"组团式"帮扶的特点,除九位浙江大学附属第一医院专家管理团队长期帮扶外,又连续增派出三批专家团队 12 人次,对海西州人民医院的队伍建设进行培养和带动。大力开展学科带头人培养,每年支持海西州卫生系统 50 位骨干人才来浙进修学习。六是开展"送医下乡"。浙江专家团队定期组织医生到偏远牧区为百姓开展义诊,送医行程超过 5000 余公里,为超过 3600 名农牧民进行义诊。

2. 浙江"组团式"医疗援青的经验启示

浙江医疗援青立足海西地域辽阔、卫生基础薄弱的现状,实施"组团式帮扶""互联网+医疗""1+X 传帮带"等举措,充分利用浙江优质医疗资源,特别是浙江大学附属第一医院的专家团队和医疗资源,有效促进了海西州卫生系统及海西州人民医院的专业技术人才、学科建设、硬件设施、规章制度等的较大改善,海西州的医疗服务水平得到了较大的提升,群众对就医的满意度日益提高。

总的来看,取得较好的医疗援青效果,主要在于浙江援青医疗团队的辛苦付出和抓住重点与关键。一是以打造浙江医疗援青品牌为目标,努力创建浙江医疗援青标杆省份,积极锻造浙江医疗援青铁军。二是因地制宜地推广浙江大学附属第一医院的好经验好做法,努力提升海西州人民医院医疗质量,加强学科建设,注重教学和人才培养,努力打造一支"带不走"的本土医疗人才队伍。三是按照统一工作部署,明确目标导向和问题导向,建立分工负责制,排出工作计划时间表,有序、有效地积极向前推进。四是在当地卫健委、州人民医院党委的领导下,和医院广大干部群众同心同德、同舟共济,合力推进"健康海西"事业持续发展。五是发扬浙江援青大家庭两年来积极塑造的"团结协作、共同进步"的工作精神,充分发挥医疗专家组的团队优势,齐心协力、勇创辉煌。①

(三)浙黔医疗帮扶案例分析

在浙江省卫生健康委、杭州市卫生健康委及相关部门的大力支持和关心下,积极推动东西部扶贫协作医疗卫生对口帮扶向纵深开展,有效推动了黔东南州卫生健康事业快速发展。

1. 浙黔医疗帮扶的主要举措

第一,强化组织领导,推动帮扶工作责任落实。一是将医疗卫生对口帮扶工作纳入党建工作范畴,成立了东西部医疗卫生对口帮扶工作领导小组,实行一把手负责制,统筹推进对口帮扶工作。二是按照黔东南州人民政府与杭州市人民政府签订的对口帮扶框架协议和两地卫生行政部门签订的医疗卫生对口帮扶框架协议,进一步明确对口帮扶总体目标、年度任务和考核内容,确保帮扶任务落实。三是完善对口帮扶制度。制定重点科室建设和人才培养、信息化建设等具体的年度帮扶工作要点。黔东南州出台《关于印发"杭医共享"行动实施方案的通知》(州卫健办发〔2020〕7号),进一步提升

---

① 范剑,陈耸磊. 深入推进医疗援青项目 积极打造浙江医疗援青品牌[EB/OL]. (2018-10-31). http://cs.zjol.com.cn/system/2018/10/31/021681054.shtml.

帮扶实效。四是强化部门联动,将东西部扶贫协作医疗"组团式"帮扶纳入政府扶贫工作综合评估内容,共同推动对口帮扶工作取得实效。五是强化沟通衔接。建立了黔东南州与杭州市等对口帮扶地区党政、部门、帮扶单位互动交流常态化工作机制,定期研判对口帮扶工作,促进"组团式"帮扶关系建立。

第二,深化沟通交流,合力推动帮扶工作持续发展。2020年9月,黔东南州卫健局领导带队赴杭州对接东西部扶贫协作医疗卫生对口帮扶工作,并调研浙江省血液中心、杭州市健康指导中心、杭州市急救中心、杭州市中医医院、杭州市淳安县医共体医院。浙江省血液中心与黔东南州中心血站签订帮扶协议。杭州方面,杭州市卫健委、杭州市急救中心、杭州市疾控中心等相关领导,分别于2020年6月、2020年7月、2020年9月、2020年11月带队赴黔东南州调研,对接东西部扶贫协作医疗卫生工作。2020年9月,两地卫健部门互派干部开展为期半年的挂职学习。黔东南州各县市通过政府、卫生健康行政部门、受援医院积极与杭州市相关部门强化对接协调,促进双方交流合作常态化。

第三,聚焦工作短板,全面实施精准帮扶。积极聚焦黔东南州医疗卫生事业短板,围绕培养优秀人才、改善设施设备、建立重点学科、完善工作制度、更新工作理念、构建先进文化等,有计划、有步骤、有针对性地开展全方位、多层次、系统性的精准帮扶。2016—2020年,累计支援黔东南州资金4000余万元、支援设备215件,帮助黔东南州开展医疗卫生人才培养、重点学科建设、医疗信息系统建设、村卫生室建设、医院设备配置等。其中黔东南州累计获得杭州市帮扶资金435万元,35万元用于人才培养项目,200万元用于重点学科建设、改善电子病历系统及骨干医师培养,200万元用于管理人员和业务骨干培养,助推黔东南州医疗卫生服务全面升级。

第四,注重智力帮扶,推动扶贫协作迈上新台阶。2020年,浙江省及杭州市各级医院先后分批派驻294名专家到黔东南州开展帮扶工作,其中147名专家挂职科室负责人、护理部主任,22名帮扶专家担任名誉院长或副院长等职务。黔东南州累计派出394人到支援医院进修学习。填补了黔东南州县级医院大部分技术空白,推动各级医院学科能力建设不断提升。2020年

9月,由杭州市卫生健康委、黔东南州卫生健康局联合主办,杭州师范大学附属医院承办的两期"黔东南州医院干部管理能力培训班"在杭州市顺利举行,来自黔东南州18家综合医院和12家中医医院的院长、副院长、医务科负责人、质控科负责人及州卫生健康局管理人员,共计62人参加培训。

第五,创新"杭医共享",助推帮扶工作提质升级。截至2020年底,杭州市等东部175家医疗卫生机构与黔东南州247家医疗卫生单位建立了对口帮扶关系,实现了卫生健康各项工作、16县市医疗卫生对口支援和向乡镇卫生院延伸帮扶全覆盖。仅2020年,就有294名杭州医疗专家赴黔东南州,一半左右的专家帮扶时间在3个月以上。在两地卫健部门领导部署指挥下,建立"杭医共享"平台,将分散在黔东南州各家受援医院的杭州帮扶力量有效整合,帮扶专家立足所在的挂职单位,由州级协调办公室根据本地医疗机构实际需求调配,进一步将自身能力向周边县市辐射,实现杭州优质医疗资源在黔东南州范围内优化调配。平台旨在通过搭建杭州医疗资源共享平台,组建危急重症救治、危急孕产妇救治两支抢救队伍,在疑难危重患者救治、优质医疗资源下沉、强化本地人才培养等三方面发挥进一步的帮扶提升作用。

第六,实施组团帮扶,丰富对口帮扶工作内涵。坚持优秀院长与优秀团队配套引进相结合,以浙江大学医学院附属第二医院帮扶台江县人民医院为契机,实施"管理＋技术＋人才"的帮扶模式,提炼出党建引领"组团式"医疗帮扶经验,得到了国家、省高度肯定。在实施试点取得显著成效后,积极在黔东南州内推广医疗组团式帮扶经验,黔东南州从江县人民医院与杭州市萧山区第一人民医院、榕江县人民医院与杭州市第一人民医院、凯里市第一人民医院与杭州市第一人民医院、黎平县人民医院与金华中心医院等19家州内医疗机构与支援医院建立了"组团式"帮扶关系,有效整合杭州市帮扶医院与其他帮扶医院力量和资源,发挥对口帮扶最大效益,实现了对口帮扶从"输血供氧"向"造血制氧"的转变。

第七,强化后勤保障,做好先进典型推荐和宣传。黔东南州印发了《关于进一步做好对口帮扶后勤服务保障工作的通知》,要求各受援单位完善后勤保障机制、改善帮扶专家食宿生活环境、发放生活补助、绩效补贴等,让帮扶专家安心、放心、静心开展工作。同时,黔东南州认真落实帮扶专家多彩贵州旅游优惠政策,2020年为帮扶专家办理旅游优惠证312个,获得优惠证的专家在贵州省相关景点可以免费旅游。通过"医师节""护士节"等活动,积极宣传东西部扶贫协作成果,表扬先进个人。2018年,台江县人民医院院长汪四花同志作为脱贫攻坚战场上的优秀代表被贵州省人民政府授予"全省脱贫攻坚优秀共产党员"称号并获得"全国脱贫攻坚贡献奖"。2019年,黔东南州召开对口帮扶座谈会议,对2016—2018年对口帮扶的25个先进集体和76名先进个人进行表彰,2019年第二个"医师节"对35名对口帮扶专家通报表扬,积极营造良好的对口帮扶工作氛围。

2.浙黔医疗帮扶的成效分析

通过浙黔东西部医疗协作各方大力协作,克服新冠疫情影响,进一步巩固援黔医疗卫生对口帮扶成果,拓展帮扶领域,丰富帮扶内涵,推动黔东南州医院服务能力提质升级。

第一,公立医院党的建设全面加强。在以杭州市为代表的各级部门、医院帮扶下,积极推动全面公立医院党的建设与业务相融合,黔东南州26家公立医院均设立了党委(党总支),实现党委领导下的院长负责制全覆盖,切实发挥公立医院党委把方向、管大局、作决策、促改革、保落实的领导作用。

第二,医院管理水平进一步提高。帮扶专家根据医院现状,以制度建设为切入点,帮助完善黔东南州受援医院整体运行管理规章制度,不断健全医院决策、财务、人事、绩效、考核等管理机制,推动了黔东南州公立医院运行管理水平全面提升。2020年,黔东南州公立医院药品、耗材、检查化验收入持续下降,医疗服务收入达41.43%,超出国家规定35%以上目标要求6.23%,较帮扶前提高了9.65%;全州30家公立医院收支平衡达26家,占比达到了88.67%。

第三,专科能力建设得到进一步加强。在帮扶专家的带教和指导下,黔东南州公立医院实现了胸痛中心、高血压诊疗中心、创伤中心、卒中中心建设全覆盖,围绕县域外转诊率等因素,帮助建设了重症医学科、胸外科、新生儿科、肾病医学科、肿瘤科、脑外科等重点专科136个,帮助开展微创技术等新技术、新项目,提升了黔东南州疾病综合诊疗水平。如黔东南州人民医院在浙江大学附属儿童医院帮助下开展了儿童纤维支气管镜等业务,帮助培养儿童呼吸、消化、重症、先心病等方面技术人才,提升了黔东南州内儿童疾病救治能力。浙江大学医学院第二附属医院为提高台江县人民医院医疗诊治水平,帮扶开展新技术、新项目共计100余项。

第四,服务能力得到进一步提升。一是通过对口帮扶,提升了医疗技术、强化医疗服务意识、改善就医环境,黔东南州各级医院新开展医疗技术400余项,推动县级医院的就诊人次增加、转诊率下降。截至2020年11月底,黔东南州县域内就诊率达到了84%,基层医疗机构首诊量得到历史性转变;基层总诊疗率达到了55.68%,扭转了历年来基层医疗机构诊疗人次占比逐年下降趋势。二是通过远程医疗平台建设,黔东南州有26家县级医院与浙江省、山东省及省级三级帮扶医院开通远程会诊平台,使黔东南州内更多患者就近享受到了杭州等东部发达地区优质医疗资源,提高了黔东南州疑难疾病诊疗能力。三是通过组团式帮扶,推动帮扶关系向基层乡镇延伸,截至2020年底,黔东南州208个乡镇卫生院(社区卫生服务中心)通过"组团式"帮扶建立了帮扶延伸关系,推动基层医疗机构服务能力提升。

第五,助推脱贫攻坚成效显著。通过大力实施东西部扶贫协作,在杭州市等帮扶医院的帮助下,黔东南州、县两级医院大病救治能力显著提升,医疗卫生信息化建设不断完善,推动了健康扶贫"三个三"任务全面落实,建档立卡贫困人口大病专项救治和家庭医生签约服务实现应治尽治、应签尽签,贫困人口"先诊疗后付费""一站式"服务结算等便民措施得到了有效落实,为黔东南州如期高质量打赢健康脱贫攻坚战做出了积极贡献。特别是黔东南州推行的浙江大学第二附属医院帮扶台江县人民医院,杭州市第一人民医院帮扶凯里市第一人民医院,黔东南州人民医院帮扶黎平、榕江县人民医院等医疗"组团式"帮扶,得到了中组部、国家卫生健康委、贵州省委、贵州省政府的高度肯定,并在全省推广实施。2017年以来,黔东南州有13个集体、35个优秀个人、1个特殊贡献个人获得省级表彰。

3. 浙黔医疗帮扶的实践特色

第一,强化对口帮扶组织领导。积极发挥党政系统、卫健部门统筹协调作用,进一步完善对口帮扶沟通协调和考核机制,与杭州市卫生健康委共同建立季度联席会议和月调度工作机制,推动支援和受援医院双方严格按照国家要求,落实帮扶措施,确保帮扶取得实实在在的成效。

第二,加强人才培养和引进。利用好杭州市优质的医疗卫生资源和现代化的医院管理理念,邀请杭州市医疗专家赴黔东南州进行驻点帮扶和专项培训,强化受援医院医疗人才培养和引进,着力增强"造血"功能。

第三,大力推动"组团式"帮扶工作。积极整合黔东南州三级医院、省内帮扶医院及杭州市等省外帮扶医院资源,在贫困县综合医院、中医医院和妇幼保健机构推广"组团式"帮扶模式。

第四,充分利用"杭医共享"平台。利用好杭州市整体对口帮扶黔东南州的契机,整合杭州市医疗帮扶资源,通过"杭医共享"模式,进一步提升帮扶实效,提升全州医疗卫生服务水平。

参考文献

[1]蔡进华,王富珍,高胜利.基于疾病预防视角对医疗扶贫的思考[J].中国健康教育,2017(5):477-479.

[2]范剑,陈耸磊.深入推进医疗援青项目 积极打造浙江医疗援青品牌[EB/OL].(2018-10-31).http://cs.zjol.com.cn/system/2018/10/31/021681054.shtml.

[3]国务院新闻办公室.卫健委举行"十三五"期间组团支援与对口帮扶工作进展成效发布会[EB/OL].(2020-12-15).http://www.scio.gov.cn/xwfbh/gbwxwfbh/xwfbh/wsb/Document/1694680/1694680.htm.

[4]胡晓媛,梁敏,杨萍.卫生对口援疆工作的形式及问题研究[J].中国医院,2014(4):21-22.

[5]金苗苗,涂建锋,金虹,等.跨省医联体新模式延伸医疗援疆内涵[J].温州医科大学学报,2019(11):857-858.

[6]李卫宁.助力对口地区全面打赢脱贫攻坚战[EB/OL].(2020-09-12).http://rmfp.people.com.cn/n1/2020/0912/c406725-31859106.html.

[7]中国政府网.国务院常务会议:补上贫困地区医疗"短板"[EB/OL].

（2016-06-09）. http：//www. gov. cn/zhengce/2016-06/09/content _ 5080760. htm? from＝timeline&.isappinstalled＝0.

[8]WHO. Dublin Declaration on Human Resources for Health：Building the Health Workforce of the Future[R/OL]. (2017-11-17). https：// www. who. int/hrh/events/Dublin _ Declaration-on-HumanResources- for-Health. pdf? ua＝1.

执笔人：辛越优，浙江大学中国西部发展研究院

第三章 园区共建——打造东西部扶贫协作的"浙川样本"

浙川对口帮扶始于 1996 年。2018 年 4 月,浙江赴川帮扶工作组奔赴四川省 11 个市州的 40 个县,展开了为期三年的东西部扶贫协作和对口支援工作。从 2018 年至 2021 年,浙江对口帮扶的 40 个四川贫困县全部提前摘帽,3948 个贫困村全部退出,196 万贫困户顺利脱贫。2021 年,根据中央统一部署,在新一轮东西部协作工作中,按照"一省对一省"原则,浙江省专门结对帮扶四川省,在原先结对 40 个县的基础上,新增加 28 个县,共 68 个县,超过四川全省 183 个县数的三分之一。在过去的帮扶实践中,不少有浙江特色的做法在四川也成效显著,其中以"园区共建"模式为主的产业协作是一张耀眼的"金名片"。

一、浙江省园区共建的发端——山海协作

山海协作工程,是浙江省委、省政府为了推动以浙西南山区和舟山海岛为主的欠发达地区加快发展,实现全省区域协调发展而采取的一项重大战略举措。"山"主要指以浙西南山区和舟山海岛为主的欠发达地区,"海"主要指沿海发达地区和经济发达的县(市、区)。山海协作工程成为沿海发达地区与欠发达山区积极开展全方位、多层次交流合作的重要平台,成为浙江经济蓄力起势、高质量发展的新突破点。

2012 年,按照"共建、共管、共招、共享"的合作机制,在衢州、丽水部分有条件县(市、区)启动建设首批九个省级山海协作产业园。2015 年,开化—桐乡共建山海协作生态旅游文化示范区开始建设。省级山海协作产业园已从"拓空间、打基础"起步实施阶段转向"聚功能、兴产业"提升发展阶段。2012—2017 年,已开发土地面积 42.42 平方公里,空间开发率为 80%,累计固定资产投资 457 亿元,基础设施投资 142 亿元,九个产业园共引进产业项目 353 个,工业总产值 275 亿元,税收 9.1 亿元,带动当地就业 1.3 万余人。2018 年,浙江全省山海协作共建平台有 32 个。2021 年,28 个"产业飞地"空间规划选址方案陆续出炉,其中绍兴滨海新区与衢州开化县、宁波慈溪市与衢州常山县、绍兴柯桥区与衢州江山市签订了共建协议;30 个"消薄飞地"实现 26 县全覆盖,累计返利超 2 亿元;杭州市、嘉兴嘉善县等地的"科创飞地"也在推进中。各类山海协作产业园、生态旅游文化园增至 27 个,不仅促进"山"的内生发展动力,也为"海"的转型升级拓展了空间(见表 3-1)。

表 3-1　部分共建园区类型

共建园区类型	园区名称
生态旅游文化产业园	龙游—镇海山海协作产业园 莲都—义乌山海协作产业园 龙泉—萧山山海协作产业园 松阳—余姚山海协作产业园 文成—瑞安山海协作生态旅游文化产业园 泰顺—鹿城山海协作生态旅游文化产业园 武义—海宁山海协作生态旅游文化产业园 磐安—普陀山海协作生态旅游文化产业园 天台—路桥山海协作生态旅游文化产业园 仙居—玉环山海协作生态旅游文化产业园 三门—温岭山海协作生态旅游文化产业园 平阳—乐清山海协作生态旅游文化产业园
科技创新类型	衢州(杭州)海创园 丽水(杭州)海创园 柯城科创园(未来村) 文泰"工业飞地" 江东杭千开发区 柯城—余杭山海协作产业园 常山—慈溪山海协作产业园
抱团消薄类型	平湖—青田"飞地"园区 衢江—鄞州山海协作产业园 江山—柯桥山海协作产业园 遂昌—诸暨山海协作产业园

从 2002 年山海协作工程全面启动,到 2020 年迭代升级,再到 2021 年高质量发展建设共同富裕示范区,浙江正在探索并逐渐走出一条依靠"飞地合作"、园区共建的双向互动、合作共赢的发展之路。

二、浙川携手打造东西部协作的"金名片"

2018—2020年,浙川累计共建产业园区40个(其中飞地园区15个),入园企业406家,676家企业赴川开展扶贫协作,吸纳2.15万贫困人口就近就地就业,带动7.42万贫困人口脱贫;投入财政帮扶资金46.65亿元,撬动社会资本投入60多亿元,建成405个、总面积达100多万亩特色优势和生态高效农业生产基地,带动47万余贫困人口脱贫增收。在这些成绩的背后,园区共建发挥了极其重要的作用,浙川两省共同规划建设并运营了浙川(广元)产业园、浙川(乐山)产业园、屏山—海盐、广安—南浔等合作共建园区,共同支持做大做强德阿、遂阿、九寨沟—嘉善、若尔盖—南湖等飞地园区,两省开发区互设"园中园",在协作共赢中完善税收分享、指标分成、成本分担等机制。

(一)船山飞地产业园——三方四地共享"飞地经济"

2019年5月21日,遂宁市船山区与阿坝州理县,以及对口帮扶理县的浙江省永康市、东阳市,共同签署《东西部协作、对口帮扶共建飞地产业园战略合作框架协议》,"三方四地"("三方":四川遂宁、阿坝州理县和对口帮扶理县的浙江各市;"四地":四川遂宁市船山区、阿坝州理县、浙江东阳市、浙江永康市)在船山区合作共建飞地产业园,实现对口帮扶向合作共赢的转变提升。

1. 合作背景

自2012年遂宁对口帮扶理县,2014年东阳、永康与理县结成帮扶对子以来,"三方四地"始终坚持亲密协作、携手共进,由单一的政府结对帮扶逐渐发展为政府牵头主导、各市场主体共同发力、社会各界广泛参与的全域结对帮扶新模式。2019年5月,"三方四地"签署了共建飞地园区及全域合作框架协议,通过整合浙江省东阳市和永康市的产业集群优势、阿坝州理县的藏区政策优势、船山区的产业承接平台优势等,打造川渝毗邻地区先行发展示范园区。

2. 园区定位

为探索东西部扶贫协作和省内对口帮扶的新模式,发掘脱贫攻坚产业帮扶的新路径,"三方四地"打破原有行政区划限制,共同打造飞地产业园。产业园选址遂宁高新区船山园区,聚焦电子信息、智能装备、锂电、智能汽车装备、医疗健康装备等产业,规划占地面积 3000 亩,分三期实施。预计到2025 年,引导 30 个以上重大项目落地,实现年产值 300 亿元,税收 5 亿元;到 2030 年完全建成投产,落地项目 50 个以上,实现年产值 500 亿元,打造成为国家东西部扶贫协作的区域典范。

3. 运行机制

浙江东阳市、永康市对辖区内企业的市场经营情况进行摸底,筛选有意在西部地区布局和整体转移的企业,推荐到理县和船山考察,并协助理县、船山在金华组织的投促活动和目标企业考察对接工作。理县作为对口帮扶的贫困县,也是项目落地的协调主体,负责协调服务,将留存电量和土地指标等优先用于园区。船山区作为项目落地的承接主体,负责项目用地指标保障等系列服务保障工作,并提供优质高效的政务服务;负责意向投资企业来船考察相关工作,以及落地项目研判、商务洽谈等工作;做好项目落地后的服务和主要经济指标统计工作。同时,共同组建注册资金 3 亿元的平台公司,其专业团队将负责园区的规划建设、招商引资以及运营管理,确保飞地园区运营管理的规范化和专业化。

4. 利益分享机制

四地约定,飞地产业园税收地方留成部分的 30% 划归理县,船山区作为入驻项目注册地享受剩余 70% 税收。永康和东阳都是传统工业强市,处于深度转型升级的关键期,它们的"收益"在于获得了发展的新空间。

5. 当前成效

截至 2020 年 12 月,共建园区已完成场平 200 亩、主干道路 1 公里路基工程、改扩建及迁改水电气等管网 10 公里、新征地 500 亩等,招引了利和科技、同泰半导体、睿杰鑫 PCB、精密刀具等四个项目,总投资 41.5 亿元,为园区发展注入了强劲动力。同时,浙川两地出台消费扶贫政策,共建理县旅游和农产专柜四个,电商扶贫中心三个。

(二)浙川纺织产业扶贫示范园——创新"四个协作机制"

自浙川合作以来,嘉兴市海盐县与屏山县对接合作,创新建立协作共谋产业路径、共筑发展平台、共建招引渠道、共创营商环境"四个协作机制",共建浙川纺织产业扶贫协作示范园,园区实现了从无到有、由小变大、大中做强、强上向优的飞跃转变,成为县域经济发展新引擎。

1. 合作背景

宜宾市屏山县曾是国家扶贫工作重点县,贫困程度深、脱贫任务艰巨、工业基础弱,2014 年精准识别贫困村 78 个、贫困人口 4.3 万人,贫困发生率15.7%。嘉兴市海盐县的重要支柱产业是纺织服装产业,然而环境容量制约、成本竞争加剧、产业升级梗阻等问题,制约了海盐纺织服装产业的进一步发展。海盐县与屏山县结成"东西扶贫协作"关系以来,屏山县依托宜宾丝丽雅原料龙头企业、向家坝电站"留存电"特殊电价等优势,积极打造要素成本洼地、产业配套高地、人力资源富地,海盐县着眼于推动纺织向生产条件更为适宜的西部地区转移。海盐县与屏山县共同商定合作共建"浙川纺织产业扶贫协作示范园",打造西南最大生物基纺织特色产业基地。

2. 职能定位

海盐县指导屏山完善招商引资政策,出台《关于进一步加强招商引资工作的实施意见》等文件;嘉兴、宜宾两市出台《加快纺织产业园发展若干政策意见》,共谋产业政策,共用招商渠道,共建入驻门槛,共优项目服务。两地商议出台《关于加快工业发展若干政策措施意见》,每年设立工业发展专项基金 8000 万元,按企业投资额实行阶梯电价激励,给予纺织示范园 20 亿度/年的企业优惠供电支持,最大限度降低企业经营成本;对入驻企业在高端设备引进、厂房建设等方面予以补贴,对园区实行阶梯式土地供给价格,投资 5000 万元以上的项目按 5.6 万元/亩计价,进一步降低投资成本,优化企业发展环境。

3. 运行机制

浙川纺织园区专设园区管委会,将兴库建设公司划归园区管理,采取"管委会＋公司"方式运行,兴库建设公司以市场化方式承接基础设施建设和维护,负责园区企业投融资和关联中介服务。成立综合服务和行政审批中心,主要审批部门入驻,简化资料和审批流程。审批人员来到企业延伸办公,指导企业准备所需的资料,还全程代办各种审批服务。筹建园区科创中心,为企业提供技术、人才等支撑,及时解决企业发展中存在的困难和问题。设立3000万元扶贫协作基金池,支持园区管理服务及贫困户在园区公益性岗位就业。实行园区绩效考核比县级机关人均高20%的激励政策。宜宾市政府提供10亿元融资担保,屏山县发行债券1.05亿元,采取直投、PPP融资等方式,完善"五通一平"基础,配套建设货运码头、道路管网、污水处理厂等设施,提供多层厂房代建和个性设计服务。

4. 当前成效

园区已引进嘉兴天之华公司等纺织企业31户,计划总投资165.2亿元,预计可实现年总产值超200亿元,签约纺纱产能377万锭、纺丝9万吨、织布1亿米,可生产服装3000万套、产业用纺织品4万吨,已经吸纳就业3200人,其中贫困人口1042人。截至2020年10月,园区纺织企业新增就业3000余人,解决贫困人口就业300余人,实现园区发展与解决贫困人口脱贫长效循环造血。园区获评"四川省特色产业基地"和"全国纺织产业转移示范园区"称号。

(三)南浔·广安产业园——探路"三产联动"和"国企引领"

2018年4月,南浔区与四川省广安市广安区结成东西部扶贫协作对口单位。两地围绕争创东西部扶贫协作全国先进、省级示范的目标,坚持"一二三"产业联动发展,加快形成"一园一区一带"产业布局,巩固提升脱贫成效。

1. 合作背景

2018年12月,南浔区、广安区决定结合双方优势在广安官盛新区共同建设南浔·广安产业园,重点发展高端装备制造、磁电材料等新型工业,以促进双方优势互补、协同发展。2019年3月9日,产业园正式开工建设,规划面积630亩,计划总投资18亿元。

2. 开发模式

南浔·广安东西部扶贫协作产业园创新国企引导民企发展模式,由南浔区城投集团、交投集团和新城集团三家国有企业以"分别取地、整体开发"方式建设,同时对接南浔区部分龙头民营企业,采取民企定制、先租后转等模式共建产业园,实现企业"拎包入驻",减少了企业的前期投入。同时,南浔和广安两地抢抓成渝地区双城经济圈建设、新时代西部大开发等重大战略机遇,健全互利共赢、协同发展的长效机制,探索"企业生产基地在广安,研发创新中心在南浔"发展模式。

3. 运行机制

两地建立形成了园区共建、政策互通、招商协同、利益共享的机制。南浔区和广安区联合出台 25 条引导支持企业参与东西部扶贫产业合作的优惠政策,从项目用地、厂房建设、用工支持、人才引进、产品销售等环节给予扶持,形成政策扶持叠加效应,增强企业投资吸引力。"先租赁后转让"模式以及制度化政策保障,产生的"虹吸"效应十分明显。两地还建立"南浔·广安劳务协作工作站",开展"春风行动"东西部扶贫劳务协作专项招聘,疫情防控期间搭建"云招聘"平台,开通线上招聘渠道,劳务协作实现线上线下融合互动。

4. 当前成效

南浔·广安东西部扶贫协作产业园已招引中国行业前七名龙头企业沃克斯电梯、才府玻璃、世友木业、南洋电机等签约落地,其中沃克斯、南洋电机、世友木业于 2020 年底前陆续投产。项目投产后将有效促进浙江企业打开西南地区市场,预计实现年产值 25 亿元以上,年创税收 1.5 亿元,带动1000 余人脱贫奔小康。位于该产业园的浔味江南食品加工园项目于 2020年初开工,主要建设集湖羊屠宰、加工、冷链物流及销售于一体的加工厂。2020 年 6 月 8 日,广安万头湖羊基地投用。2019 年,两地探索的"三产联动""国企引领"协作扶贫模式入选国务院扶贫办东西部扶贫协作典型案例。

三、浙川园区共建的成功经验

浙川两省共建以项目合作为纽带,创新飞地抱团模式,为东西部扶贫协作提供了新思路、新理念。主要经验有以下四点。

(一)变"被动输血"为"主动造血"

如果仅仅依靠"被动输血",而没有产业支撑形成"造血"能力,脱贫攻坚成果是无法巩固和拓展的,乡村振兴这一长期任务将变得非常艰难。浙江和四川的合作,激发了双方的内生动力,为四川植入了"造血功能"。一方面,浙江加强对共建园区的资金支持,夯实园区基础设施底子,不断提升园区内生发展动力。2021年5月,浙川开展新一轮的东西部协作,短短半年,浙江已落实到位财政援助资金33.9亿元、实施帮扶项目704个。另一方面,加大人才交流。将浙江的人才、资金、技术、经验、市场要素植入四川发展"肌体",浙江干部有丰富的产业园区管理经验,有的干部为来考察的企业算投资风险账、企业成本账、发展空间账,消除了企业的后顾之忧,促使许多企业纷纷签约入驻园区。四川则派遣各级领导干部赴浙江学习招商、引商、留商、养商,并为援川干部搭建干事创业平台。

(二)从"跨域帮扶"到"全域走心"

随着对口帮扶和园区共建的开展,浙川合作领域不断拓宽,交流不断深化,共同协商解决了各类问题,从单纯的"跨域帮扶"发展到"全域走心"。

从纵向看,实现层层对接。在市县和街道乡镇层面,两地共同谋划建设飞地产业园,建立起市县飞地、镇街结对、村企共建的对口专题合作机制。浙江11个市62个县与四川12个市(州)68个县一一结对(见表3-2),实现帮扶全覆盖。村企层面,全面贯彻落实"万企帮万村"要求,发挥浙江当地强企优势,与四川经济薄弱村签订村企结对协议。

表3-2 浙江省11个设区市结对帮扶任务

浙江	结对市、县
杭州市	甘孜州12个县和广元市6个县
宁波市	凉山州11个县
温州市	南充市2个县和阿坝州5个县
湖州市	广安市1个县和阿坝州3个县
嘉兴市	宜宾市1个县和阿坝州5个县
绍兴市	乐山市4个县
金华市	巴中市4个县和甘孜州2个县
衢州市	绵阳市2个县
舟山市	达州市2个县
台州市	南充市2个县和甘孜州4个县
丽水市	泸州市2个县

从横向看,实现全域推进。一是抓好园区产业建设,抓住东部产业向西部梯度转移的良机,全面深化区域合作,对引进来的企业、项目,需要"扶上马、送一程",探索开展一站式、管家式、保姆式的服务。二是发挥好共建园区在稳岗就业方面的积极作用,建立劳务协作工作站,开展两省健康互认、专列专车直达、开展"点对点、一站式"服务。三是帮助四川打开销售通道,建设浙江"政采云"平台四川帮扶馆、四川消费帮扶馆和 12 个市(州)专馆,川货出川网络招商会等活动,深化文旅融合,打造互为旅游目的地和客源地。四是推进信息化建设,依托浙江数字化转型优势,加快建设东西部协作数字化平台、防返贫动态监测帮扶信息化平台,赋能产业合作和消费帮扶等重点领域。

(三)从"单兵作战"到"东西合璧"

近年来,浙江进入"腾笼换鸟"的关键期,迫切需要产业提档升级;而四川要素成本低、资源丰富、市场潜力大,原本"单兵作战"的两省紧紧抓住了产业梯度转移和第四次科技革命带来的产业变革机遇,以园区共建为"媒",发挥双方"集聚优势",积极推进"东西合璧"。

第一,积极推进资源配置最优化。东部具有先发优势,产业基础完备、人才齐全、运营管理模式先进,将浙江的资本、人才、管理、技术等比较优势与四川的劳动力、土地等要素资源优势结合起来,共同发挥作用。两地政府把共建园区作为特殊的经济和产业载体,不仅有利于发达城市拓展城市空间,促进产业结构合理升级,更有助于加速落后地区产业发展,助力我国整体经济协调发展,实现共同富裕的目标。在产业园区共建中,浙江援川干部积极参与四川产业规划与政策的制定,注重复制浙江地区产业园区成功经验,推动四川产业发展,确保资源配置最优化。

第二,积极推进产业对接精准化。抓住东西部扶贫协作机遇,精准对接受援地"所需"与帮扶地"所能"。只有产业转移、转型升级等需求,能够和产业扶贫的发展需求对接得上,企业才会"愿意来"。通过考察、调研和分析,两省决定组织开展装备制造、电子信息、数字经济、食品饮料、节能环保等重点产业精准对接,共同提升产业链供应链自主可控能力。

第三,共同保障园区运作高效化。浙江发挥人才与智力优势,以品牌输出、管理输出、经验输出、人才输出与四川地区特色优势有机结合,共同把服务培育、人才支撑、营商环境优化、技术合作等保障举措贯穿于园区建设、管理、运营的全过程,努力把浙川共建产业园建设成为规划布局合理、自主创新能力强、投资环境优美、新兴产业特征明显、具有较大规模和较高水平,对当地产业结构调整和经济社会发展产生显著作用的东西部协作先行园区与示范园区。部分对口合作县创新建立"三供三保"合作模式,即受援地"供土地指标、供钱投资、供人管理",援助地"保障落地、保障招商、保障收益"。建立集人、财、物全要素供给的扶持体系,在规划引领、项目立项、资金保障、土地供给、干部选派等方面为飞地产业园建设提供全方位支持。

(四)从"资源共享"到"互利共赢"

"资源共享"是前提和基础,"互利共赢"是目的和最终目标。只有建立在互惠互利基础上的合作,才能实现可持续的合作。

第一,挖掘内需潜力,优势互补常态化。浙川两省有庞大的消费群体,两省也都正处于产业升级、结构优化、动能转换的时期,浙川两省充分挖掘内需潜力,在不断引领消费升级和高质量发展的过程中寻找合作契机,形成更多新的经济增长点,推进人才链、创新链、产业链、资金链在更大范围互补衔接作。

第二,构建长效机制,合作共赢可持续化。健全优势互补、发展互惠长效机制,加大浙江地区资本、人才、技术等优势与四川资源、劳动力、土地空间等优势互补融合的推动力度,激发深度协作潜能,打造区域协调发展示范样板。探索建立土地流转收租金、务工就业挣薪金、委托经营拿酬金、股权量化得股金、集体收益分现金的"五金"利益联结机制,形成利益共享、协作共赢的发展格局。例如,永康市、东阳市、理县和船山区"三方四地"共建船山飞地产业园,飞地产业园税收地方留成部分的30%划归理县,船山区作为入驻项目注册地享受剩余的70%税收。飞地园区的建设为永康市、东阳市两地产业再布局拓展出了新空间。

四、浙川园区共建的思考和启示

"园区共建"是浙川两省在经济社会发展中牵一发动全身的大工程、大项目、大事件,其产生的影响具有裂变意义。面对新一轮的对口支援任务,面对新的历史发展时期,有必要在总结过去浙川园区共建先进经验的基础上,进一步思考面临新形势、新目标,持续推进"园区共建"应有怎样的新路径、新平台、新举措和新体制机制。

(一)明确动因——"为什么要共建园区"

习近平总书记在浙江工作期间,提到过"地瓜经济"理论,地瓜的藤蔓向四面八方延伸,为的是汲取更多的阳光、雨露、水分,使块茎长得更加粗壮硕大,没有藤蔓的延伸,块茎就会缺少营养,没有块茎的坚守,藤蔓就会失去方向。浙江要推动经济高质量发展,必须坚决地"走出去"。四川是结对省,资源禀赋优异,投资需求旺盛,消费增长潜力巨大,浙川联手、优势互补,既能释放"共赢动能",又能服务新发展格局。

第一,促进区域协调发展。区域协调发展强调在国民经济发展过程中,充分发挥各区域的比较优势,促进生产要素跨地区自由有序流动,区域之间形成合理分工、互动合作关系,构建优势互补、相互促进、共同发展的区域新格局。园区共建带给飞入地新的经济增长极,可以产生极大的辐射作用,飞入地可以借助这个区域合作平台,发挥自身优势,实现经济跨越式发展。

第二,优化产业空间布局。在目前的行政分配体制下,不同区域在跨区域合作中受到不同的利益诉求限制,难以实现紧密合作,不利于通过区域合作来实现不同区域发挥各自优势、整合不同区域资源、产业合理转移、提升区域整体发展水平。共建园区能够有效打破地理、行政、文化、政治体制的限制,实现要素的跨区域流动,促使不同的区域政府在利益分配机制上达成一致,打破不同地区间产业转移的瓶颈。

第三,推动营商环境优化。经济发达地区效率意识、竞争意识、法治意识和服务意识都比较强,通过合作设立共建园区,欠发达地区除了能够承接有形的资金和企业的转移外,还可以直接或间接学习先进的思想观念、管理经验和发展模式,达到"随风潜入夜,润物细无声"的效果。

(二)明确做法——"要怎样建设园区"

涉及飞地的产业园区共建不同于单纯的产业经济园区,它不仅涉及园区、受援地、帮扶地等多个主体,还涉及资金支持、土地指标等多种要素,在规划布局、管理制度和协同保障上有其特殊性和复杂性。

第一，科学编制规划是重中之重。要进一步统一思想、提高认识，坚持东西部共同谋划，系统科学编制规划。必要时可以成立产业园区规划编制工作领导小组，抽调招商、项目、运行、科技、财政等多条线的同志专职指导和服务园区规划工作。必须坚持一切从实际出发，以更加明确的目标、更加对路的政策，助推产业园区高起点、高标准规划，确定园区发展目标。

第二，构建完善园区发展保障机制。一是人才保障，推动两地干部双向交流互动。浙江各市县选派干部蹲点园区开展管理服务工作，四川各地选派干部到浙江产业园区、经济部门挂职学习。二是资金保障，采取直投、PPP模式、引进社会资本方整体开发等方式，积极推动"政企银"合作，设立政担业务风险金，为园区建设提供资金保障。三是服务保障，借鉴浙江"放管服"改革、"最多跑一次"政务服务改革经验，实施"互联网＋政务服务"一体化服务，建立投资项目在线审批监管平台和投诉快速反应机制，保障园区建设有序，运行高效。四是组织保障，实行园区项目专员或专班制服务，如1个项目1个县领导牵头、1个工作班子协调落实、1名项目专员全程服务。

（三）明确动能——"要依靠哪些力量"

进入新时代，面临着新情况、新矛盾和新问题，新常态下的中国经济也面临着发展速度放缓、增长动力转化、传统产业萎缩等挑战。挑战看似重重，但新的发展潜力恰恰蕴含其中，在产业园区的建设中，要特别重视政策赋能、数字赋能和标准赋能。

第一，政策赋能。一是园区共建双方要共同推进与国家重大战略对接，共同深化拓展合作领域。以基础设施、共建园区、产业基地、创新平台、合作项目等为载体，拓展挖掘合作广度和深度。比如，在浙川的合作中，要积极呼应长三角一体化和成渝地区双城经济圈建设等国家重大战略规划。二是共同制定园区共建发展政策。双方要共同创新"人、地、财"政策支持园区共建。比如，浙川两地共同组织编制了"十四五"浙川东西部协作等规划。三是共同完善政务服务事项"跨省通办"政策。协同深化"最多跑一次"改革，推动户籍、居民身份证、社保、医保、失业保险、工伤保险等高频政务服务事项"跨省通办"。

第二,数字赋能。园区作为区域经济发展和新技术、新产业培育的主要阵地,全面展开数字化转型具有积极的引领和推动作用。一是在园区共建中建设完备园区信息基础设施。增强信息网络综合承载能力和信息通信集聚辐射能力,提升信息基础设施的服务水平和普遍服务能力,满足园区企业对网络信息服务质量和容量的要求。二是提升共建园区的管理数字化水平,建设与推广智慧园区管理平台,提升园区数字化管理水平,对园区内人流、物流、能耗、环保、消防和生产安全等进行高效管理,实时直观掌握企业生产经营情况。三是推动园区服务数字化。充分应用信息技术,为入园企业提供政务代办、政策法律咨询、创业辅导、人才招聘、党建等服务。构建以信息技术应用为支撑的园区员工生活服务体系,营造便捷、舒适、高效、安全的工作和生活环境。

第三,标准赋能。将标准化理念和管理手段融入园区共建的实际工作中,建立了科学规范的标准体系。一是入园有标准。按照高质量发展的要求,设置科学合理、动态调整的投资标准、产出标准、节能标准指标,严把项目准入关。比如,浙川园区共建项目明确了"亩均税收 15 万元""技术设备领先"两条底线,将有限的土地资源流向高质量项目。二是项目建设、竣工验收、达产复核、股权变更等环节实行标准化监测核查机制。项目通过达产复核,正常运营后,由政府有关部门按照亩均效益综合评价进行管理,实现项目全生命周期闭环管理。三是建立统一的"跨省通办"业务规则和标准。统一"跨省通办"业务规则和标准,实现同一事项在不同地域无差别受理、同标准办理,并按照"应减尽减"原则,推进政务服务减环节、减材料、减时限、减跑动,提升两地企业和群众的获得感和满意度。

(四)明确思路——"着力打造两套机制"

机制是使制度能够正常运行并发挥预期功能的配套制度。在园区共建中需要着重完善的机制有投资融资管理机制、利益分享机制等。

第一,创新投资融资管理机制。一是探索所有权与经营权相分离的机制。创新政企合作型开发园区模式,由政府或其控股公司与其他企业合作或合资组建开发公司作为开发主体,或者负责管理园区开发建设各项工作,园区管委会只负责行政管理事务,提供公共服务,探索所有权与经营权相分离的机制。二是探索引入国有资本机制。尝试创建国有资本投资运营平台,创新政府引导基金模式,以财政资金撬动社会资本的方式,引导社会资本建立股权投资基金,实现资本与项目的有效对接。三是强化帮扶资金使用监管,降低运行风险。比如,按照国家要求,浙江落实帮扶四川财政资金,帮扶资金向乡村振兴重点帮扶县倾斜,双方共同修订完善对口支援资金项目管理办法,强化全过程监管,确保资金使用安全、绩效提升。

第二,不断完善利益分享机制。园区共建各方实现共赢的关键在于建立合理的利益分享机制。一是深入研究利益分配机制。要打破GDP统计中的属地原则,探索构建跨区域园区体系下的GDP统计、工业产值、税收等在不同行政主体之间的分解数据在合作地区和园区之间的分解。要探索建立合作各方的开发机制、回报机制、利益协调机制,构建按比例分成、比例分成+产业基金、按股份分成等多种均衡的利益分享机制。二是建立有效的风险共担机制。坚持利益共享、风险共担、长期合作原则,建立园区信贷风险共担机制,发展产业链金融、供应链金融、融资租赁等,简化中小企业贷款审批手续并给予风险分担。

五、推进园区共建的政策建议

随着国内外形势、环境的变化,过去"红利"正在枯竭和消失,许多"体制性障碍"陆续出现,区域优惠政策正在逐步走向"终结"。主要体现在:欠发达地区对土地调控力度明显加强,导致拆迁成本提高;飞地经济要素特色显著性降低,比如劳动力成本大幅提升,一些产业"被迫"向东南亚国家转移;全球经济发展速度放缓,国内和国际的产业转移进程随之放缓;受疫情影响,人才、设备等各要素之间的流动受阻等。因此在新形势下,开展园区共建需要有新方向、新思路、新办法和新举措,主要集中在以下两方面。

(一)提升园区共建产业层次

日益激烈的区域竞争中,产业园区的产业层次越高,拥有新兴产业、高技术产业越强,就越容易集聚创新资源,形成园区品质口碑,实现园区高品质可持续发展。

第一,重视发展高新技术产业。高新技术产业是以高新技术为基础,从事一种或多种高新技术及其产品的研究、开发、生产和技术服务的企业集合。这种产业所拥有的关键技术往往开发难度很大,但一旦开发成功,就会拥有高于一般产业的经济效益和社会效益。重点面向省级及以上产业园区,打好产业基础高级化、产业链现代化攻坚战,围绕强链、延链、补链,加快打造先进制造业集群、高新技术产业集群,加快推进园区发展方式转变、新旧动能转换、企业有机更新,培育一批主导产业突出、优质企业集聚的园区。

第二,积极培育"未来工厂"和"灯塔工厂"。"未来工厂"和"灯塔工厂"的主要特征是,在大规模采用新技术方面走在世界前沿,并在业务流程、管理系统以及工业互联网、数据系统等方面都有着卓越而深入的创新,能形成对市场需求快速反应、创新运营模式、绿色可持续发展的全新形态。要着力打造与各类"未来工厂"和"灯塔工厂"相适应的新型产业空间,积极研究制定出台一批有助于工业互联网平台升级、智能(互联)工厂建设、数字化车间建设、自动化生产线认定标准的配套政策,根据企业转型升级进度,梯次培育各类数字化转型试点示范群体。积极出台人工智能、5G、超高清视频、虚拟现实等专项计划。

(二)深化拓展双方合作领域

以园区共建为基础的合作,主要是集中在经济领域的合作。共建双方需要在更宽领域、更深层次、更高水平上开展挂钩合作,不断巩固和发展两地优势互补、利益共享、双赢发展的局面,促进园区良性发展。

第一,加强科技创新协同。推动合作双方自主创新示范区、高新技术开发区、双创示范基地等交流合作,鼓励和支持合作双方科研机构、高等院校、企业、创新平台开展科技合作。推动合作双方国家(省级)实验室、技术创新中心、工程(技术)研究中心、工程实验室、企业技术中心等创新资源的开放共享。

第二,共同推进绿色发展。践行"绿水青山就是金山银山"理念,共同建立健全生态产品价值实现机制,探索生态产品跨省市场化交易。开展碳达峰、碳中和合作,健全碳排放权交易机制,探索开展两省碳汇权益交易试点。深化清洁能源示范省建设合作。

第三,推进文化旅游合作。共建精品旅游景区线路和生态康养示范基地,共同举办文化旅游推介、会展、节庆等活动,促进合作双方互为旅游目的地和客源地。按照市场运作方式,共同推动开通往返结对地区航线,共同推进中华文化标志性资源开发和利用。

第四,开展运输物流合作。比如发挥成都国际铁路港、宁波舟山港等在港口物流、进出口贸易、中欧班列等方面的优势,共同打造"蓉甬"铁海联运班列品牌,促进两省口岸通关便利化。加强两省航空客货运合作,大力提升东部与中西部地区的人员、商贸往来以及对口工作的通畅性。

参考文献

[1]陈耀.园区共建是推动我国省区合作发展的重要抓手[J].中共杭州市委党校学报,2012(2):10-12.

[2]崔志新.京津冀产业园区发展现状及高质量发展对策[J].城市,2020(9):3-15.

[3]丁胡送,吴福象,王新新.泛长三角城市群产业转移中的异地产业园区合作机制及模式研究[J].科技与经济,2012(6):24-34.

[4]丁伟伟.逆向飞地经济现象研究——以金磐扶贫开发区和衢州海创园为例[D].杭州:杭州师范大学,2019.

[5]费文博,于立宏,叶晓佳.共建产业园区有助于推动长三角区域经济一体化吗?——来自沪苏两地的证据[J].经济体制改革,2020(3):22-25.

[6]葛燕.坚守民生底线"保平安"[J].浙江经济,2019(2):12-13.

[7]胡小舰.新中国成立后西部建设历史进程及其经验研究[D].西安:长安大学,2015.

[8]李晋红,邢桂花.西部地区承接东部产业转移的创新之路——"淄山工业园区"建设发展探究[J].中共银川市委党校学报,2011(5):31-34.

[9]林自新,郑国泽."飞地工业"模式促进经济发展探析[J].四川理工学院学报(社会科学版),2009(2):55-59.

[10]刘玉栋,姜玲,胡先杰.协同创新视角下"伙伴园区"建设探究——以南京市为例[J].科技创业,2020(4):41-45.

[11]孟永峰,杨竹晴.京津冀区域经济一体化下的产业合作发展策略——以河北省产业对接为例[J].经济研究参考,2018(5):34-41.

[12]苏海红,杜青华.基于对口帮扶政策的青南地区飞地经济发展模式研究[J].青海社会科学,2012(1):57-62.

[13]谈月明,周华富.全力以赴打赢援川战役[J].今日浙江,2009(9):44-45.

[14]王鹊峰.异地产业园合作共建助力区域协调发展[J].中国发展观察,2020(18):51-52.

[15]吴利娟."一带一路"背景下天津港城协调发展研究[D].天津:天津外国语大学,2019.

[16]谢立新.区域产业竞争力论——以泉州、温州、苏州三个地级市为例[D].福州:福建师范大学,2013.

[17]徐斌,杨宝昆.科技园区 PPP 项目的策划和思考[J].云南科技管理,2017(4):9-13.

[18]张斌洋.关于加快推进县级层面东西部扶贫协作的思考——基于广东高州市和广西上林县开展"携手奔小康"行动的案例分析[D].南昌:南昌大学,2019.

[19]张汉东.浙江对外开放新格局[J].浙江经济,2016(17):1.

[20]赵建波.政府合作共建开发区研究——以苏州宿迁两地共建开发区为例[D].南京:东南大学,2012.

执笔人:郑春勇,浙江工商大学公共管理学院

第四章　文旅帮扶——跨越千里"山海情"

一、基本情况

东西部扶贫协作和对口支援，是推动区域协调发展、协同发展、共同发展的重大战略，是实现先富帮后富、最终实现共同富裕目标的重大举措。习近平总书记指出，东西部扶贫协作和对口支援"在世界上只有我们党和国家能够做到，充分彰显了我们的政治优势和制度优势。东西部扶贫协作和对口支援必须长期坚持下去"①。

党中央、国务院作出开展对口支援工作重大战略决策以来，浙江以高度的政治意识、责任意识和全局意识领衔受命、全面出征，通过持续高位推动、持续加大投入、持续广泛动员、持续全面精准、持续狠抓落实，助力边疆社会稳定、中西部脱贫攻坚和东北老工业基地振兴，在国家战略大局中体现了浙江担当、浙江速度、浙江特色、浙江力量。"十三五"期间浙江持续加大东西部扶贫协作力度，对口帮扶的四川、贵州、湖北、吉林四省80个贫困县全部实现脱贫摘帽。2020年数据显示，党的十八大以来，浙江累计向对口帮扶的四川、贵州、湖北、吉林四省投入财政帮扶资金115.22亿元，动员社会力量捐款赠物32.1亿元。累计选派244名党政干部、9402名专业技术人才到对口帮扶地区挂职开展扶贫协作工作，并组织协调1852家企业到对口帮扶地区投资兴业，实际到位投资达964亿元。②

旅游扶贫作为国家脱贫攻坚战略的重要组成部分，是产业扶贫的主要方式，是全面建成小康社会的重要推动力量。旅游扶贫使旅游发展与扶贫开发有机结合，在带动贫困地区经济发展和促进贫困人口脱贫致富方面发

---

① 习近平主持召开东西部扶贫协作座谈会并发表重要讲话[N].人民日报，2016-07-22.

② 浙江省发改委.奋力打造"重要窗口"接续推进东西部扶贫协作[EB/OL].（2020-12-11）.https://zj.ifeng.com/c/827iJHpCp0W.

挥了巨大的作用。浙江在东西部扶贫协作和对口支援工作中,始终将旅游帮扶作为对口工作的重要内容和方式,从青藏高原到天山南麓,从三峡库区到黔东南山区,从四川阿坝到吉林延边,深入实施"文化润疆、旅游兴疆"等帮扶工程,形成了一个个卓有成效的旅游帮扶典型案例。同时,浙江在旅游帮扶上不断丰富创新协作和支援方式,在旅游开发、文化建设、遗产保护、艺术创作、互送客源、人文交流、人员培训、人才共享等方面,构建了全方位、多层次、宽领域的旅游协作体系,打造了一张张全国文化和旅游协作、支援"金名片"。

对口所需,浙江所能。20余载弹指一挥间,东部的文旅基因早已遍植中西部对口地区,在重重山峦间创造美好生活。对于浙江来说,无论是在高水平如期完成帮扶攻坚目标的战场上,还是在携手兄弟省(区)守住绿水青山、打造聚宝盆、共同奔小康的征程中,都体现着浙江文旅人在新时代做好东西部对口帮扶工作中义不容辞的使命担当,都诠释着浙江人民在对口工作中推广复制浙江高质量发展、实现共同富裕经验模式的美好愿景。

二、工作成效

浙江立足自身优势与对口地区文化和旅游资源优势,聚焦扶贫工作重点难点,制定出台了一系列帮扶政策,策划实施了一大批帮扶项目,有力推动了贫困地区文化建设和旅游发展,旅游帮扶工作取得了积极成效,对口地区文化和旅游得到进一步发展,旅游推动当地经济社会发展的作用更加明显,有效发挥了旅游扶贫的励民、惠民、富民、安民作用,实现了"物质"和"精神"的双扶贫。

(一)旅游精准扶贫取得新成效

浙江省在帮扶工作中,大力推进旅游项目建设、景区带动、乡村旅游等旅游扶贫工程,"旅游+"多产业融合发展步伐加快,实现旅游业带动就业能力增强,百万贫困人口受益增收脱贫;涌现出建设美丽乡村整村脱贫帮扶、互联网+旅游扶贫帮扶、民族文化+旅游扶贫等助推脱贫先进典型。杭恩两地通过农旅融合、民宿发展等项目带动贫困群众在家门口吃上"旅游饭"、走上致富路,全州各景区开发岗位,优先录用当地百姓尤其是贫困人口。

"旅游+扶贫"模式入选世界旅游联盟减贫案例。[①] 磐安县帮扶南充市仪陇县朱德故里景区通过构建景区与乡村"景村一体"、景区与农民"股权获利"、景区与群众"扶持帮扶""三模式",助推"景区带村"旅游扶贫。景区村民通过土地出让、股权获利、就业挣酬等多种方式实现增收,被列为全国首批"景区带村"旅游扶贫示范项目。[②] 2019年,核心景区村民人均纯收入17126元,是2006年的9.3倍,比全县农村居民年人均纯收入高3889元。旅游帮扶以来,对口地区项目村农户发展效益农业、生态旅游的意识比以往有了明显的增强,农民的收入来源正逐渐从单一的农业或者外出务工慢慢转移到就地发展多种经营上来,收入结构也逐步向复合式收入模式转变。

(二)旅游资源开发实现新突破

浙江省在帮扶工作中,高度重视对口地区优势旅游资源的挖掘、整理和开发,在保护的基础上,采用"旅游+"模式,将对口地区的生态资源优势、民族文化优势、红色文化优势等转化为产业优势,推动当地经济发展,带动当地百姓就业。据不完全统计,浙江省有杭州、宁波、温州、湖州、嘉兴五个城市的企业在受援地有文化和旅游方面的投资项目,内容包括酒店、景区、度假区以及影视基地、滑雪娱乐等,项目涵盖吉林延边、四川阿坝州、广安、贵州遵义等地;重点打造了贵州从江"两花+两那"和遵义"乌江村·初心洞"扶贫样板。萧山区在帮扶从江县过程中,用东西部协作资金,建起两花非遗体验工坊,引进广东非遗大师组建从江民艺传承研习所,带动从江扎染、蜡染、刺绣、侗族大歌、苗族艺术表演等非遗文化产业发展。恩施州依托红色文化、民俗文化、地质文化及农耕文化等丰富文化资源,建成以旅游观光和文化体验为主题的恩施土司城、土家女儿城和利川大水井等文化类景区,以展示地质文化和生态观光为主题的恩施大峡谷、巴东神农溪和利川腾龙洞等精品景区。[③]

---

① 赖红丹.杭恩两地扶贫协作实效显著[J].中国国情国力,2020(4):73-76.

② 中国国际扶贫中心.中国国际扶贫中心与世界旅游联盟、世界银行共同发布《2020世界旅游联盟旅游减贫案例》[EB/OL].(2020-11-24).http://www.nrra.gov.cn/art/2020/11/24/art_39_185467.html.

③ 柯俊.做好文旅融合大文章 打造全域旅游新恩施[EB/OL].(2019-05-21).http://www.enshi.gov.cn/ly/jjes/201905/t20190521_567653.shtml.

（三）乡村旅游发展开创新局面

乡村旅游以其强大的市场优势、新兴的产业活力、强劲的造血功能、巨大的带动作用,在脱贫攻坚中发挥了显著的作用。浙江省的乡村旅游发展始终走在全国前列,在东西部扶贫协作和对口支援工作中,浙江省积极推进各类旅游企事业单位和社会组织与旅游扶贫村"结对子",在劳务用工、农副产品销售、旅游产品开发、宣传推广等方面加强对口帮扶。在对口帮扶乡村旅游项目的基础上,支持引导东部旅游企业进行乡村旅游资源开发,与农户建立紧密的利益纽带联结机制,实现乡村旅游经营业主与当地农户共建共享,盘活农村旅游资源要素。恩施州制定《恩施州发展乡村旅游促进旅游扶贫工作的意见》,选择 102 个村作为旅游扶贫试点村,在杭州对口帮扶下,以点带面,涌现了一批乡村旅游脱贫典型。杭州市西湖区携手宣恩县,通过茶旅融合、产旅融合、文旅融合,打造了 4A 级景区—伍家台生态旅游区,带动当地群众共同致富。此外,在其他市县的对口工作中,阆中市引入天台县后岸村"美丽经济＋共同富裕"民宿旅游发展模式,推出了阆中民宿、农家乐旅游扶贫项目,取得了良好的社会和经济效益。

（四）旅游合作成为扶贫协作新亮点

浙江省充分发挥各类资源优势,借助东西部扶贫协作大平台,积极引导社会力量参与对口帮扶,深化党政间、部门间、企业间对接交流,形成常态化、长期化合作机制。同时,搭建各类平台,强化旅游推介、市场拓展、景区打造、旅游招商引资和人才培训等方面务实合作。在湖北省恩施州盛家坝乡枫香河组,杭州市投入东西部扶贫协作资金 290 万元,新湖中宝集团投入 300 万元益贫基金,联合中国农大和中国美院,共同在盛家坝乡枫香河自然村兴建集健康养生、避暑旅游与美术写生等功能于一体的扶贫示范项目。萧山企业在贵州省从江县注册的两花投资管理公司投资近千万元打造高端民宿,盘活当地民族文化;萧山青年商会多家企业与从江县西山镇共建扶贫餐馆项目,增加当地人的就业岗位。

在取得帮扶成效的同时,依然存在着诸多的问题。目前来看,真正具有引领作用的乡村旅游示范户和农村致富带头人不多,尚未形成产业链。许多项目县具有丰富的旅游资源,但由于发展时间短,建设进度慢,文化资源宣传意识不足,以及交通、地域等条件限制,产业发展基础设施建设和文化资源宣传工作相对滞后,形成产业效应难度大。在项目具体实施过程中,受援地区对项目细节的关注不够,缺乏前瞻性。以四川省甘孜藏族自治州稻城县仲堆扶贫新村建设项目为例,项目规划以稻城亚丁景区为依托发展藏家乐。扶持的13户民居接待示范户虽建起了客房,但只是简单把原来悬挂在外面的厕所改到了室内,且都是主客共用的卫生间和洗漱台。这样的卫生条件无法吸引游客,无疑加大了产业链化的难度。此外,随着旅游行业进入新发展阶段,中国旅游业适应市场多样化趋势与一、二、三产业融合发展,与新型工业化、城镇化、信息化、农业现代化紧密结合,不断催生新产品、新业态。大众旅游时代旅游消费形式的变化,特别是云计算、物联网、大数据、人工智能等现代信息技术在旅游业的广泛应用,共同推动旅游业内涵和外延的拓展。而浙江对口的西部地区,尚处于旅游发展的初级阶段,亟须引入新技术,融入新思想,开发适应时代需求的旅游产品。

三、发展展望

"十四五"时期文化和旅游发展要立足新发展阶段、贯彻新发展理念、构建新发展格局,坚持扩大内需这个战略基点,以满足人民文化需求和增强人民精神力量为着力点,提供优秀文化产品和优质旅游产品,助力构建以国内大循环为主体、国内国际双循环相互促进的新发展格局。近年来,对口地区旅游发展迅速,我国东中西地区旅游产业发展差距逐步缩小,但是,限于基础设施、经济发展水平、生态屏障和国家安全等多重因素,与发达地区相比,对口地区旅游业依然存在产业规模不大、投入产出效益不高、产品结构不合理、对外开放相对滞后、产业竞争力不强等诸多问题。在下一步的对口工作中,浙江必须以新时代人民新需求为出发点,立足对口地区旅游发展突出问题和资源优势,结合自身发展优势和经验,进一步做好旅游帮扶工作。

（一）强化旅游新业态发展帮扶

国家《"十四五"文化和旅游发展规划》《关于新时代推进西部大开发形成新格局的指导意见》等文件都传达了旅游发展的科技创新要求。旅游帮扶工作必须站在新的起点上,引入新思想、新理念和新手段,着力于科技驱动和数字赋能,以科技创新和数字化变革催生帮扶地区旅游发展的动能。帮扶有条件的地区加强互联网、大数据、人工智能等新技术与旅游深度融合,打造一批智慧旅游目的地,培育一批智慧旅游创新企业和示范项目。推动"互联网＋旅游"深度融合,帮扶开发云旅游、云演艺、云娱乐、云直播、云展览等新业态,推广沉浸式体验型旅游产品。大力开展智慧旅游帮扶,实施智慧景区打造帮扶计划,帮扶有条件的景区、场馆发展基于 5G、超高清、增强现实、虚拟现实、人工智能等技术的新一代沉浸式体验型文化和旅游消费内容。同时,加强智慧管理、提升智慧服务以及加强智慧营销,积极培育"网络体验＋消费"发展新模式。

(二)深化旅游产品创新帮扶

旅游扶贫的经济效应释放有滞后性,扶贫设计要注重长期发展,以适应未来新需求。西部旅游目前同质化现象较严重,这就要求在旅游帮扶中要注重理念创新、业态创新、服务创新、模式创新和管理方式创新。结合旅游消费新趋势,支持和引导对口地区发展包括演出、美食、徒步、露营、自驾、民宿、旅拍和非遗学习等体验产品。根据游客的需求构建旅游全要素体系,注重在亲子、研学、康养、旅拍等细分市场创建有竞争力的品牌和服务。支持和引导对口地区依托红色文化、乡土文化、非遗文化等,发展红色旅游、乡村旅游、非遗体验等,打造乡村田园休闲康养服务模式。推进旅游产品整合创新,将西部旅游核心的文化、历史、生态、民族等资源特色集成于新的旅游业发展模式中,形成一体化的高质量发展方案。依托风景名胜区、边境旅游试验区等,大力帮扶发展旅游休闲、健康养生等服务业,打造区域重要支柱产业。

(三)拓展旅游开放合作帮扶

旅游开放合作帮扶包括对内和对外两个方面,对内是跨区域之间的合作开发,对外是"一带一路"背景下的旅游开放合作。旅游资源开发受地域自然、文化条件的影响,在空间上存在跨越行政区划的线性分布现象。在新时代的对口帮扶中,旅游帮扶应在资源开发上突破点对点的帮扶模式,深入研究区域联动帮扶,推进旅游资源协作开发与开放,共建旅游交通网络、共推区域文化旅游互融共进、共建区域销售网络、共塑旅游大品牌。加快建立跨区域旅游联动开发机制,助力丝绸之路旅游带、长江国际黄金旅游带、黄河华夏文明旅游带、青藏铁路旅游带、藏羌彝文化旅游带、茶马古道生态文化旅游带等 10 条国家精品旅游带[①]建设,助力国家全域旅游示范区创建、生态文化旅游产业集群打造、边境旅游试验区和国际知名旅游目的地建设。支持西部地区发挥生态、民族民俗、边境风光等优势,深化旅游资源开放、旅游安全等方面国际合作,提升旅游服务水平。

(四)健全帮扶合作长效机制

认真总结旅游帮扶合作的成功经验,建立健全产业帮扶、智力帮扶、市场帮扶等长效机制,科学开展旅游帮扶合作。探索旅游产品市场化运作模式,建立帮扶合作长效机制,鼓励和引导欠发达地区与发达地区共同参股、合作开发与运营,充分发挥双方优势,形成互补关系。帮助对接中国旅游集团、中青旅、众信旅游集团等积极参与旅游帮扶合作,建立对口双方与企业之间三方联动机制,促进当地旅游资源科学合理开发,助力脱贫攻坚和乡村振兴。建立健全旅游推广长效机制,打造常态化宣传推广平台,依托县融媒体中心建设,利用推介会、展会以及互联网等推广平台,推动宣传营销的共享、旅游资源的共享、游客的共享、交通的互通互利等,提高资源的利用率。

四、机制分析

(一)建立旅游协作机制

东西部扶贫协作和对口支援工作实施以来,浙江省与对口地区建立了联合开发机制、宣传推广协作机制、沟通联络机制等各项长效旅游协作机制,共同推进旅游基础设施建设,联手整顿旅游市场秩序,联合开展旅游营销活动,共建旅游信息交流平台。浙江与对口地区突出各自优势特色,有效整合对口双方文化旅游资源,建立了文旅产品联合开发机制,协作开发两地间精品文化旅游线路,逐步形成满足不同客源群体需要的产品体系,有机连接了双方旅游发展空间。建立了文旅市场宣传推广协作机制,对口双方互

---

① 国务院. 国务院关于印发"十三五"旅游业发展规划[EB/OL]. (2016-12-07). http://www.gov.cn/zhengce/content/2016-12/26/content_5152993.htm.

相支持重大文旅促销活动,推进互为文化旅游客源地和目的地宣传推介,促进客源互送和资源共享。浙江省文化和旅游厅专门设立厅对口帮扶工作专班,成立领导小组,形成了常态化的对口帮扶组织机制。绍兴与对口合作地区共同建立双方沟通联络机制,双方均成立沟通联络工作小组,建立常态化联络机制,共同推进项目建设。浙江对口帮扶阿坝州以来,双方签订了《浙江省文化和旅游厅—阿坝州人民政府文化旅游战略合作框架协议》(2020年11月),建立了多项旅游帮扶机制,旨在进一步推动"浙阿"文化旅游的交流与合作,更深入地挖掘双方在文旅合作发展中的潜力,促进文旅产业优势互补、资源共享和市场共建,共同谱写浙阿文旅合作新篇章。杭州市萧山区对口帮扶从江县以来,两地建立了东西部扶贫协作党政联席会议和常委会专题研究工作机制,单就2018年共召开三次高层联席会议,签订了17个帮扶协议,明确了十大帮扶需求。①

(二)健全人才交流机制

浙江省在旅游帮扶中高度重视智力帮扶,通过人才输送、干部交流、就业培训等人才交流机制,促进了观念互通、思路互动、经验互学、作风互鉴,有效提升了对口地区的旅游发展能力。建立了干部交流机制,广泛开展了干部人才挂职、交流、培训等工作,促进了观念互通、思路互动、经验互学、作风互鉴。例如,磐安与仪陇共同研究出台了《关于加强东西部扶贫协作挂职交流干部人才管理工作的通知》等制度性文件,有力推动了东西扶贫协作干部人才交流工作落地落实。在推动对口地区乡村旅游发展中,建立了外派培训机制,浙江多地组织对口地区旅游发展相关部门、部分乡镇负责人及乡村旅游业主代表赴浙江参加乡村旅游专题培训,系统学习乡村旅游发展规划与民宿建设等先进经验。萧山区和从江县结合实际情况,双方积极探索"酒店结对子"帮扶新路径,组织萧山区开元大酒店等知名品牌酒店与从江县心想颂籟大酒店、原奢酒店、岜沙大酒店等开展酒店结对帮扶,通过一系列活动的开展,有力推动了两地旅游资源的优势互补和旅游行业的合作共

---

① 从江县扶贫办. 萧山、从江两地东西部协作有特色见实效[EB/OL]. (2019-04-15). http://www.congjiang.gov.cn/zwgk/xxgkml/bmxxgkml/xfpb/201904/t20190416_16621956.html.

赢。南充阆中以村结对、项目对接的方式,选派21名驻村第一书记与29名致富能手到天台进行培训,通过人才、产业、资金"三落地",逐步形成囊括吃、住、行、游、购、娱的乡村旅游产业链。

(三)构建利益共享机制

浙江各地在旅游帮扶过程中,与对口地区建立了旅游开发和旅游发展的利益共享机制,该机制包括了旅游开发主体之间的共享机制,也涵盖了当地百姓参与分红的利益联动机制。浙江帮扶的重大旅游项目往往采取欠发达地区与发达地区共同参股、合作开发与运营的经营模式,充分发挥双方优势,形成互补。例如,浙江君兰文旅集团有限公司在热坤村的扶贫项目"隐丛(红原)乡村度假酒店"。项目资金由企业和地方扶贫资金组成,老百姓、村集体、政府、企业四方共同参与,采用"租金+分红"模式,探索和建立村集体长效收益机制。企业完成整村资源整合,统一流转、统一招租,村民参与外围的度假配套商业业态,通过项目带动精准扶贫,以乡村度假产业为引流入口,带动全域旅游发展。在此基础上,君兰文旅专门针对东西部对口扶贫项目,量身打造了四方共赢的"东西部协作模式"。浙江君兰文旅集团有限公司荣获"全国脱贫攻坚先进集体"称号。积极探索景区与群众"扶持帮扶"发展模式,如,磐安县在对口帮扶仪陇县的项目建设中,坚持把帮扶困难群众作为景区发展的重中之重,专门设置"公益劳动岗位",帮助贫困群众、贫困大学生灵活就业;对发展农家乐、乡村民宿和农家超市的贫困户,为其提供扶持周转金、协调小额贴息贷款。

五、经验启示

浙江省作为承担东西扶贫协作和对口支援任务最多的省份之一,多年来在对口工作,特别是在旅游帮扶中积累了许多值得推广的经验,对新时期东西部扶贫协作和对口支援工作具有重要借鉴意义。

(一)搭平台,丰富对口双方交流合作内容

一是搭建各类展示推广平台。发挥浙江区位优势,以"旅博会""浙洽会""西博会""农博会"等各类展会的举办为契机,积极搭建各类展示推广平台,借助各类媒介资源,加强对口地区特色优势旅游资源的宣传,培育扩大旅游客源市场。例如,2020年11月8日,新疆阿克苏和阿拉尔组团参展亮相第15届中国义乌文化和旅游产品交易博览会,宣传推广对口地区文旅资源,在后疫情时代,按下了新疆秋冬季旅游的"加速键"。宁波驻延边帮扶工作队积极推动延边形象宣传片在宁波电视台、宁波形象宣传片在延边卫视的黄金时段播出,并组织起草"最美边疆、鲜到延边"在宁波日报通版刊发。

二是搭建各类招商推介平台。持续放大对口地区旅游资源优势和浙江先进地区平台优势的叠加效益,广泛开展招商引资和推介活动,引导推荐浙江省优秀企业到对口地区投资兴业,共同推进对口地区生态旅游、文化产业、现代服务业发展。例如,浙江每年筛选一批对口地区文旅项目编入浙江各市《文化和旅游招商项目名录》,共同组织开展文旅招商对接活动。在杭恩对口工作中,杭州邀请恩施州多次赴杭州举办"杭情施意·恩施等你"恩施旅游(杭州)推介会,恩施州多家景区及杭州恩施两地旅行社、媒体代表共同参加此类活动,杭恩两地共同不断丰富恩施旅游产品、拓展旅游消费空间,推动旅游产业持续升级。

三是开展文旅帮扶系列活动。为帮助文旅产业走出疫情困境,由浙江省文化和旅游厅、浙江日报报业集团共同推出了的"文旅筑梦·见证飞跃"2020诗画浙江对口帮扶宣传推广系列活动。其中"文旅筑梦·西行记"栏目组织了文旅专家、爱心企业、乡村运营专家、网红带货达人和媒体记者们一路西行,探访东西部扶贫协作中浙江的帮扶成果,联合中西部省份主流媒体做行进式报道,并通过活动直播、达人带货直播、文旅资源推荐直播,从线上到线下,从主流内容输出到自媒体势能转化,立体生动地记录并讲述了浙江文旅人在对口帮扶路上的动人故事。浙江省文化和旅游厅与新疆阿克苏开展了以"浙疆万千里、文旅一家亲"为主题,以客源输送、文化交流为主要内容的文旅援疆系列活动。吉浙两省开展了"驾红旗车·游精彩吉林活动"等系列文化旅游活动,带领一众发烧友深度体验了吉林东部经典旅游大环线;举办了"浙江百大旅行商吉林行"等活动,组织一批旅行商探讨了吉浙两省旅游项目建设、旅游投资、市场共建、客源互送和旅游业整体提升等方面的合作内容,进一步推动合作发展。绍兴市文化广电旅游局组队赴青海海西州、四川阿坝州、新疆阿克苏三地,开展了一次文化旅游领域的东西扶贫协作之旅，以文旅交流的形式，与对口合作地区进行文旅资源的互推。

（二）建项目，提高旅游帮扶自我发展能力

一是共建财政资金帮扶项目。项目建设是对口支援工作的重要载体，旅游项目具有很大的带动效益，是切实帮助对口地区实现跨越式发展的关键抓手。浙江省按照结对关系和资金额度安排各对口援助项目，在总量、结构、时序相协调的基础上，根据对口项目实际和推进程度，统筹年际资金投入，协调各方资金配比，实现帮扶项目的科学顺利推进。对口帮扶以来，浙江引导各市采取"东西部扶贫协作和对口资金＋当地财政资金"的模式帮助对口地区援建了一批旅游项目。例如，宁波驻延边帮扶工作队提供的"延边州2018年东西部扶贫协作援建项目计划表"的信息显示，崇善"印象金达莱"边境旅游项目、头道镇延安村民宿旅游扶贫项目、朝阳川镇太兴村特色村寨旅游扶贫项目、日光山花海民俗风情园旅游扶贫项目等都是宁波援建项目。浙江宁海与四川黑水阿依天籁项目预计投资1800万元，其中，东西部扶贫协作和对口资源资金1000万元，生态转移支付资金800万元，项目建成后，将成为集"自然环境优美，特色文化鲜明，休闲功能舒适，娱乐功能完善"于一体的特色高原生态园区，与省级风景名胜区卡龙沟相呼应，大力提高当地旅游发展水平。[①]

二是招商引资重大投资项目。浙江省发动广大社会力量、社会资金积极参与对口帮扶，推动民营企业到对口地区投资康养、民宿、游乐等旅游项目。恩施州引进浙商企业在全州投资建设了罗圈岩、狮子关和巴人河等热门景区，开发了恩施市武陵溪上田园综合体、枫香河康养综合体等康养休闲旅游项目。延边州吸引宁波社会资本投入，推动民营企业参与延边州和龙冰雪金达莱旅游、长白山雁鸣湖国际康养旅游度假等项目。万达集团通过"包县"帮扶贵州黔东南州丹寨县[②]，使丹寨万达小镇从默默无闻的贫困县，一跃成为黔东南州的"旅游新星"，大连万达商业管理集团丹寨项目部一举

① 海宁带真金白银来援建黑水 助其摘掉贫困帽[N].浙江日报.2019-08-07.
② 中国国际扶贫中心.中国国际扶贫中心与世界旅游联盟、世界银行共同发布《2020世界旅游联盟旅游减贫案例》[EB/OL].(2020-11-24). http://www.nrra.gov.cn/art/2020/11/24/art_39_185467.html.

摘得"2019 年全国脱贫攻坚奖组织创新奖"。

（三）输客源，拓展对口地区旅游消费市场

一是做优疗休养合作交流。浙江引导各帮扶县市区建立了完善的疗休养体系，浙江干部职工前往对口地区疗休养已经常态化运行。新冠疫情期间，杭州、宁波、嘉兴等地调整疗休养目的地范围，鼓励干部职工前往对口扶贫地区疗休养。同时，积极创造条件，采取包机、专列的组团方式，推动浙江省与对口地区开辟空中航线，目前已开通宁波至延边、宁波至黔西南、杭州至恩施、杭州至红原、温州至红原、台州至通化的固定航班。宁波驻延边帮扶工作队主动对接宁波职工赴延疗休养有关工作，组织制定《宁波市与延边州开展东西部扶贫协作和对口合作中加强职工疗休养工作的实施方案》，建立了两地职工疗休养合作交流机制，积极开展"延甬一家亲"等人文交流活动，协调延边朝鲜族自治州旅游发展委员会出台了宁波职工赴延疗休养 24个景区免门票政策，优选挂牌 14 家延边特色景区为宁波职工疗休养推介基地。

二是做大旅游消费市场。推动结对地区出台面向浙江省全域的旅游优惠政策，惠及所有浙江人，共同促进旅游消费扶贫，共同做大旅游消费市场。例如，结合旅游消费新趋势，共同开展青少年研学及红色旅游等新领域合作。2018 年 4 月，恩施州向杭州抛出"大礼包"：恩施州 23 个景区对杭州游客实施阶段性免票或者 4.5 至 5 折优惠；杭州游客住宿恩施州境内高星级酒店可享受 4 至 4.5 折优惠。2019 年 4 月，恩施州再次发布优惠政策，从彼时到 2020 年底，杭州市民持本人有效居民身份证在恩施州 20 个景区享受门票 4.5 折优惠，在 25 家酒店和民宿享受 4 折优惠。① 此外，在疫情防控的特殊形势下，为确保对口帮扶不隔断，浙江省及时转变帮扶工作思路，主动作为。

三是做好旅行社合作帮扶。浙江发挥先进地区独特优势，积极协调文旅投资项目的招商工作，加强浙江部分旅行社与对口地区部分旅行社的合

---

① 恩施州发布旅游优惠政策，景点门票 4.5 折优惠诚邀杭州市民做"硒客"[EB/OL].（2019-04-24）. https://www.sohu.com/a/310113535_120055158.

作。在杭恩对口中，以恩施风情之旅等为代表的旅行社抢抓合作机遇、瞄准杭州市场，加强与杭州旅行社的对接，杭州市旅游委几次带领杭州市的 50 余家旅行社到恩施踩线考察，形成市场合作意向。

（四）送智力，增强旅游产业经济发展动力

一是高起点谋划旅游发展。浙江在旅游发展、乡村建设、电商经济等方面都走在全国前列，特别是旅游规划、管理、建设、运营经验丰富。杭黔两地根据《杭州市与黔东南州旅游合作框架协议》要求，开展了卓有成效的合作交流，杭州市旅游委帮助编制了《黔东南州智慧旅游发展规划》，帮助黔东南州充分激发旅游后发优势。丽水、广元签订了《浙江省丽水市、四川省广元市生态产品价值实现机制交流合作协议书》，特别指出要充分利用丽水市开展"生态产品价值实现机制试点"的有利契机，开展生态旅游业、健康养生业等方面的互补合作，加快推动形成绿色发展方式和生活方式。

二是开展人才互派交流帮扶。杭州市旅游委派出委管后备干部、杭州市旅游信息咨询中心科长胡建亮赴恩施州旅游委挂职并担任主任助理，协助分管智慧旅游、旅游扶贫、旅游项目、旅游规划等工作，对推动杭恩两地旅游合作交流发挥了重要作用。恩施州委组织部派出州发改委（鄂西圈办）主任和恩施市、利川市、巴东县、咸丰县旅游局四名骨干同志，在杭州市旅游委及四个结对区旅游局挂职学习，恩施州旅游委副主任徐忠碧赴杭州市委党校参加为期两个月的培训学习。[①] 两地旅游人才的互派与交流，有效开拓了恩施州旅游人才的思维和境界。

三是开展从业人员培训帮扶。针对贫困地区旅游产业发展需要，培训一批旅游住宿、餐饮服务人员，提升当地百姓参与旅游服务的能力。2018年，杭恩两地投入项目资金 19.9 万元，组织恩施州八县（市）旅游委（局）管理人员、乡镇分管旅游负责人和旅游企业经营者 80 余人，在杭州举办恩施州旅游管理人才培训班，重点围绕全域旅游、乡村旅游、智慧旅游等进行系

---

① 资源共享 优势互补 市场共拓——杭恩协作助推恩施旅游高质量发展[N].恩施日报,2019-01-05.

统培训,不断创新人才智力支持模式。^① 2019 年,恩施州先后组织两批民宿和乡村旅游经营业主,赴杭州参加杭州市文化广电旅游局主办的民宿经营人才培训班。

四是强化高校资源智力帮扶。浙江省积极组织各大院校在专业、技术等方面给予对口地区智力帮扶。浙江大学管理学院旅游与酒店管理学系以学科帮扶、育人帮扶助力打赢脱贫攻坚战。2004 年以来,浙江大学管理学院旅游与酒店管理学系教师们在本职工作之余,持续致力于为西藏、新疆、贵州等贫困地区"送教上门"、培养管理人才、发展旅游学科、制定旅游致富规划等。借助杭州市对口帮扶项目,恩施州与浙江大学管理学院旅游与酒店管理学系周铃强教授团队合作,编制完成了《宣恩县全域旅游规划》。

六、案例分析

山水情深——杭州萧山对口协作贵州从江旅游扶贫样本^②

(一)案例背景

从江的象征是山,萧山的象征是江,两地"山水情深",两地在月亮山和钱塘江之间搭建起一座"连心桥"。2013 年,杭州萧山与从江县启动结对帮扶。2018 年,两地制订《东西部扶贫协作三年行动方案(2018—2020)》。多年来,萧山致力于把旅游人才、技术、资金、管理等优势与从江县的资源、文化、旅游、生态等优势相结合,以项目带动双方民宿、生态旅游、观光农业等产业协同发展。"杭州萧山对口帮扶贵州从江协作旅游扶贫"案例成功入选《2019 年度世界旅游联盟旅游减贫优秀案例》。

(二)挑战与问题

从江县地处黔东南苗族侗族自治州东南边缘,素有"黔南门户、桂北要津"之称。从江县旅游资源丰富,国家级非物质文化遗产"瑶族药浴"、中国

---

① 扶贫协作,旅游先行——杭恩两地旅委争当东西部扶贫协作排头兵[EB/OL]. (2018-06-27). https://baijiahao.baidu.com/s? id=1604388487207507589&wfr=spider&for=pc.

② 中国国际扶贫中心.中国国际扶贫中心与世界旅游联盟、世界银行共同发布《2020 世界旅游联盟旅游减贫案例》[EB/OL]. (2020-11-24). http://www.nrra.gov.cn/art/2020/11/24/art_39_185467.html.

最后一个枪手部落"岜沙苗寨"、世界非物质文化遗产·天籁之音小黄村侗族大歌、加榜百里梯田等,都是非常独特的旅游资源。从江县地处我国西南山区,由于产业基础薄弱,交通条件限制,观念意识落后,旅游知名度不高,实现农民增收途径少等,旅游扶贫困难重重。

（三）帮扶措施

2013年,杭州萧山区与从江县实现结对帮扶,采取"走出去、请进来"的模式不断加强两地旅游扶贫合作,旅游部门和旅游企业在旅游投资、宣传推介、产业扶贫、产品开发、线路设计等方面不断推进帮扶合作工作。主要措施有以下方面。

第一,深化产业合作,助推旅游发展。一是打造两花民宿。2018年来自萧山瓜沥镇孟达实业和龙升纺织两家企业,携手在从江县注册了贵州两花公司,租用贫困户的老旧房屋,通过设计、装修、运营,打造成为当地特色民宿,村民以闲置房屋入股参与运营与分红实现增收。"民宿的打造,带来了就业,引来了产业,带动了农产品销售,已惠及加车村30余农户。"当时萧山挂职从江县扶贫办副主任李磊表示,"结合当地传统历史文化,另辟蹊径发展文旅经济,是一个文化和经济双赢的创意"。二是开设扶贫餐馆。由亚太机电集团股份公司等多家萧山企业联合投资近300多万元筹建"萧从烩扶贫餐馆",不管是店内装修,还是餐品特色,都具有浓浓的萧山特色。通过餐饮消费、农特产品销售、两地文化展示等方式,按"政府＋公司＋农户"模式,让从江220户贫困家庭受益,打开了两地交流之窗。作为农特产线上线下销售体验馆,"萧从荟京东馆",借助从江特有的农产品特色,以及东部强大的消费购买力,带动两地餐饮、特产和文化互融。三是推动文旅融合发展。结合从江当地传统历史文化发展文旅经济,这在从江已成为共识。对口帮扶以后,立足从江文化资源特色,萧山用东西部协作资金,建起两花非遗体验工坊,引进广东非遗大师组建从江民艺传承研习所,还引导萧山企业重组小黄村侗族大歌表演队,资助岜沙4A景区艺术团表演队,带动从江扎染、蜡染、刺绣、侗族大歌、苗族艺术表演等非遗文化产业发展。

第二,加强宣传推广,扩大旅游消费。一是组织宣传推广活动。萧山区旅游局根据从江县旅游资源禀赋和萧山客源市场需求,不断加大从江县旅游线路产品推介力度,全力推进两地旅游协作。两地文旅局签订帮扶协议,在旅游推介、线路设计、人才交流等方面加强合作。支持从江在杭州萧山举办了"走进养心圣地·探索神秘从江"贵州从江第十五届原生态侗族"大哥节"文化旅游宣传暨招商推介会活动,邀请了近百家旅行商、企业领导及媒体参加。支持从江参加在萧山举办的"世界旅游联盟年会",将年会变为从江旅游宣传推介和文化展示活动的平台。与杭州日报集团签订了帮扶协议,积极争取中央主流媒体、国家级门户网站对两地的共同宣传推介。二是加强旅行社合作帮扶。积极引导杭州的开元国际组织萧山旅行社赴从江踩线制定特色旅游线路,积极引导区内旅行社、旅游景区、宾馆酒店等经营场所,免费摆放从江旅游宣传资料和宣传品。据统计,包括萧山中青旅、开元国旅、杭州凯悦旅行社在内的萧山多家旅行社,平均每五天就有一个旅游团发往从江,切实推动两地旅游合作落地见效。三是建设疗休养基地。2018年,萧山区出台的《关于调整和完善职工疗休养政策的通知》中,明确贵州省黔东南州从江县等对口帮扶城市应为各单位职工疗休养优先选择的对口区域。2018年,萧山与从江共同将占里、銮里、岜沙和翠里确立为四个疗休养基地,每年由萧山区总工会组织萧山区职工(劳模)赴从江疗休养,加强了两地旅游产业合作发展。同时,萧山区总工会分别与黔东南州从江县总工会、恩施州利川市总工会签订战略合作协议,就加强职工疗休养合作、两地精准扶贫合作、两地支援项目合作等开展战略合作。

第三,重视智力帮扶,推进长效发展。一是开展旅游技能培训。为进一步提升从江旅游从业者整体水平,萧山区旅游局积极探索"酒店结对"帮扶新路径,支持从江县旅游管理人员到萧山旅游企业、宾馆酒店跟班学习,组织萧山开元大酒店等知名品牌酒店与从江县心想颂籁大酒店、原奢酒店、岜沙大酒店等开展酒店结对帮扶。结合实际需求,不定期派遣酒店培训师赴从江县开展旅游技能培训。二是开展乡村旅游发展培训。在两地协同下,组织两地授课老师就贵州省、黔东南州旅游资源、从江县情、从江旅游资源、旅游政策法规、讲解服务技能、旅游安全常识及旅游案例分析等课题开展授课。萧山区农业农村局帮扶从江县开展2019年致富带头人培训,主要以理论知识学习与实地实践演练相结合的方式进行,分享了农村家庭农场规划和乡村振兴战略与乡村旅游发展，从家庭农场发展与休闲过渡到乡村文化旅游，借鉴其他地区乡村文化旅游转型的成功案例，为从江县农村经济发展和美丽乡村建设开辟了新的视野。目前从江县正在实施新一轮的旅游扶贫工作，全面推进乡村旅游项目建设，加快完善乡村旅游景点公共服务设施，探索和推进乡村旅游扶贫工作模式。三是开展干部挂职帮扶。2018—2019年，萧山区选派到从江的党政干部、教育、医疗、农技、文旅等专技人才有72名，其中1名正处级干部、1名正科级干部到从江挂职并分管东西部协作工作，同时组织萧山在从江挂职的干部和专技人才建立"萧从帮"帮扶机制助力脱贫攻坚，开展"思想汇"主题活动助力精准帮扶，主动凝聚从江挂职干部的合力，取得挂职成效。从江县先后派出六批共94名党政干部和专技人才赴萧山区各个领域开展挂职学习，开阔了干部的眼界，增加和提升了干部的阅历和能力。此外，萧山区还帮助黔东南培训党政干部60人次。

第四，倡导消费扶贫，促进旅游增收。一是搭建线上线下销售平台。帮扶从江各景区景点、宾馆饭店、游客集散中心开设农产品销售专区，拓宽农产品销售渠道。大力扶持从江当地电商平台建设发展，萧山商务局组织阿里巴巴萧山产业带讲师团队等电商团队到从江开展电子商务致富带头人培训，帮助从江企业提升电子商务销售技能，开拓网上销售渠道。2018年至2020年8月，完成东西部协作消费扶贫金额8953.8万元，带动贫困人口7268人增收。二是打通异地销售渠道。依托东西部扶贫协作资源，多形式、多渠道，合力推进"黔货出山"工作，助力其尽早脱贫。在萧山利用"以购代捐""以买代帮"的形式，倡导萧山企事业单位及市民采购从江农特产品，助力消费扶贫工作迈上新台阶。通过购物节、展销会、庙会、电商销售等，增强社会参与消费扶贫的积极性。萧山供销联合社万丰电子商务有限公司和浙江丰美科技有限公司与从江供销社签订了销售合同。2020年新冠疫情期间，通过在萧山开设从江农特产品销售专店、专柜，将七香公司、九芗米业等从江当地农业企业与杭州萧山舒兰农业有限公司、杭州联华超市等企业相连接，当年1—3月帮助从江销往杭州及萧山地区的农产品共计351.11吨，销售金额达216.9万元。三是公益直播带货。萧山区融媒体中心团委发动团员、青年志愿者力量，开展"青春公益助农直播"行动，通过时兴的直播带货模式,扩大从江农副产品销路。主播推介对口支援帮扶的从江县的椪柑、梯田大米、糯米、腊肉、肉脯等13种特色农产品,提高了从江县农产品的知名度和宣传力度,公益直播的全部收入归当地农户所有。

（四）帮扶成效

第一,旅游扶贫成效显著。东西部旅游产业融合发展,积极带动了当地百姓增收致富,在加榜景区的"两花人家"民宿产业,主要让村民以闲置房屋入股参与运营,实现分红增收;在銮里风情园的扶贫餐馆,公司负责经营并签订逐年分红的利益联结协议,增加农户和村集体收入;岜沙、加榜等景区,每年接待上万人次的杭州籍游客,直接带动老百姓增收致富。

第二,旅游线路更加丰富。依托从江优势旅游资源,不断拓展精品旅游线路,积极引导杭州的开元国际、康辉阳光、汇丰等旅行社相继开通了杭州至从江的旅游线路。线路覆盖了从江县的岜沙苗寨、小黄村侗族大歌、瑶族药浴等景点,极大地拓展了从江县旅游线路覆盖范围。

第三,旅游服务有效提升。依托浙江在民宿经济、乡村旅游等方面的发展经验,帮助从江引进高端的民宿建设管理公司,按照发达地区的民宿标准建设民宿,直接推动当地民宿向精致个性化方向发展。通过两地旅游人才交流培训,拓宽了从江旅游从业人员的视野,提升了旅游从业人员的服务水平,推动从江旅游行业管理更加科学、服务更加专业。

第四,旅游发展意识增强。东西协作人员的流动和项目的建设,为从江旅游发展带去了新理念、新动能。村民从不想被太多关注,变成了现在的接受新思想,打开家门主动迎客。在大歹苗寨景区,"夜宿禾仓"胶囊旅店、鼓楼书阁、乡愁驿站、游客服务中心相继投入建设使用,带动当地居民参与到吃、住、游、购的旅游要素运行中。当地百姓积极投入旅游发展中,成立了大歹村表演队,其表演是大歹苗寨景区展现苗寨特色文化的最重要一环。萧山向从江定向捐赠100万元用于大歹村旅游资源开发保护。

（五）经验启示

在两地政府主导基础上,萧山积极发动社会力量,引导鼓励更多企业、社会资本等参与旅游扶贫开发,逐步形成一个有效的"江"（从江）—"山"（萧山）帮扶模式。

第一，政企联动合力帮扶。萧山对口帮扶从江成效显著，其关键因素在于党政积极引导与推动。两地党政多次召开结对帮扶会议，积极落实帮扶事项，并吸引广大社会力量主动参与。依托萧山民营经济发展优势，引导鼓励企业、社会资本对从江旅游资源进行整合与开发，比如开发精品景区、民宿及旅游线路，不断增强从江旅游造血功能。

第二，全力做好智力帮扶。立足从江县旅游服务业发展滞后的困境，组织从江县旅游委（局）管理人员、乡镇分管旅游负责人和旅游企业经营者，重点围绕全域旅游、乡村旅游、智慧旅游等进行系统培训，持续推进两地旅游管理人才观念互通、思路互动、能力互学、本领互帮。积极探索"酒店结对"帮扶新路径，支持从江县旅游从业人员来萧山跟班学习，开辟旅游产业合作帮扶新模式，极大地提升了当地旅游服务从业人员的服务水平。

第三，强化宣传营销帮扶。从江县与萧山区双方高度重视对两地旅游资源的宣传与推广，推动实现两地媒体资源和宣传平台共享，帮助从江县整合资源，强化宣传营销。在对口帮扶进程中，萧山区旅游局根据从江县旅游资源禀赋和萧山客源市场需求，通过搭建旅游宣传推广平台，拓展旅游推广路径等，不断加大从江县旅游线路产品推介力度，全力推进两地旅游协作。

参考文献

[1]从江县扶贫办.萧山、从江两地东西部协作有特色见实效［EB/OL］.（2019-04-15）. http://www. congjiang. gov. cn/zwgk/xxgkml/bmxxgkml/xfpb/201904/t20190416_16621956.html.

[2]恩施州发布旅游优惠政策，景点门票4.5折优惠诚邀杭州市民做"硒客"［EB/OL］.（2019-04-24）. https://www. sohu. com/a/310113535_120055158.

[3]扶贫协作，旅游先行——杭恩两地旅委争当东西部扶贫协作排头兵［EB/OL］.（2018-06-27）. https://baijiahao. baidu. com/s? id=1604388487207507589&wfr=spider&for=pc.

[4]国务院.国务院关于印发"十三五"旅游业发展规划的通知［EB/OL］.

（2016-12-07）. http://www. gov. cn/zhengce/content/2016-12/26/content_5152993. htm.

[5]海宁带真金白银来援建黑水 助其摘掉贫困帽[N].浙江日报,2019-08-07.

[6]柯俊.做好文旅融合大文章　打造全域旅游新恩施[EB/OL].（2019-05-21）. http://www. enshi. gov. cn/ly/jjes/201905/t20190521 _ 567653. shtml.

[7]赖红丹.杭恩两地扶贫协作实效显著[J].中国国情国力,2020(4):73-76.

[8]习近平主持召开东西部扶贫协作座谈会并发表重要讲话[N].人民日报,2016-07-22.

[9]浙江省发改委.奋力打造"重要窗口"接续推进东西部扶贫协作[EB/OL].（2020-12-11）. https://zj. ifeng. com/c/827iJHpCp0W.

[10]中国国际扶贫中心.中国国际扶贫中心与世界旅游联盟、世界银行共同发布《2020 世界旅游联盟旅游减贫案例》[EB/OL].（2020-11-24）. http://www. nrra. gov. cn/art/2020/11/24/art_39_185467. html.

[11]资源共享 优势互补 市场共拓——杭恩协作助推恩施旅游高质量发展[N].恩施日报,2019-01-05.

执笔人:陈健、王琳欢,浙江大学中国西部发展研究院;陈庆福,浙江大学海洋学院

第五章 高原冷暖——走进农牧民幸福生活

开展东西部扶贫协作和对口支援,是党中央作出的推动区域协调发展、协同发展、共同发展的大战略,是加强区域合作、优化产业布局、拓展对内对外开放新空间的大布局,是实现共同富裕目标的大举措。

浙江省作为承担东西扶贫协作任务最多的省份之一,以争做守好"红色根脉"、打造"重要窗口"、高质量发展建设共同富裕示范区"排头兵"的姿态,在东西部扶贫协作、助力脱贫攻坚、改善农牧民生活方面走在前列、勇立潮头,高质量做好扶贫协作对口支援工作。

一、对口支援改善民生概况

民生是人民幸福之基、社会和谐之本,民生工作牵涉到千家万户。对口支援工作,既是民生工作,更是民心工程。共享小康,是贫困地区群众的向往、民生的关切。东西部扶贫协作,鲜明主题也是"携手奔小康"。浙江省对口支援以改善民生为导向,不断加大各项扶持力度和各类帮扶资金的落实。

2012年,落实浙江省政府援助资金6725万元,做好对口支援四川和重庆工作;总投资71.5亿元,对口支援新疆、西藏和青海工作,其中安排援助资金21.8亿元。2013年,浙江省共向西部地区无偿捐资赠物1.634亿元,各级财政用于扶持浙江企业参与西部大开发贴息资金800余万元;浙商企业在西部地区签订产业合作项目183个,到位资金397亿元。2014年,安排援疆、援藏、援青、援川项目230个,资金18.69亿元;落实四川藏区对口支援资金1.4亿元。2015年,累计安排对口支援(帮扶)新疆阿克苏市(含兵团一师)、西藏那曲市、青海海西州,贵州黔东南州、黔西南州,四川阿坝州、凉山州木里县和广元市青川县财政资金25亿元(截至10月底)。2018年,浙江省东西部扶贫协作财政援助资金数为28.31亿元。2019年,浙江投入东西部扶贫协作财政援助资金34.112亿元。

浙江从乡村振兴、推动消费、改善就业和公益合作四方面多头并进,助力农牧民走进幸福生活,形成了切实可行、在全国有影响力的对口援助模式和经验。

二、多渠道助力农牧民走向幸福生活

(一)实施乡村振兴工程,加快受援地脱贫攻坚

实施乡村振兴战略,是党的十九大提出的一项重大国家战略,是全面建成小康社会的重大历史任务,是新时代"三农"工作的总抓手。推进全面脱贫与乡村振兴有效衔接,是中央对脱贫攻坚工作的重要部署要求。

浙江对口合作办出台《关于打造对口工作升级版实施意见》要求:聚焦巩固脱贫成果,在乡村振兴示范上精准发力。指出要继续巩固拓展对口地区脱贫攻坚成果,发挥浙江作为部省共建乡村振兴示范省的基础优势,拓展帮扶领域,健全帮扶机制,优化帮扶方式,加强产业合作、资源互补、劳务对接、人才交流,结合对口地区乡村振兴重点帮扶县,精心选择乡村振兴示范村,帮助因地制宜编制乡村振兴规划,制定乡村振兴政策,轮次开展乡村振兴干部人才培训,通过资金、人才、技术和智力的持续投入,打造有特色、有亮点的乡村振兴示范点。

自2018年起,杭州市与黔东南州建立区县(市)、乡镇(街道)、村(社区)三级结对机制,深入开展"携手奔小康"行动,通过镇镇结对、村村结对、村企结对、社会组织结对等结对帮扶方式,加大对黔东南州贫困村的帮扶力度。2020年8月10日,杭州与黔东南州率先签署了《深化东西部协作、有效衔接乡村振兴战略合作协议》,按照浙江、贵州两省党委、政府的工作要求,在顺利实现全面脱贫攻坚任务的基础上,立足国家区域发展总体战略,结合制定实施"十四五"规划,深化优势互补、强化融合发展,进一步打通绿色减贫和绿色振兴衔接渠道,共同打造脱贫攻坚与乡村振兴有效衔接的实践范例。

2021年,浙江援疆指挥部联合受援地制定出台《浙江援疆助力阿克苏地区和兵团第一师阿拉尔市巩固拓展脱贫攻坚成果同乡村振兴有效衔接实施意见》,围绕乡村振兴五大要求,根据阿克苏和一师乡村振兴战略规划,发挥浙江在产业、人才、数字化转型、社会治理、文化旅游、生态环境等方面的优势,借鉴浙江"千万工程"、美丽乡村建设中的有益经验,以"六强六提升"为

抓手,通过强产业发展提升就业空间、强人才培养提升智力支持、强阵地建设提升治理能力、强环境优化提升村容村貌、强结对帮扶提升社会参与、强要素供给提升保障支撑,配合当地实施"十村示范百村提升"工程,助力打造阿克苏市巴格其村、温宿金华新村等一批乡村振兴示范样板村,引领推进全地区乡村振兴工作。

(二)推进劳务协作,全面推进就业帮扶

"一人就业,全家脱贫",就业是最大的民生。浙江对口援助坚持就业优先战略,制定出台积极的劳务协作稳岗就业政策,切实提高贫困人口就业增收和用工单位就业扶贫的积极性;开展职业技能培训,帮助贫困群众提升稳定就业的能力,解决好结构性就业矛盾。

2011—2018年,浙江每年向青海海西州提供一定数量的就业岗位,通过多渠道举办招聘会,引导、鼓励海西州年轻人到浙江就业,这些年轻人到浙江学理念、学技术,然后返乡创业,带动当地的经济社会发展,加快脱贫致富奔小康步伐。2018年12月,青海省海西州州府德令哈举行"浙江—青海"海西州就业扶贫劳务协作专场招聘会。杭州娃哈哈集团、浙江海正药业、浙江苏泊尔股份有限公司等28家浙江省知名企业共提供了制造、医药、旅游、物业、酒店服务等多领域的2900个岗位,一天就吸引1300余人前来应聘。这次招聘会还着眼于未来的劳务合作,两地人社部门就海西州职业技术学校毕业生就业、校企合作、电商人才培训、技术专家精准帮扶等事项进行了沟通,并签订了对口援助协议书。

新冠疫情暴发后,浙江不断加大与对口地区的劳务协作力度,持续开展"送岗进村"等精准招聘行动,通过包机、包车、包列等方式接回省外员工,同时为贫困地区务工人员提供一定的生活补助。

因地制宜,实施本地化扶贫车间安置,为当地劳动力提供就业岗位,引导当地群众就近就业、脱贫增收,这是对口支援的一个创新举措。湖州市援疆指挥部参与投资建设的"扶贫车间"项目——柯坪袜业园,2018年5月投入使用,让柯坪镇、盖孜力克镇、玉尔其乡三个乡镇的400余人实现了稳定就业。截至2018年12月,湖州市援疆指挥部累计投入资金600多万元,配套"扶贫车间"六个,面积达1.84万平方米,同时出台稳岗补贴扶持企业政策。截至 2018 年 12 月,已有六家企业入驻,直接提供就业岗位 1200 多个,其中优先吸纳了 200 名贫困建档人口,大大加大了柯坪贫困群众的脱贫步伐。

（三）谋划消费扶贫,推动民生改善

消费扶贫是社会各界通过消费来自贫困地区和贫困人口的产品与服务,帮助贫困人口增收脱贫的一种扶贫方式,是社会力量参与脱贫攻坚的重要途径。通过充分激发全社会参与消费扶贫的积极性,着力拓宽贫困地区农产品销售渠道,帮助提升贫困地区农产品供应水平和质量,积极推动贫困地区休闲农业和乡村旅游发展,有效扩大贫困地区产品和服务消费范围,充分调动贫困人口依靠自身努力实现脱贫致富的积极性,为助力打赢脱贫攻坚战、推进实施乡村振兴战略做出积极贡献。

2019 年 5 月,浙江省出台《浙江省人民政府办公厅关于印发浙江省深入开展消费扶贫助力对口地区脱贫攻坚实施方案的通知》,提出了单位购销、结对助销、企业带销、活动展销、商超直销、电商营销、基地订销、旅游促销、劳务帮销和宣传推销十大消费扶贫形式,通过全方位的服务,打通受援地产品进入浙江消费市场的通道,建立了系统化的消费扶贫模式。

以消费促扶贫,浙江千方百计为对口帮扶地区解决农产品"卖难"问题。2020 年 9 月,浙江省商务厅、浙江省对口办、浙江省农业农村厅联合主办了"长三角及对口地区农产品产销对接洽谈会暨浙江省首届消费扶贫节",重点邀请对口地区政府参会,邀请对口地区优质农产品供应商参展,同时邀请长三角地区各类农产品流通企业、餐饮企业、新零售企业、电商企业等采购商参加现场对接洽谈会。150 余家来自对口帮扶地区、长三角地区的农产品供应商带来了近千种农产品。四川省木里县红雪茶、凉山石榴等出现在活动现场,100 余家采购商纷纷下单。这些采购商中,既有来自大型连锁超市、农产品全产业链等传统渠道的经销商,也有生鲜电商平台等新模式新业态的买家。这些优质农产品既能吸引客流,也能解决对口帮扶地区农产品的卖难问题,可谓双赢。

除了农超对接等传统渠道,浙江还利用电商优势,帮助对口帮扶地区农产品上行。充分发挥浙江市场及电商平台优势,实现与对口地区优质农产品的有效衔接。2020年9月，青海省海西蒙古族藏族自治州、浙江省援青指挥部与新电商平台拼多多联合启动"海西优品云上行"浙江—海西对口支援消费扶贫周，成为首个两地联动、以周为单位展开的大型消费扶贫活动，也是浙江省在对口支援地区启动的首个消费扶贫周。

（四）整合各方资源，全民参与帮扶

经过多年的实践，浙江省已经形成了"政府主导、市场驱动、各界参与、前后联动"的对口支援工作格局。

民营经济发达、拥有数百万浙商是浙江的宝贵财富和最大优势。浙江发挥民营经济发展优势，积极引导浙商企业到对口地区投资，带动对口地区产业发展。2019年，浙江共协调引导437家企业在扶贫协作地区投资兴业，到位投资259.95亿元，带动贫困人口95861人。此外，浙江与扶贫协作地区共建产业园区、飞地产业园67个，引导入驻企业263家，援建扶贫车间723个。

按照"双重领导、属地为主"的原则，相继在西部省（区、市）建立了在外浙江商会（企业联合会）。这些省外浙江商会通过联合举办"天下浙商三峡行""天下浙商新疆行""天下浙商天山行"等活动，真正成为浙江省与西部地区开展经济合作交流活动的桥梁和纽带，在西部地区落地了一大批投资合作项目。如2011年9月成功举办了"天下浙商天山行"活动，新疆浙江商会会同新疆方面共邀请了娃哈哈集团、广厦集团、横店集团等省内知名企业董事长、10多家省外浙江商会会长以及海外侨领参加考察对接活动，取得了实质性的成效，得到了新疆维吾尔自治区党委政府的高度重视和肯定。

坚持社会公益援助和经济合作相结合，组织群众团体、慈善机构、公益机构等参与扶贫协作，深入开展各类爱心公益活动；持续深化"万企帮万村"，如新疆浙江商会向贫困村民发放小额免息无担保援助金，帮助他们产业脱贫。2018年，传化集团在全国深度贫困地区建造了350所村卫生室和1所乡镇卫生院。2020年始，由浙江省文化和旅游厅、浙江省林业局、浙江省对口支援新疆阿克苏地区和兵团第一师指挥部、浙江广播电视集团主办，FM93浙江交通之声、FM104.5浙江旅游之声、阿克苏地区林业和草原局、杭州市援疆指挥部、新疆红旗坡农业发展集团、阿克苏地区广播电视台承办的"我有一棵树,长在阿克苏"公益活动,在浙新两地全面动员、全民参与、全域覆盖,两年来,超百家单位、学校、企业、集体参与公益认种,3.5万多人直接参与,合力种下10000棵果树,援疆助农资金突破800万元,锻造了现象级公益助农IP。

三、经验分析

浙江为农牧民奔向幸福生活贡献了浙江力量,提供了浙江方案,开创了浙江特色,形成了可复制借鉴的浙江经验。

(一)加强顶层设计,以政策规划引领对口合作

按照中央要求,立足浙江实际,结合受援地需求,科学定位、精准发力,高质量、高水平地编制了一系列援助规划和政策,指导对口支援工作。

依据浙江与受援地各自优势,找准战略支点,突出浙江特色,体现浙江元素,充分借鉴浙江在经济发展中取得的宝贵经验,把"五水共治""美丽乡村""绿水青山就是金山银山"等创新驱动经验做法移植、嫁接到对口支援工作的实践中,以求事半功倍之效。与此同时,充分考虑受援地实际情况,出台政策,制定规划,贴近民生改善、农牧民幸福生活,安排了较多的"雪中送炭"项目。

(二)健全体制机制,以制度建设保障对口合作

围绕项目立项、投资协调、信息咨询、人事关系、社会保险等方面,浙江先后印发了《关于进一步做好对口支援工作的通知》《浙江省对口支援青海省海西州资金管理办法》《关于做好对口支援档案工作的通知》《关于打造对口工作升级版实施意见》等一系列制度办法,出台了年度援疆、援藏、援青资金盘子及项目计划以及帮扶贵州工作建议,努力支持浙江企业参与西部开发。

在此基础上,建立省际政府层面的联合协调会议制度,全程跟踪合作项目进展情况,帮助企业协调项目实施过程中出现的问题和困难,千方百计提高合作项目的实际效果,切实把改善民生工作落实到实处,提升受援地群众的获得感和幸福感。

（三）构建载体，以平台建设推进对口合作

浙江对口支援重视载体、平台构建，以多样化手段提升工作成效，保障民生改善。大力支持和推动省内外的浙商企业参与到西部大开发的潮流中，会同西部地区政府有关部门，搭建一系列互动合作交流的平台和载体，促进各种生产要素向西部地区集聚，实现优化配置、互利双赢。配合西部地区办好"西洽会""渝洽会""青洽会""兰洽会""东盟博览会""西部博览会"等大型展会活动，积极组织浙江企业参展，促进交流、扩大合作。

作为数字经济大省，浙江将电商扶贫作为助力东西扶贫协作和对口支援工作的重要抓手。2019年，阿里巴巴举办"电商扶贫浙里行"活动，以"网红县长直播"的模式推介对口地区特色农产品及品牌文化，通过"以买代捐、以购代帮"的方式，转化流量为销货订单，助力脱贫攻坚和乡村振兴。据统计，网易、云集、贝贝等浙江知名电商2020年度销售对口帮扶地区农特产品金额达120亿元。2021年10月，"浙甘援建数智平台"上线，该平台是浙江省首个对口支援数字化管理服务平台，也是甘孜州首个落地的"数字甘孜"场景应用。目前上线的数智平台1.0版已开发了党支部活动、项目一张图、干部人才一张图、特色工作等30个应用场景。

（四）完善评价机制，以典型事迹激励对口合作

着力完善对口工作评价机制。将国家发展改革委对对口支援、对口合作的绩效考核评价内容进行责任分解，形成前方指挥部（工作组）、省级有关部门及各设区市政府的责任清单；将国家乡村振兴局下一步印发的东西部协作考核办法作责任分解，形成各成员单位的责任清单，并制定东西部协作考评办法，营造各司其职、齐心协力、齐抓共管的良好氛围。

通过年初编制下发年度项目计划或工作要点、年中督促检查项目进度、年底开展工作考核评估并通报的形式，完善对口工作闭环管理机制。通过年终绩效评价、信息报送和典型案例通报等方式，积极营造前方指挥部（工作组）、省级有关部门及各设区市之间争先创优促工作的良好氛围，推动各项工作都走在全国前列。

四、典型案例

打造"都兰优品"　助力农牧民生活改善

"都兰"系蒙古语,意为"温暖"。都兰县隶属于海西蒙古族藏族自治州,位于青海省中部、柴达木盆地东南隅。县域总面积 4.527 万平方公里,平均海拔 3100 米,属典型的高原大陆性气候。现辖 4 镇 4 乡、106 个建制村,常住人口 9.8 万人,有蒙古、藏、汉、回、土、撒拉等 19 个民族。2020 年,全县生产总值 44.37 亿元,社会消费品零售总额 5.06 亿元,城镇常住居民人均可支配收入 3.5 万元,农牧区常住居民人均可支配收入 1.44 万元。全县天然草原面积 4148 万亩,耕地 33.23 万亩,林地 744 万亩。2015 年,都兰县被列入国家生态保护与建设示范县创建名单,先后荣获省级文明县、"国家级枸杞出口质量安全示范区""国家良好农业规范认证示范区"等称号。2019 年,都兰县现代农业产业园被农业农村部、财政部认定为"第二批国家现代农业产业园",成为青海省首个成功创建的国家级现代农业产业园。

近年来,都兰县委、县政府大力推进乡村振兴,依托县域优势农牧资源,创造性地打造了以都兰优质农畜产品为主体的"都兰优品"品牌,借此,都兰县扩大产业规模、提升产品质量、拓宽市场销路、提高农牧优品附加值,促进传统农业向现代农业转型,走出了一条生态优先、绿色引领、高质量发展的新路子,探索创新了打造绿色有机农畜产品输出地的都兰实践。

(一)都兰特色农牧业的现状

都兰县地处世界"四大超净区"之一的青藏高原腹地,区位优势明显,战略地位突出,素有"柴达木绿洲"之称,其枸杞、藜麦、青稞、牛羊肉等特色农产品,产量高、无污染、品质好,尤其是地处柴达木盆地的富硒、富锗带,为发展高品质绿色有机农畜产品提供了优渥的先天优势。作为青海省的农牧业大县,全县可种植面积超过 50 万亩,粮食年产量超 6 万吨,牛羊存栏量达到 130 万头、牲畜平均年出栏 54.5 万头(只)。目前,已建成以枸杞产业为主的国家级现代农业产业园,以藜麦、青稞产业为主的省级现代农业产业园。拥有全国集中连片种植规模最大、单位面积产量最高、产品品质上乘的枸杞种植基地。

1. 枸杞产业

2020年，全县枸杞种植面积达22.64万亩，产量达5.17万吨。全县认证无公害食品枸杞种植基地、绿色食品枸杞种植基地16.7万余亩，已通过欧盟ECOCERT、德国BCS等国际知名有机产品、有机食品认证机构认证的有机红果枸杞面积达7.4万亩，带动全县5000个农户年均增收2000元。都兰县宗加镇富硒土地中生产的红枸杞干果，硒含量范围为0.01～0.136毫克/千克，均值0.044毫克/千克；野生黑枸杞干果硒含量范围为0.015～0.48毫克/千克，均值0.139毫克/千克。都兰枸杞富硒有机，日照时间长，昼夜温差大，粒大饱满，多糖含量高，是不可多得的优品。

2. 藜麦产业

2020年全县藜麦种植面积达2.6万亩，产量达6000余吨。县域内有青海都兰承恩农业科技有限公司、青海高远锦禾生态农牧科技有限公司、青海柴藜农牧科技有限责任公司等精深加工企业生产藜麦酒、藜麦面条、藜麦饼干等，已有"昆诺""高远锦禾""恬小狸"等品牌。都兰藜麦品质优，籽粒大而饱满、光泽度佳，千粒重高的可达4.5克，蛋白质含量高达16.72%，赖氨酸含量高达1.085%，发芽率在95%以上，是繁育种子的理想地区。都兰藜麦中的镁、锌、多糖和甜菜素含量很高，重金属和农残含量均低于国标限量指标，并通过营养成分、特征性组分和卫生指标的分析比较，制定了都兰藜麦的质量标准，为都兰藜麦的产业化发展提供了有力的技术支撑。

3. 青稞产业

2020年全县青稞种植面积达11.05万亩，产量达3万吨。引进的高远锦禾农牧生态开发有限公司都兰分公司种植3000亩，都兰大垚农牧科技开发有限公司种植10000亩，都兰金穗种业有限公司种植7200亩，都兰拉项青稞种植专业合作社种植4100亩，重点推广县域青稞农副产品，提升青稞产品附加值。青稞既是藏区同胞赖以生存的食粮，也是酿造工业、饲料加工业的重要原料，目前开发的青稞饼干、青稞挂面等青稞延伸产品深受消费者青睐。

4. 生态畜牧业

都兰县年均出栏牦牛 2 万头,平均牦牛肉产量 350 斤/头;绵羊年均出栏 40 万只,平均羊肉产量 35 斤/只;年均存栏生猪 2000 头,出栏 800 头,平均猪肉产量 120 斤/头。牲畜仔畜年均成活 56.2 万头只,成活率达到 86%,年均出栏 54.5 万头(只),出栏率达 48.94%。肉类总产量 2950.8 吨,各类家畜家禽的毛产量 1128.45 吨。全县共有 46 个生态畜牧业专业合作社,其中 15 个为全国草地生态畜牧业试验区建设示范社。都兰地势高峻,气候干燥,冬季寒冷,盐碱地丰富,天然牧草地适宜家畜生长,在这种环境下成长起来的牛羊,肉质鲜嫩、口味纯正、肥而不腻、口感好,尤其是羊肉没有膻味,具滋补功效,特别受人们欢迎。

(二)打造"都兰优品"的主要做法和经验

浙江援青都兰工作组在充分调研的基础上,针对都兰优质农畜产品产业规模难以扩大、产品优质不优价、优品贴牌销售、乡村振兴亟待发力等难题,率先探索打造以政府主导的"都兰优品"区域公用品牌建设,得到了县委、县政府主要领导的支持,着力推进标准化生产、品牌化建设、产业化经营,力争把分散多样的"小品牌",聚集提升做成带动产业发展、助推农牧民增收的"大产业"。

1. 发挥资源优势,创新发展理念

都兰县处于青藏高原腹地,是典型的资源型地区,包括优质土地资源、稀缺矿产资源、珍稀农产品资源、绿色生态资源、文化旅游资源等,是品牌高市值的重要影响因素。但是长期以来,个体性、分散型的资源开发模式,没有形成集中统一的区域品牌和与"绿水青山"相匹配的高收益、高附加值,优质资源、潜在优势如何转化为优质产品、现实优势,成为都兰高质量发展、实施乡村振兴必须面对的重要课题。为此,都兰县委、县政府于 2020 年 5 月率先探索开展"都兰优品"品牌建设,由地方政府主导优势资源的开发利用,以原生态、稀缺性的优品、真品,去培育品牌认知、提供产品支撑,由此形成资源型产业链条的集群发展,从而获得控制权、叫价权,实现优质优价和品牌的高收益,突破了资源型地区的发展困境,推动形成资源型产业的竞争优势,促进了乡村产业振兴。

2. 政府主动作为,打造优品品牌

为引导和规范农畜产品生产与销售,集中优势、整合资源、打造品牌,2020 年 8 月,都兰县政府专门印发了《关于打造都兰县优势农牧产品(都兰优品)的通知》(都政〔2020〕109 号)。一是界定"都兰优品"含义与范围。明确"都兰优品"是指以都兰县优势资源为依托,以都兰县生产企业为主体,生产或委托代加工的名优特产的统称。范围包括由本县获得生产许可的优势农牧业、优势工矿业和优势服务业的企业,种植、养殖、加工、制造的优质食品、农牧产品、工矿产品和民族艺术品等产品。前期首推以红黑枸杞、枸杞汁、有机藜麦等优质农畜产品为代表的"都兰优品"。二是规范"都兰优品"生产与经销。县政府授权由都兰县供销合作联社组建成立的都兰拓农供销服务有限公司作为"都兰优品"的总采购和总供应商,采取"统一采购、服务集中、溯源直配"的"统购直销"模式,按"都兰优品"标准进行总采购,经认证后加贴"都兰优品"标识和溯源二维码,统一供货给总代理和总经销商或进行直销。三是制定"都兰优品"标准与管理规范。以企业现有产品执行标准执行,发布"都兰优品"鎏金凤鸟盾形标识和溯源标识,明确使用规范,从源头上保证产品的真实性、独特性和优质性,实现优质优价优服务。

3. 全面展示推介,供需精准对接

都兰县委、县政府与广东省第三产业研究会合作,多次由县领导带队、相关部门和"都兰优品"生产企业代表赴广州市开展"都兰优品"宣传推介、洽谈合作,展现了"原生态·健康优品"的红黑枸杞、枸杞汁、枸杞酒、藜麦、青稞、蜂蜜等都兰原产地名优农牧产品,并录制节目在中国发展网进行展播,为"都兰优品"的培育打造奠定了认知基础和实践支撑。2020 年 9 月,都兰县举行"都兰优品"入驻行政区品牌馆发货仪式,首批"都兰优品"成功发往广州,销往粤港澳大湾区市场。在 2021 年 5 月 10 日(中国品牌日)的"都兰优品+"合作洽谈会上,广东新创投资、广州中昱国际、滋粥楼三家企业签订了 400 万元的"都兰优品"采购订单,为"都兰优品"延伸产业链、加强与下游企业的合作迈出了坚实的一步。同时,都兰县又投资 58 万元,建设西宁机场都兰绿色有机馆项目。5 月 6 日,"都兰优品·绿色有机馆"正式开业,集中宣传展示销售"都兰优品",依托西宁机场展示窗口及客流量,提升"都兰优品"的知名度、美誉度和影响力。深化对口支援合作,积极拓展长三角市场,2021年7月,在浙江援青都兰工作组的牵头协调下,嘉兴天天农展会、江南大厦超市等首批"都兰优品"五个直销点在嘉兴授牌设立,标志着"都兰优品"多地开花、走向全国。

4.加强统筹协调,建立长效机制

"都兰优品"是一项新生事物,在实践中,县委、县政府注重顶层设计和制度研究,聚焦聚力做好管理和服务工作。一是建立多向联通机制。加强与优品企业沟通,研究解决问题,引导提升核心竞争力。整合各方力量,为"都兰优品"发展营造良好环境。二是建立政策统筹机制。做好现有政策的归集、解读、宣传、落地工作,及时更新完善,常态化做好政策普及和跟踪落实,建立企业品牌建设、质量管理、标准执行等支持政策。三是建立市场监督机制。都兰县市场监管局、农牧和乡村振兴局加强日常监管,持续开展《农产品质量安全法》《商标法》《食品安全法》等法律法规专项执法行动,严厉打击假冒伪劣产品和违法违规企业,为"都兰优品"保驾护航,为高质量发展提供有力支撑。

我有一棵树　长在阿克苏

（一）活动背景

2020年,浙江广电集团在已有17年的公益品牌——"我为汽车种棵树"基础上,打造全新IP"我有一棵树,长在阿克苏"大型公益助农扶农行动,联动浙江援疆指挥部等多家职能部门,在位于荒漠化、盐渍化前沿的阿克苏柯柯牙地区开展植树造林、保护环境、扶农助农的苹果树认种活动,并不断创新提升活动形式,扩大融媒宣传范围,通过"大美新疆"包机游、全年云种树H5互动等方式持续践行援疆使命,在浙阿两地不断掀起绿色公益浪潮,将活动打造成浙江最具关注度的标杆公益。

在锻造现象级IP的同时,认种活动积极开创绿色经济,打造乡村振兴新抓手,深刻践行浙江省委书记袁家军在浙江·新疆及生产建设兵团对口支援工作座谈会上提出的"把巩固拓展脱贫攻坚成果同乡村振兴有效衔接起来"的思想,把爱心公益、植树护绿、扶农助农、打通优质农副产品流通渠道融为一体,"疆"美好进行到底。

(二)活动形式与内容

活动参与形式多样。既可以自己种树,也可跟家人合种,或者跟其他亲戚朋友甚至同学、同事一起合种,一棵苹果树的认种金是 930 元,包含了当地果农承担这棵树苗在这一年的各类种植养护开支,因为当地风沙特别大,种植果树困难,所以小树苗的成长需要果农更多投入。除了认种果树,认种者还可以参与云上植树的小游戏,每天打卡报到,攒小水滴,为企业林助力浇水,得到企业的丰收大礼。同时为了表示感谢,主办方会在小树苗上挂上专属认种牌,认种者还将得到有本人署名的四大主办方联合认证的官方授权证书。视实际情况,主办方适时邀请认种者代表赴新疆参加破土仪式;组织"大美新疆"自驾,去红旗坡看看大家认种的苹果树;等到秋天,苹果熟了,所有认种者还将收到一份爱心回馈。

(三)组织机构与成员

主办单位:浙江省文化和旅游厅、浙江省林业局、浙江省援疆指挥部、浙江广播电视集团、共青团浙江省委、浙江省直属机关工会委员会。

承办单位:FM93 浙江交通之声、FM104.5 旅游之声、新疆阿克苏地区林业和草原局、新疆红旗坡农业发展集团、新疆阿克苏地区融媒体中心。

参与成员:浙江省直属机关各级工会瑞安市仙降中心小学、余姚东方实验幼儿园、杭州濮家小学等 120 所学校和幼儿园,参与成员通过各种主题活动宣传植树种绿,了解阿克苏、助力阿克苏;浙江长兴县公安局全体民辅警共同出资认种了六片独享林,发出了共富路上"一个都不能少"的倡议;浙江台州顾妈妈连续两年为儿子种下 33 棵果树……

从钱江之滨的浙江到天山脚下的新疆,从政府机关到民间团体,从亲朋好友到战友拼团,共同掀起公益植树、绿色护疆、改善民生、联结民心的滚滚浪潮。

(四)活动影响

通过"我有一棵树,长在阿克苏"公益活动,已累计在阿克苏红旗坡植树超 10000 棵,直接帮助阿克苏果农销售苹果超 100 万斤,成为浙江极具关注度的公益项目之一。

2022 年活动强势升级,3 月 12 日活动开启后,浙江各界爱心人士、单位、机构纷纷参与进来。不止于此,活动更辐射江苏、河南、山东、安徽等地,影响更大,参与面更广,认种品种也更丰富。除苹果树,还新增了西梅树、香梨树;通过数字化平台开通了组团认种和爱心赠礼通道,具有一键查看所有爱心人名单等功能。活动将爱心公益、植树护绿、扶农助农、打通优质农副产品流通渠道等进行更加深度的融合,升级了"我有一棵树,长在阿克苏"H5 的平台功能,实现果树认种、果园实况展示更加便捷化。根据统计,认种平台共收到爱心认种 7 万多单,合计认种果树 11800 多棵。2022 年,学习强国、中新网、凤凰网、新华网、人民网、央广网、北高峰、浙江新闻、中国蓝新闻、浙江小时、民生休闲、教科影视频道、网易、新浪等多家媒体对此援疆助农行动贯穿全年跟踪报道,还联动兄弟交通台,共同参与援疆助农行动,勇担乡村振兴历史使命,搭起共同富裕示范桥梁,实现全国多地覆盖宣传,号召全民参与公益、全员收获甜蜜。

（五）活动启示

1. 强调多元主体的共同参与

近年来,以公益助农为主题的活动如雨后春笋般不断涌现,然而部分项目则出现辐射效应不强、活动影响力无法持续等问题。"我有一棵树,长在阿克苏"活动的第一大优势在于调动了多元主体的积极性,不仅让相关部门积极参与,也吸引了大量其他单位、个人参与到活动中来。活动通过虚拟浇水、种植等一系列小程序还原种植全过程,让参与者全环节、全方位参与到认种活动之中。这既强化了捐赠个体的参与感、增加了参与者与援疆助农项目之间的黏性,同时也使得"我有一棵树,长在阿克苏"活动的辐射范围、持续时间得以扩大、延长。这反映出各类公益与对口帮扶活动在策划过程中应突破单主体参与的思维局限,让更多部门与个人可以深入参与活动,扩大对口帮扶活动的影响力。

2. 激发项目的造血能力

以往的对口扶贫与助农计划多以捐赠、认购的形式出现,这无法创造新的就业岗位、激发对口地区新的活力。而"我有一棵树,长在阿克苏"植树活动则创造了新的劳动力需求,从而带动当地的劳动力就业。从中我们可以发现,帮扶形式多样化、创新化的重要性,需考虑激发项目的造血能力,打造出可吸纳就业的长期项目与公益产品,而非仅停留在一次性捐赠的短期效应上。

3. 发挥数字平台的联动作用

"我有一棵树,长在阿克苏"植树活动改变了以往单一线上或单一线下捐赠的思路,将线上互动参与、线下实体植树活动整合在一起。活动发挥了数字平台的联动作用,最大程度提升了普通用户参与活动的便捷性,媒体融合的宣传策略也使得绿色环保、公益互助等理念的传播范围更广、作用效力更强。

一棵树的力量或许很小,但一片林足以抵挡漫天黄沙,更能改变一方土地上的人们的生活,我们可以将微小的力量汇聚起来,越过万水千山,"我有一棵树,长在阿克苏"公益活动开展三年来,参与度和关注度越来越高,互动性也越来越强。活动种下的既是果树,也是连接浙阿两地人民的友谊树,更是助力阿克苏乡村振兴、农民增收的幸福树。活动不仅打破了浙阿两地地理上的远距离,更进一步加强了浙阿两地人民的交往交流交融和民族团结。

参考文献

[1]《兵团建设》编辑部.突出改善民生 推动跨越发展[J].兵团建设,2010 (9):18-19.

[2]马德富.对口援建:浙江特色的经验和做法[J].浙江经济,2010(17): 22-25.

[3]王建平,曾勇.浙江开展东西扶贫协作的经验及对四川藏区对口扶贫的 启示[J].精准扶贫,2017(2):39-41.

[4]徐绍史.国家西部开发报告(2014)[M].杭州:浙江大学出版社,2015.

[5]徐绍史.国家西部开发报告(2015)[M].杭州:浙江大学出版社,2015.

[6]徐绍史.国家西部开发报告(2016)[M].杭州:浙江大学出版社,2016.

[7]张平.国家西部开发报告(2013)[M].北京:中华书局,2014.

执笔人:骆凡,浙江大学公共管理学院;李莉,浙江大学中国西部发展研究院;杨媚棠,浙江大学中国西部发展研究院

第六章　景东农特——科技与远方的相遇和融合

一、科技与远方的相遇——背景情况概述

普通意义上,高校的主要职能是人才培养、科学研究、服务经济社会发展、文化传承创新。因此,在对口支援、定点帮扶工作中,支援高校要提高认识,不能仅仅停留在"支援"本身,要从命运共同体的高度来定位双方之间的合作,共同解决制约发展的关键问题,从而构建新时代高校对口支援的新模式。

（一）浙江大学对口支援景东县的背景

贫困是人类社会的顽疾,是全世界面临的共同挑战。100 年来,中国共产党团结带领人民,以坚定不移、顽强不屈的信念和意志与贫困作斗争。中共十八大以来,在以习近平同志为核心的党中央领导下,中国组织实施了人类历史上规模空前、力度最大、惠及人口最多的脱贫攻坚战。2011 年,中共中央召开扶贫开发工作会议,中共中央、国务院印发《中国农村扶贫开发纲要(2011－2020 年)》。中国的扶贫开发,从以解决温饱为主要任务的阶段转入巩固温饱成果、加快脱贫致富、改善生态环境、提高发展能力、缩小发展差距的新阶段。2015 年,中共中央、国务院发布《关于打赢脱贫攻坚战的决定》,正式宣布实施精准扶贫战略,发起新一轮扶贫开发攻坚战,明确提出到2020 年将实现当时标准下 7000 多万农村贫困人口全部脱贫,并对如何实现这一目标进行了部署,一系列扶贫脱贫的政策措施全面推进。这一目标的提出,体现了中共中央、国务院对化解贫困问题的坚强决心,这对 2020 年全面建成小康社会目标的实现具有重大的现实意义。

正是在这样的恢宏壮丽的历史背景下,按照中央统一部署安排,自 2012年 11 月起,浙江大学定点帮扶云南省普洱市景东彝族自治县。浙江大学充分发挥学科、科研、人才、智库等方面优势,多措并举、多管齐下,举全校之力,集多年之功,用心用情用力助推景东脱贫摘帽和经济社会发展。2020 年

5月16日,云南省人民政府发布通告,正式批准景东县退出贫困县序列。浙江大学扶贫帮困工作也得到了广泛认可,在历次教育部承担定点扶贫任务的直属高校考核中名列前茅,2019年排名第一,选送的扶贫项目四次入选教育部直属高校精准扶贫精准脱贫十大典型项目,浙江大学扶贫领导小组办公室获评"2020年云南省脱贫攻坚奖扶贫先进集体"。种种成果,书写着浙江大学和景东人民的深情厚谊。

(二)景东县基本情况及农特情况

景东彝族自治县隶属于云南省普洱市,是全国八个单一彝族自治县中彝族人口最多的县,曾是全国592个国家级重点扶持的贫困县之一,云南省73个国家扶贫开发工作重点县之一。景东县位于横断山脉南端,云南省西南部、普洱市北端,东与南华县、楚雄市、双柏县接壤,南与镇沅彝族哈尼族拉祜族自治县相依,西同云县隔澜沧江相望,北和南涧彝族自治县、弥渡县相连,县城所在地锦屏镇距省会昆明市477公里,距普洱市驻地279公里。全县东西平均横距61公里,南北纵距73公里,总面积4532平方公里,其中山地占95.5%。主要山脉属云岭南北走向的无量山系和哀牢山系,地形北窄南阔,属亚热带季风型气候,河流为澜沧江水系和红河水系,境内有无量山、哀牢山两个国家级自然保护区和漫湾、大朝山两个百万千瓦级大型水电站。全县辖10个镇和3个乡。境内居住着汉族、彝族、哈尼族、瑶族、傣族、回族等26个民族30多万常住人口,其中少数民族人口18.58万人,占总人口的50.8%,彝族人口占总人口的42.9%,是云南省六个单一彝族自治县之一。

景东彝族自治县是云南省粮食、烟叶、蚕桑、蔗糖、木材、核桃、芒果重点产区,是普洱市的"粮仓肉库",是普洱茶主产区之一。"郝思嘉"牌核桃乳名闻遐迩,"金铃"牌松香、松节油远销国内外。无量山、哀牢山保留了全国三分之一的物种,其中保护区内生息的黑冠长臂猿群是全球极度濒危物种。景东彝族自治县荣获2019年"中国天然氧吧"创建地区称号。哀牢山国家级自然保护区、无量山国家级自然保护区被世界自然基金会确认为具有全球保护意义的A级自然保护区,是地球同纬度带上生物资源最为丰富的自然综合体,在不到万分之一的国土面积上保留了占全国三分之一的物种,堪称"天然绿色宝库""天然物种基因库"。

二、科技与远方的融合——具体案例介绍

景东地形地貌呈"三河夹两山"之势,全县原有贫困人口主要集中分布于哀牢山、无量山两个自然保护区周边的山区、半山区、边远高寒山区、干旱缺水地区和地质灾害隐患区,且多为少数民族群众,居住环境恶劣,处于整体贫困状态。景东经济社会发展的主要问题是:贫困程度深,解决难度大;基础设施弱,产业带动低;公共服务差,生活改善慢;生态保护难,发展阻力大。

面对当时的景东贫困状况,选择怎样的扶贫方式,才能达到精准扶贫、精准脱贫的目标?经过多次实地考察调研、专家论证,浙江大学确定了以产业扶贫为重点,教育扶贫、医疗扶贫跟进的扶贫工作总体思路。根据自身学科的优势,结合当地资源和产业基础,浙江大学选择重点帮助景东原有特色产业,如核桃、食用菌、乌骨鸡、茶叶、电商等做大做强,用"科技引领、品牌提升、模式创新"一套组合拳,带动贫困群众精准脱贫,探索助推景东特色产业发展的科技扶贫之路。

(一)野生菌资源生态保护与森林功能促进项目

2013年,当食用菌种植专家、浙江大学农业与生物技术学院副教授陈再鸣初到景东,不由感叹道"老天爷给了秀美的景,却没赏能致富的路"。景东人世世代代靠天吃饭的传统应当改变。他立下技术扶贫的军令状,没有寒暄,不讲客套,一头扎进深山。一番走访,他发现了问题所在:景东有着得天独厚的菌物生长环境,但由于观念、技术和机制所限,当地老百姓守着"金矿"却挖不出"金子"。经过深入走访、科学评估,陈再鸣老师没有把东部的产业经验复制到景东,而是给出一个当地人从未想过的方向——把滇西人爱吃的、本地特有的菌,人工栽培出来,发展林下经济。陈再鸣老师作为景东野生菌产业首席专家,提出了在景东实施"野生菌资源生态保护与森林功能促进"项目,以"景东林下资源综合开发及利用和野生菌人工驯化栽培"为主要抓手开展食用菌产业帮扶,既保护珍稀野生菌资源,发挥其对生态系统的促进作用,又传播了绿色发展、生态富民的发展理念。

一次偶然的机会,陈再鸣老师在树桩上发现珍稀野生菌——小香蕈。他如获至宝,因为这种珍稀野生菌价格高、销路好,如果技术发展成熟,当地百姓脱贫致富步伐就会更快、更稳健。而景东自然资源丰富,除了小香蕈,会不会还有更珍稀、更丰富的菌种? 于是,他萌生了一个大胆的想法:建实验室,摸清景东野生菌家底。于是"浙江大学景东哀牢山自然保护区野生菌监测站"和"景东野生菌资源研发中心"先后成立,开展野生菌资源调查和保护利用,目前已监测到1200多种珍贵大型真菌样本,分类鉴定700余种,发现可食野生菌130多种。

为了让一朵小蘑菇发展成大产业,陈再鸣老师和他的团队一边在实验室埋头钻研破解难题,开展野生资源调查、人工驯化、人工栽培、菌种产业化;一边在田地里手把手教,带着农民干,并根据当地实际情况亲自编制了食用菌栽培规程。渐渐地农民发现这个产业有奔头,才放下锄头,拿起菌棒,离开祖祖辈辈开采的密林,跟着陈再鸣老师一起,建起整整齐齐的菌种植基地。在学校和政府的支持下,逐步探索了"野生菌驯化—生态栽培—深加工—品牌销售"的野生菌全产业链开发模式。成功驯化培育出"景芝1号"灵芝和"浙景香13号"小香菌优良品种,组建四家农民专业合作社,在全县四个乡镇建立生态灵芝、小香菌栽培示范基地13个,带动贫困户800余人,并辐射滇西南周边县区。

为了进一步拓展销售渠道,建设景东自有品牌,实现从输血到造血的转变,陈再鸣老师注册成立景东真芝宝生物科技有限公司等两个龙头公司,自筹资金800余万元,研发出灵芝破壁孢子粉、灵芝孢子油、灵芝普洱茶和景东小香菌酱等深加工产品并推向市场。成功注册"无量菇嫂"等两个景东公共商标,利用线上网店拓展帮扶产品的销售渠道。到2020年10月,景东野生菌全产业链培育,累计实现产值3000多万元,参与户人均增收4200多元。一朵小小的野生菌,带领景东百姓脱下穷帽奔小康。

多年扎根云南景东彝族自治县的陈再鸣老师初心为农,用行动践行誓言:"将论文写在崇山峻岭之间,不达小康不还乡。"他的项目团队通过推进"大学＋政府部门＋龙头企业＋合作社＋基地＋农户"的"六位一体"精准扶贫联动模式,加快了贫困群众脱贫致富步伐,有效推动了景东野生菌产业链培育和发展。

(二)景东无量山乌骨鸡良种繁育及产业化技术示范推广

当地特产"景东乌骨鸡",毛脚、绿耳、体大,肉质鲜嫩,营养价值高。景东90%以上建档立卡贫困户的主要生计是养殖乌骨鸡。如果把乌骨鸡养成"金凤凰",脱贫致富就有了指望。浙江大学农业技术推广中心尹兆正研究员(景东县乌骨鸡产业首席专家)到景东的第一件事就是通过调研,探明穷根。"浙江乌骨鸡一只母鸡年产蛋在100只以上,而景东乌骨鸡只有60只左右,少的只有40多只,这无形中增加了景东乌骨鸡鸡苗的生产成本,当务之急是开展种质提纯和提高。"尹兆正老师从鸡窝里找到了推动产业化的钥匙,那就是科学养殖。他先从几家龙头企业开始打造景东乌骨鸡产业,指导当地建设种鸡场,结合市场需要开展种鸡不同羽色整理分群,进行性能测定和持续选育,从规划、建设、设施改造到种鸡培育倾注了大量心血。于是,机械、立体的笼养模式产生了,不同羽色和性能的高产种群建立了,优质、抗逆、生命力强的鸡苗供应上了。

2013年以来,为加快推进景东无量山乌骨鸡区域优势产业发展,打造"景东鸡"特色品牌,尹兆正率领技术团队遵循"一品"(打造一个特色精品)、"两优"(发挥品种、生态两大优势)、"三合力"(聚集高校、地方政府、龙头企业三方合力),做大做强乌骨鸡区域优势产业的扶贫工作思路,积极导入浙江大学校长专项项目"景东无量山乌骨鸡遗传评估精准扶贫开发利用""景东无量山乌骨鸡良种繁育及产业扶贫示范应用"等研发成果,从乌骨鸡遗传保护、良种选育、繁育基地及专业合作社(大户)建设示范,标准化技术培训指导、建档立卡贫困户养殖增收等方面,开展了一系列技术指导和帮扶工作,指导建立了乌骨鸡"种鸡培育—集中育雏—生态放养"的产业扶贫新模式。

该项目在2012—2019年期间,指导建成"乌骨鸡遗传资源保护场"一个,"良种繁育示范场"六个,"乌骨鸡养殖农民专业合作社"九个,制订了《景东无量山乌骨鸡养殖综合技术规范》市级地方标准,举办养殖技术培训16期,指导申报了景东乌骨鸡国家地理标志产品,指导举办了景东县乌骨鸡"鸡王"大赛活动,推动建成存栏2000只以上的规模养殖场共78个,存栏

5000只以上的规模养殖场有38个，存栏10000只以上的标准化规模养殖场有2个，存栏种鸡达到2万套以上，年供优质苗鸡在180万羽以上。尹兆正老师赴景东县开展无量山乌骨鸡产业帮扶，让乌骨鸡变身"金凤凰"，构建了"原种保护—品种选育—鸡苗孵化—养殖标准制定—生态庄园建设—地理标志申报—产业规划—产品销售渠道拓展"全产业链条并予以指导服务，帮助带动建档立卡贫困户19177户，带动脱贫人口65401人，景东无量山乌骨鸡产业扶贫取得显著成效。村民们把尹兆正老师看作浙江大学派来的"致富天使""科技财神爷"，走到哪儿都有村民拿出陈年佳酿要款待他。

（三）助力景东茶产业"紫金普洱"项目

景东县是云南省37个重点产茶县之一，覆盖全县3乡10镇165个村，涉茶农户达4.45万户23.3万人，有茶叶千亩村90个、百亩组506个。茶产业是景东县涉农最多、增加农民收入、培育地方财源、改善生态环境的传统特色优势产业，也是实现产业扶贫的重要依托。

2016年7月，浙江大学校长吴朝晖带队考察景东县，提出在当地打造"紫金普洱"特色茶叶品牌。浙江大学茶叶研究所所长王岳飞教授、景东茶产业首席专家汤一副教授率领团队推进"紫金普洱"茶项目，立足景东县古茶树资源优势，通过科技的力量促进景东茶叶品质提升，优化茶产业链管控，践行"绿水青山就是金山银山，让一片叶子致富一方百姓"的理念，以茶产业助力茶农脱贫致富。

"紫金普洱"中"紫金"取自浙江大学紫金港校区之名，"普洱"则来自景东县无量山普洱茶之意，旨在聚集高校、地方政府、龙头企业三方合力推动当地特色产业发展与脱贫攻坚建设。同时由著名茶学家、茶界泰斗刘祖生教授亲笔题写茶名并用于产品包装。茶叶原料采自无量山2000～2200米高海拔山区，树龄在100～500年的优质古茶树，加工采用浙江大学现代茶叶加工技术与当地传统制茶工艺相结合的创新工艺。截至2020年，累计生产茶叶136000饼，累计销售额达到3000万元，助力626户茶农脱贫，户均增收2667元，并已辐射到周边景谷县、镇沅县等。

(四)扶贫先扶志、扶贫要扶智

1.让贫困地区的每一个孩子都有人生出彩的机会

浙江大学自2012年帮扶景东起,已选派八批45名研究生支教团成员赴景东县开展支教扶贫工作。支教团围绕"扶贫扶智、创新联动"的工作思路,在教书育人、扶贫扶志、引领风尚上做出积极贡献。支教团已累计教授93个班级、4000余名学生,共完成20000余节课时教学,所教学生李明嘉和李芳于2016年以优异的成绩考入浙江大学,2019年曾参加过浙江大学赴景东第一批研究生支教团的陶甄,又以新民村驻村第一书记的身份重回大山深处。支教团还助力景东县职业高中连续八年"三校生"高考上线率位列云南省第一。同时支教团积极开展"爱在滇西"捐资助学系列活动,累计筹募爱心款项2134621.5元,收到捐助物资约合人民币100万元,惠及景东县全部13个乡镇79所学校,直接受助学生人数达4493人。此外支教团创新开展"求是小课堂"励志讲座,讲述大山外的知识故事,在学生心中埋下"用知识改变命运"的种子,已在10余所学校开设50余场,覆盖学生4000余人。支教团将青春挥洒在乡村的教室努力阻止贫困的代际传递,用坚守照亮西部孩子通往远方的路。

2."求是强师"提高教师教学能力

2013年,浙江大学在景东启动"求是强师"教师培训计划,景东县首批15名中小学校长、骨干教师赴杭州名校如浙江大学附属小学、浙江大学附属中学以及学军中学等参加为期16天的进修培训,后又于2016年4月和2017年9月两次开展进修培训。2019年1月,浙江大学专门组织景东职业高级中学35名中层领导及骨干教师前往浙江大学进行为期七天的专业培训,聚焦职业教育,就职业教育核心竞争力、发展与改革、职教人才需求、产教融合与校企合作等关键课题进行学习培训,提升职教师资水平,提高职业教学能力,促进景东职业教育创新发展。

3.提升干部素质,提高专业技能

浙江大学充分发挥继续教育办学品牌和专业化队伍优势,以继续教育学院为主体,坚持精准方略,注重培训实效。2013年扶贫之初,以景东县基层党政干部为主,不断向教师、医务人员、村干部、创业致富带头人等群体延伸,实现人才培训的面和量的不断扩展增加。近年来,重点围绕全面提升景东县党政干部和专业技术人员素质目标,结合景东县社会经济发展工作实际研发更具针对性和实效性的培训课程,不断创新教育培训的形式和途径,实现线上与线下相结合、"请进来"与"送上门"相结合,教育培训的质量和效果日益提升。据统计,自开展定点扶贫景东县以来,浙江大学累计培训景东教师超过 15000 人次。

4.开展消费扶贫,推广景东农特

"消费扶贫"作为持续发展新路径,一头连着浙江大学,另一头连着景东县。为了进一步加大对景东县的帮扶力度,不断巩固脱贫成果,助力乡村振兴,景东县农特产品源源不断来到浙江大学师生和与浙江大学有关群体的生活中。学校主要从三个方面推动消费扶贫工作:一是把景东农产品引入学校的食堂、超市、工会福利采购,推动消费扶贫校内全覆盖;二是发挥"泛浙大"朋友圈的力量,鼓励广大校友企业"以购代捐、以买带帮"参与消费扶贫;三是引进景东农产品入驻电商平台,依托互联网的驱动力,打通消费扶贫"最后一公里"。

自 2013 年对口帮扶景东县以来,浙江大学探索出了一条可持续帮扶路子,通过产业与消费有机结合形式,把景东县更多的农特产品带出大山,带到浙江大学,增加群众收入,助力乡村振兴。2022 年 1 月,浙江大学与景东县签订采购合同 20035 份,有双福农特产品有限公司的广味香肠、普洱天泽茶业有限公司的茶叶、景东昌瑞农特产品开发有限公司的核桃油,以及景东滴水坎农产品经营农民专业合作社的火腿等,共计总金额约 561 万元,与上年相比合同增加 5435 份,金额增加约 200 万元,呈现每年递增的趋势。

近年来,景东县在浙江大学的帮扶下,缺乏品牌优势的农特产品得到了推广,不仅提升了产品附加值,还促进了景东产业的进一步深化、升级和迭代,在增加景东群众收入的同时,也让更多藏在景东大山中的优质农产品走进了更大的市场。下一阶段,景东县将充分利用优良的资源优势,继续用好用活协作机制,加强品牌建设,注重产品质量,努力延伸产业链,让更多的农特产品走出大山、走出景东。

三、科技与远方珠联璧合——帮扶获取经验

通过 10 年的探索与实践,浙江大学和景东县充分利用高校科技人才的优势,走出了一条以科技为引领,助推景东特色产业发展的科技扶贫之路。

（一）党政担责,转变观念求创新

坚持责任体系,推动工作落实。一是落实责任人体系,主要领导亲自抓,分管领导定期调度,统筹部署各项扶贫工作。二是加强扶贫工作领导小组办公室统筹协调作用,建立工作清单和责任清单。三是加强制度规范建设,制定项目、资金、人员等考核办法。成立由学校党委书记、校长任组长的扶贫工作领导小组,定期召开专题工作会议,制订年度扶贫重点工作清单,部署做好对口帮扶工作。加强校地信息互通,定期通报工作进展情况,在扶贫方案、建设规划、重大项目等方面加强协商,共同研究解决存在的困难和问题。由对口院系认领定点帮扶任务,学校围绕精准扶贫任务目标和要求加强督促检查,充分激发基层院系和广大教师参与扶贫积极性。选派干部教师赴景东县挂职分管扶贫工作副县长、驻村第一书记,学校在待遇、聘岗、晋升、奖励等方面出台专项政策予以保障。改革职称评定机制,实行“推广研究员”制度,鼓励和支持科技特派员前往景东县精准脱贫产业一线,协助推动当地产业发展,并将科技特派员工作纳入绩效考核和职称评聘,激发其从事农业技术推广与应用的热情。

坚持智力帮扶,推动观念转变。一是注入教育新生力,选派优秀大学毕业生开展支教。二是激发教育新活力,深化人才培训,进一步提升人员素质和专业技术水平。将助力景东县精准脱贫和学校“双一流”建设紧密结合,充分发挥人才、科技优势,主动提供技术指导,选派专家学者担任当地重点发展产业首席专家,为景东县产业发展提供有力的智力支持和科技支撑。组织开展学生支教和社会实践等活动,每年选派 5~7 名优秀毕业生赴景东县支教一年、组织 100 余名大学生开展实践和调研。定向捐赠 500 万元支持景东县职业高级中学建设,建立“爱在滇西”等助学募捐平台,设立“求是奖学金”“求是奖教金”,用于资助贫困学生、奖励优秀教师,已累计发放近300 万元。发挥学校全国干部教育培训基地优势,在景东县设立远程教学

点,开展分层次体系化专题培训,切实提高干部员工综合素质和行政水平。完善"互联网＋医疗健康"模式,将优质医疗资源拓展辐射,推动附属医院利用远程医疗会诊平台开展疑难病例会诊、临床诊疗等帮扶活动,捐赠600万元设立农村临时困难家庭医疗救助基金和价值121万元的医疗设备。协助景东县加强医疗专科建设,选派当地骨干医师等医务人员到学校附属医院进行针对性培训学习,不断提高景东县医疗卫生健康水平。

(二)专家把脉,精准识贫破难题

1. 组建专家服务团

第一,选派浙江大学长期从事农村经济、公共政策、农村组织、减贫与发展、"三农"问题等方面工作的专家学者担任景东县政府顾问。开展政府咨询、调研指导、举办讲座、设计规划,为景东经济社会发展把脉、建言献策。帮助景东确定了充分发挥生态优势,走绿色发展之路,着力打造"绿水青山就是金山银山"示范区的发展理念,并在当地形成共识。

第二,根据景东产业发展需求,选派专家教授担任景东蚕桑、食用菌、乌骨鸡、茶叶、电商、品牌等主导产业的首席专家,为景东特色产业发展提供科技服务。这些产业首席专家大都是浙江省资深的科技特派员,他们对推动欠发达地区的农业产业发展有着丰富的经验。

2. 问诊产业难题

景东具有得天独厚的生态环境,以不到全国万分之一的国土面积,保留了占全国三分之一的物种,被誉为"天然绿色宝库"。其中,核桃、茶叶、乌骨鸡、食用菌、蚕桑等成为景东的主导产业和特色产业。景东发展种植养殖业的优势在于充足的光、热、水、气等优越的自然条件,但景东土地有机质含量较低,肥力不足,加上交通的制约及其原始粗放的生产方式,还有科技支撑不足,因此生产率较低,整体抗风险能力较弱。为此,首席专家们多次实地调研考察,找出制约产业发展的核心要素;帮助制定产业规划,确定产业发展的全新思路;落实扶贫项目,通过脱贫攻坚带动产业转型升级发展。

3. 开展科研攻关

为有效解决景东特色农业产业发展问题,浙江大学积极组建跨学科研发团队,开展新产品的研发;针对重点帮扶产业,开展实用技术的研究和成熟技术的推广;同时,联手打造景东区域公用品牌,实现价值再造,以品牌为旗帜带动整体产业发展。浙江大学组织实施了"景东核桃产业提升与发展研究""云南景东野生菌资源开发研究与利用""景东无量山乌骨鸡遗传评估及精准扶贫开发利用""精准扶贫视域下滇西南高原山地农业立体开发及其关键性技术的研究——以普洱市景东县无量山区为例""'景东核桃'区域公用品牌创建项目"等科研项目,整合全校科研力量组成团队,以景东重点扶贫的核桃、野生菌、乌骨鸡等高原特色产业作为研究对象,通过对关键技术的研究,开发出符合景东产业特点的产品,促进产业发展,提升扶贫实效。

（三）创新模式,精准扶贫出实效

产业扶贫不完全等同于产业发展,它以产业为基础,以扶贫为目的。通过创新扶贫机制,实现精准扶贫、精准脱贫。

浙江大学实践探索创建了"高校＋政府＋企业＋合作社＋基地＋贫困农户"的"六位一体"产业扶贫运行模式,通过内引外联,整合资源,建立开放式帮扶体系,进一步带动产业发展,帮助更多贫困户脱贫致富。

以食用菌产业扶贫为例。浙江大学做好产业发展科技支撑和专业人才培养;景东县自然保护区管理局作为主要责任主体,县林业局、扶贫办、蚕桑办、供销社、农科局和大朝山东镇等单位共同参与,联合浙江大学校友企业杭州滢宝生物科技有限公司、杭州雪禾生物科技有限公司、浙商企业龙泉瓯缘食用菌专业合作社,与景东新会中药材专业合作社、景东富民食用菌种植专业合作社组成扶贫联合体,建立茯苓、灵芝、小香菌等示范基地,带动贫困农户共同发展生态食用菌产业。这种扶贫联合体最大的意义在于,市场和风险由企业承担,农户(贫困户)的利益得到根本性的保障,所以可以说,"六位一体"产业扶贫的模式助力了精准扶贫的实现。

（四）盯紧短板,增强造血谋发展

产业发展包括人才、资金、技术、市场等关键要素,高校在产业扶贫中可以发挥两个作用 :一是加强输血,即为产业发展提供人才科技支撑;二是增强造血,即为当地培养本土实用人才。

1.为产业发展提供支撑

(1)茶产业:走特色发展之路。茶叶是景东县重要的传统支柱产业,是山区和半山区重要的经济来源,对农民增收致富起到较大的支撑作用。但是景东茶产业当时面临大而不强、产值低、效益差、加工技术落后、产品附加值低、品种结构单一等问题,市场竞争力弱,龙头企业带动力差,缺少特色品牌。基于此,首席专家汤一副教授提出景东茶产业走特色发展道路,着力提高市场竞争力。具体举措:一是利用茶产业加工方面的技术特长,帮助当地企业开发白玫瑰、景东生红、景东红普等茶业新产品,提升景东茶叶产业附加值,扩大知名度;二是通过举办茶叶加工技术培训,提高传统普洱生茶和特色红茶的加工技术,提高产品竞争力;三是通过引进合作企业,加快茶产业龙头企业的培育,帮助解决市场问题;四是建立扶贫基地,通过龙头企业带动建档立卡贫困户脱贫。

(2)乌骨鸡产业:提升"三化"程度,实现价值再造。景东县无量山乌骨鸡以独有的生态保健、药用、营养价值高等优点被评为"云南省六大名鸡";但是也有养殖标准化低、规模化程度低、组织化程度低等问题。为加快推进景东无量山乌骨鸡产业发展,实现乌骨鸡到"金凤凰"的华丽转身,景东乌骨鸡产业首席专家尹兆正老师对无量山乌骨鸡原种保护、品种选育、养殖标准制定、生态庄园规划及地理标志产品申报等开展了技术指导和帮扶工作。尹兆正提出遵循"一品"(打造一个特色精品)、"二优"(发挥品种、生态两大优势)、"三合力"(聚集高校、地方政府、龙头企业)的发展思路,争取加快做大做强景东无量山乌骨鸡产业。

(3)食用菌产业:将生态保护与资源开发融为一体。针对景东野生菌资源无序利用、资源永续遇到挑战、人工栽培技术落后等状况,首席专家陈再鸣副教授及其团队多次实地调研,在充分论证的基础上,为景东食用菌产业发展设计出了新路径:将生态保护与资源开发融为一体。一是成立"浙江大学—景东野生菌资源保护实验室"和"浙江大学景东哀牢山自然保护区野生菌监测站",开展景东野生菌资源调查和保护利用。为了使实验室投入正常运作,陈再鸣老师挑选三位当地技术人员到浙江大学实验室开展为期两个月的培训学习,使他们较快掌握了野生菌调查、驯化和人工栽培的实验技能。目前,实验室已具备对野生菌根菌研究、标本鉴定、纯菌分离和扩繁等功能。二是建立名贵野生菌监测样地和野生菌—森林功能促进实验区。名贵野生菌与森林系统菌根共生,形成一种相互促进、密不可分的互利关系。为了探索野生菌资源保护和森林功能促进的生态利用新模式,改善名贵野生菌(如大红菌等)不合理采摘导致的森林系统功能退化状况,项目选定在景东县自然保护区哀牢山徐家坝地区建立野生菌—森林功能促进实验区,对多块不同规格的野生菌进行监测,收集、整理和掌握名贵野生菌相关基础监测数据。

野生菌资源调查和人工驯化研究取得一定成效。陈再鸣老师科研团队对景东特有珍稀野生"小香蕈"、珍稀野生灵芝"白肉灵芝"等五个野生菌资源进行标本采集、分离纯化,经过三年培养,成功获得它们的纯菌种。这是完全利用浙江大学技术在国内获得的首批野生纯菌种人工培养物。已将其扩繁成栽培菌种,在景东规模化栽培,经人工栽培的小香蕈、白肉灵芝等,其外形、风味与野生菇无异,成为景东野生药食菌资源开发利用和科技精准扶贫的新成果。

2.培养本土人才

通过师徒结对、接受技术人员进修、现场技术指导、举办专题讲座、开展专题培训等形式,加强对景东本土人才的培养,为当地产业发展提供保障。

(五)集成创新,整合资源聚合力

产业扶贫是一个系统工程,需要多种资源的集聚,只有将这些分散的资源有效整合,才能增强扶贫的合力,提升扶贫效果。浙江大学在定点扶贫中坚持集成创新,将校内要素进行有机整合,同时整合校友、校友企业,浙商、浙商企业等社会资源,动员更多校友和社会力量参与扶贫事业,形成帮扶合力。

校内要素包括经费安排、政策支持和学科融合。①经费安排:学校设立150万元扶贫专项经费,用于定点扶贫工作的组织与实施;每年安排40万元校长基金支持景东扶贫产业技术的开发与研究。②政策支持:将景东产业首席专家工作纳入考核业绩;每年设立20万元用于专项津贴。③学科融合:组建多学科科研团队,开展产业发展关键技术的研究。与此同时,集多学优势,成立浙江大学"减贫与发展研究中心",重点开展扶贫理念研究和实践探索。

创新探索产业扶贫与消费扶贫相结合路径。组织学校相关部门赴景东县调研走访农产品经营企业，建立农产品产销对接机制，将景东县农产品引入学校的食堂、超市，推动校内消费扶贫"全覆盖"。发动广大"泛浙大"力量，鼓励广大校友企业"以购代捐""以买代帮"参与消费扶贫，搭建"互联网＋"购销对接平台，先后推荐多家电商平台与景东县开展合作，依托互联网的驱动力打通消费扶贫"最后一公里"，促进贫困群众增收脱贫。助力景东县开展招商引资工作。发挥校友会和招商引资项目推介会等平台作用，宣传推介景东县历史文化、生态环境、光热水土和物种资源等优势，重点推介景东县特色产业发展、生态旅游和特色农产品开发等三大类16个发展潜力大的项目。邀请浙商、校友企业等考察团赴景东县调研考察，探索实施森林康养产业等特色项目，着力汇聚各类社会资源协同扶贫。学校累计投入和引进各类资金5000余万元，物资折款1150余万元。

四、科技和远方的新时代展望——定点帮扶启示

虽然2020年景东已经摘下了贫困的帽子，但浙江大学将继续坚持以习近平新时代中国特色社会主义思想为根本指导，认真贯彻落实中央决策部署，按照"四个不摘"要求，巩固脱贫攻坚成果，将脱贫攻坚与实施乡村振兴战略有机衔接起来，与景东县携手共同迈向更高质量、更加卓越、更受尊敬、更有梦想的新征程，与全国人民共同谱写新时代美好生活的新篇章，向世界展示中国减贫与发展的历史成就。

（一）因地制宜探索贫困山区造血式扶贫模式

践行"绿水青山就是金山银山"，继续深化产业帮扶。坚定绿色发展理念，探索生态文明建设新路子。一是深耕生态资源开发新兴业态。统筹抓好生态资源开发、产业链条延伸和新兴业态培育整合发展。二是继续实行产业首席专家制度，做好"十四五"生态绿色产品发展，完善顶层设计和具体部署，帮助提升高原特色农产品品牌和产业链延伸，做好"双碳"、碳汇相关研究和工作。三是借鉴浙江省发展之路，帮助景东创建省级科研转化产业平台，发展现代产业，促进两地相同山区县的交流互鉴，搭建合作共赢桥梁。

（二）充分高效发挥科技人才优势，重视景东可持续发展

坚持探索科技扶贫新路子，继续深化人才帮扶。科技同经济、社会、文化、生态深入协同发展，是推动可持续发展的必由之路。县域绿色发展要加快生态绿色科技研发和成果转化。一是紧跟第四次工业革命发展趋势。充分结合当地的资源优势、生态优势、产业优势，运用跨界和平台理念，构建市场导向的绿色技术创新体系。二是共建共享绿色科技平台。在原有的单一野生菌监测、研发中心的基础上，共建绿色资源与科技数据库，开展科技研发和成果储备。对接国内外成熟的科技平台、技术转移中心等，共享绿色技术创新和产业革新。三是开展多方协作、多元化合作，建设科技创新中心。加强企业与国内外科研机构、高等院校在科技攻关、成果转化方面的协同合作。四是继续深化人才培训培养，加大网络培训力度，加强对基层干部和各类专业技术人员的培训。五是继续做好研究生支教和大学生社会实践活动，从基础教育做起，为景东可持续发展储备大量人才。

（三）整合优化各类资源要素，协同创新形成更大合力

要强化以企业为主体的资源配置市场化的决定性作用，构建景东的生态经济发展体系。一是坚持发挥生态优势、坚定绿色发展之路。严格管制各类开发活动，减少对自然生态系统的干扰，维护生态系统的稳定性和完整性，积极探索生态产业化的路径和方法，引导生态产业健康有序发展。保障相关支持政策始终能聚焦到对绿色发展有重大意义的产业。制定完善县域绿色产业指导目录，制订生态产业准入负面清单。二是继续深化消费帮扶，协同创新形成更大合力。积极鼓励校工会、后勤集团等单位继续采购景东农产品。积极拓展销售渠道，创新销售模式，联合社会力量，共同帮助销售景东农产品。积极拓展第三方合作，构建与国内国外校友、国际组织、企业、政府、研究机构、基金、智库等合作共赢机制和办法。

（四）加强总结宣传和智库建设，讲好中国减贫发展国际故事

要注重扶贫经验和模式总结，充分发挥智库学者和专家教授特长，撰写扶贫理论文章和研究报告，开展国际扶贫学术交流，为其他发展中国家减贫工作提供借鉴和启示。要讲好扶贫国际故事，宣传中国减贫成就，树立国家良好形象，服务国家战略大局。一是推动设立"绿水青山就是金山银山"实

践转化与发展研究中心,探索生态产品价值实现路径和机制,开展乡村振兴理论研究和实践探索,为乡村振兴提供更多理论和现实指导。二是助推景东申报"哀牢山—无量山国家公园",通过打造国家公园,推动景东生态文明建设,促进生态富民,创建生态共富新模式,争取讲好扶贫国际故事。

参考文献

[1]"90后"第一书记为村民打工牵线——千株古树茶 卖上好价钱[N].人民日报,2020-04-02.

[2]把一朵蘑菇发展成大产业[N].中国青年报,2019-11-24.

[3]卢东,徐升阳.景东500多万元消费帮扶产品发车驶往浙大[EB/OL].(2022-01-04). https://www.163.com/dy/article/GST92H4J0514ATKB.html.

[4]派来"鸡司令"乌鸡变金鸡[N].中国教育报,2018-11-21.

[5]浙江大学.党委书记邹晓东赴景东推进定点帮扶工作,那些浙大与景东的故事,是2630公里因爱相连[EB/OL].(2018-08-31). https://www.sohu.com/a/251220834_329003.

[6]浙江大学.稳扎稳打 注重实效 着力推进定点扶贫工作——浙江大学定点扶贫景东工作纪实[EB/OL].(2015-10-16). http://www.moe.gov.cn/jyb_xwfb/xw_zt/moe_357/jyzt_2015nztzl/2015_zt12/15zt12_zsgx/201510/t20151016_213702.html.

[7]浙江大学.浙江大学:科技引领 助推产业扶贫[EB/OL].(2016-10-13). http://www.moe.gov.cn/jyb_xwfb/xw_zt/moe_357/jyzt_2016nztzl/2016_zt19/16zt19_zsgxxm/16zt19_zsgxxm_sddxxm/201610/t20161013_284652.html.

[8]浙江大学地方合作处.浙江大学2020年定点扶贫工作自评报告[R].2020-11-28.

执笔人:孟东军、陈奕洁、林菀,浙江大学中国西部发展研究院

第二篇　近邻合作篇

第七章　新安江模式——省际生态合作与补偿创新探索

一、新安江与千岛湖流域的基本情况

新安江,古称渐江、浙江,又称徽港,是钱塘江水系干流上游段,源发安徽黄山市休宁县境内,东入浙江省西部,经杭州淳安千岛湖至建德与兰江汇合后为钱塘江干流桐江段、富春江段,东北流入钱塘江,是钱塘江正源。干流长373公里,流域面积1.1万多平方公里。

新安江发源于安徽省休宁县与江西省交界处的五股尖山,其干流经休宁县、歙县,至街口入杭州淳安千岛湖。在安徽省境内的新安江干流长242.3公里,面积6500平方公里。新安江正常年份每年入下游千岛湖径流量为72.3亿立方米,占入库水量的68%以上,占钱塘江流域总水量的15.4%,居钱塘江流域之首位。千岛湖总体水质为优,水质综合营养状态指数在全国重要水库中位居前列,连续多年是全国水质最好的河流之一,呈现总体向好和逐步稳定的趋势。千岛作为长三角最大的人工淡水湖,是世界上岛屿最多的人工湖泊,为国家5A级旅游景区,在水资源安全保障、优质生态产品供给、防洪减灾等方面发挥着重要作用,与加拿大渥太华金斯顿千岛湖、湖北黄石阳新仙岛湖并称为"世界三大千岛湖",千岛湖水为国家一级水体,在中国大江大湖中位居优质水之首,被誉为"天下第一秀水"。

二、从"新安江试点"到"新安江模式"

新安江水质优劣很大程度决定了千岛湖的水质好坏,关乎长三角生态安全。一江新安水,情系浙皖两省。然而,长期以来,在流域水环境保护与管理上流域的整体性与管辖权分割的矛盾一直存在。条块分割致使上游新安江与下游千岛湖水质保护长期单打独斗、各自为政,缺乏合作共治的机制和平台,实现跨省生态保护补偿更是难度倍增。新安江上下游经济社会发展水平存在一定差距,造成上下游理念不同、诉求不一。上游安徽黄山区域内渴望发展经济、改善百姓收入,希望下游对其流域环境治理、社会发展机会成本均给予经济补偿;下游浙江杭州更加关注生态环境安全,根据相关法律,上游地区本来就有责任和义务将新安江水质保护好,确保入浙江境内的水质良好。如何统筹兼顾上下游的利益,破解经济发展与环境保护之间的矛盾,确保流域生态安全,成为摆在上下游面前的一道难题。

2007 年,财政部、环境保护部就开始持续关注新安江流域问题。为破解流域保护的整体性与管辖权分割的矛盾,必须进行流域整体、系统保护和治理,建立机制统筹协调。2011 年 2 月,习近平同志在全国政协《关于千岛湖水资源保护情况的调研报告》上作出重要批示:"千岛湖是我国极为难得的优质水资源,加强千岛湖水资源保护意义重大,在这个问题上要避免重蹈先污染后治理的覆辙。浙江、安徽两省要着眼大局,从源头控制污染,走互利共赢之路。"[①]

为贯彻落实习近平同志重要指示精神和党中央、国务院工作部署,探索适合我国国情的生态补偿机制。2012 年,财政部会同原环境保护部支持浙江、安徽两省开展新安江生态补偿机制试点,这成为全国首个跨省流域生态补偿机制试点。探索建立"成本共担、效益共享、联防联治"的流域上下游横向生态补偿机制,并出台专门的奖补政策。为确保试点工作顺利开展,财政部、原环境保护部统筹协调,制定并出台了《新安江流域水环境补偿试点实施方案》《关于加快建立流域上下游横向生态保护补偿机制的指导意见》等政策文件,为试点的高效实施和整体推进提供了政策保障。《新安江流域水环境补偿试点实施方案》,明确了试点工作目标、任务、保障措施等。

在财政部与原环境保护部推动下,浙皖两省分别于 2012 年 9 月、2016年 12 月签订生态保护补偿协议,先后启动两轮共六年试点工作,建立起跨省流域横向生态保护补偿机制。考虑到横向生态补偿以地方为主,中央财政安排的奖励政策采取退坡的方式,从 2018 年起不再安排专门奖励政策,对新安江流域横向生态保护补偿机制的支持,纳入中央财政切块下达的水

---

① 吴炯. 九载春秋同坚守 一江清水出新安[EB/OL]. (2021-01-14). http://www.rmlt.com.cn/2021/0114/605191.shtml.

污染防治资金中统筹考虑。2018年浙皖两省第三次签订补偿协议,在前期良好合作的基础上,结合流域保护治理现状和水质改善任务目标,积极沟通协商,合理确定补偿标准,优化补偿资金分配方式,探索建立长效机制,逐步建立常态化补偿机制。

2017年底,两轮试点结束。评估显示,2012—2017年,新安江上游流域水质总体为优,保持为Ⅱ类或Ⅲ类,千岛湖水质总体稳定保持为Ⅱ类,营养指数由中营养转变为贫营养,水质变差的趋势得到扭转。2018—2020年,第三轮试点与前两轮相比,水质考核标准更加严格,补偿资金使用范围有所拓展,明确提出了深化补偿机制的任务要求,在健全生态保护补偿制度上进一步实现创新和突破。生态效益方面,流域水质稳定向好,补偿系数(P值)总体下降,出境断面水质稳定达到河流地表水Ⅱ类标准,第三轮试点年均P值较第一轮下降11.4%。经济效益方面,流域绿色经济发展态势良好,地区生产总值保持快速增长;人民生活水平稳步提高,城乡常住居民可支配收入差距有所缩小;恩格尔系数逐年下降。社会效益方面,政府执政理念和资金投入方向逐步转变,实施重点由末端治理向源头防控转变,由水污染治理向水生态修复转变,从精准发力补短板向全面提升增实效转变。企业环境行为不断规范,清洁生产水平明显提高,公众满意度不断提高。

习近平总书记始终关心着新安江流域水环境补偿试点,2019年在《求是》发表《推动形成优势互补高质量发展的区域经济布局》重要文章,专门强调要"全面建立生态补偿制度""推广新安江水环境补偿试点经验"。作为全国首个跨省流域生态补偿机制试点,2015年新安江生态补偿试点入选"中国改革十大案例";2019年"新安江模式"被列入"贯彻落实习近平新时代中国特色社会主义思想、在改革发展稳定中攻坚克难案例·生态文明建设",发挥了较好的示范作用。目前,"新安江模式"在全国10个流域15个省份推开。如正在推进建立的东江、汀江、九洲江、潮白河以及长江等跨省流域横向生态保护补偿机制,总体上都沿用了新安江模式,证明了这项机制推动流域上下游协调发展、促进保护治理的有效性。新安江流域是浙皖两省的重要生态屏障,是长三角重要的战略水源地和绿色生态屏障,是我国生态补偿机制建设的先行探索地,"新安江模式"已成为习近平生态文明思想的重要实践和理论突破。

三、"新安江模式"的主要做法和工作成效

在新安江流域生态保护补偿机制酝酿并实施的过程中，浙皖两省不断统一思想、深化认识，以生态保护补偿机制为核心，把保护流域生态环境作为首要任务，以绿色发展为路径，以互利共赢为目标，以体制机制建设为保障，坚定不移走生态优先、绿色发展的路子。2019年，中组部汇编的《贯彻落实习近平新时代中国特色社会主义思想、在改革发展稳定中攻坚克难案例·生态文明建设》专门介绍了"新安江模式"的主要做法和工作成效。

（一）"新安江模式"的主要做法

1. 建立权责清晰的流域横向补偿机制框架

为确保试点顺利开展，财政部、原环境保护部统筹协调，制定并出台了《新安江流域水环境补偿试点实施方案》《关于加快建立流域上下游横向生态保护补偿机制的指导意见》等政策文件，有效解决两省存在的意见分歧，推动皖浙两省统一思想理念及时签订补偿协议，明确细化责任，为试点的高效实施和整体推进提供了政策保障。试点实施方案突出新安江水质改善结果导向，基于"成本共担、利益共享"的共识，坚持"保护优先，合理补偿；保持水质，力争改善；地方为主，中央监管；监测为据，以补促治"四项原则，以原环境保护部公布的省界断面监测水质为依据，通过协议方式明确流域上下游省份各自职责和义务，积极推动流域上下游省份搭建流域合作共治的平台，实施水环境补偿，促进流域水质改善。

根据实施方案精神，浙皖两省建立联席会议制度，加强合作，协力治污，共同维护新安江流域生态环境安全。在中央相关部门的组织协调下，上下游联合开展水质监测，每年由原环境保护部发布上年水质考核权威结果。以高锰酸盐指数、氨氮、总磷和总氮四项水质指标在2008—2010年三年平均浓度值为基准，每年与之对比测算补偿指数，妥善解决了两省初期磋商时到底是以湖泊还是以河流水质为标准的分歧。补偿措施主要体现对上游流域保护治理的成本进行补偿，同时完善市场化补偿措施，第一轮试点中央财政每年拿出3亿元，均拨付给安徽，用于新安江治理。每年新安江跨界断面

水质达到目标,浙江划拨安徽 1 亿元,否则安徽划拨浙江 1 亿元;第二轮试点中央财政三年分别安排 4 亿元、3 亿元、2 亿元,继续拨付给安徽省,逐步退坡,两省的补偿力度则增加至每年 2 亿元。

2. 加强流域上下游共建共享,打造合作共治平台

第一,共编规划,强化精准保护。按照"保护优先、河湖统筹、互利共赢"的原则,浙皖两省积极沟通协商,联合编制了《千岛湖及新安江上游流域水资源与生态环境保护综合规划》,并经国家批准,进一步强化流域的共保共享。浙皖两省政府作为该规划实施的责任主体,分别制定并实施流域水资源与生态环境保护方案,共同承担规划目标和重点任务的落实。

第二,共设点位,强化信息共享。为实现交界断面水质监测的长期性和科学性,经浙皖两省及相关县市共同商定,以浙江淳安县环境保护监测站和安徽黄山市环境监测中心站为主体,在浙皖交界口断面共同布设了九个环境监测点位。采用统一的监测方法、统一的监测标准和统一的质控要求,获取上下游双方都认可的跨界断面水质监测数据,并每半年对双方上报国家的数据进行交换,真正做到监测数据互惠共享。

第三,共建平台,强化保护合作。浙皖两省分别建立多个层级联席交流会议制度,部门之间定期或不定期地举行交流活动,建立起相互信任、合作共赢的良好局面。杭州市与黄山市共同制定《关于新安江流域沿线企业环境联合执法工作的实施意见》等政策文件,建立双方共同认可的环境执法框架、执法范围、执法形式和执法程序,制定完善边界突发环境污染事件防控实施方案,构建起防范有力、指挥有序、快速高效和统一协调的应急处置体系。淳安县与歙县共同制定印发了《关于千岛湖与安徽上游联合打捞湖面垃圾的实施意见》,并建立每半年一次的交流制度,通报情况,完善垃圾打捞方案。

第四,共谋合作,强化区域协同发展。新安江上下游持续深化合作共识,杭州与黄山多层面互动,两市围绕双方签署的多项合作协议,在生态环境共治、交通互联互通、旅游资源合作、产业联动协作、公共服务共享等领域不断深化区域协同发展,形成共建大通道、共兴大产业、共促大民生、共抓大保护的局面,在设施全网络、产业全链条、民生全卡通、环保全流域等方面取

得新突破。

3.实施新安江流域山水林田湖草系统保护治理

第一,强化水源涵养和生态建设。黄山市深入实施千万亩森林增长工程和林业增绿增效行动,累计建成生态公益林535万亩,退耕还林107万亩,森林覆盖率达82.9%,被授予"国家森林城市"称号。下游淳安县严格源头生态保护,开展封山育林,加大植树造林力度,森林覆盖率达到87.3%,名列浙江省第一。

第二,强化农业面源污染防治。在种植业污染防治上,黄山市大力推广生物农药和低毒、低残留农药,在安徽省率先建成农药集中配送体系,建成455个农药配送网点,建立有机肥替代化肥减量示范区67个。在网箱养殖污染治理上,黄山市在新安江干流及水质敏感区域拆除网箱6300多只,并建立渔民直补、转产扶持、就业培训等退养后续扶持机制,一批批渔民"洗脚上岸",做到"退得下、稳得住";下游淳安县投入近6亿元,除保留300亩老口鱼种和200亩科研渔业网箱外,全县1053户2728.42亩网箱全部退出上岸。

第三,强化工业点源污染治理。根据流域水质目标和主体功能区规划要求,黄山市建立水资源、水环境承载能力监测评价体系,累计关停淘汰污染企业220多家,整体搬迁工业企业90多家,拒绝污染项目192个,优化升级项目510多个;下游淳安县制定了严于国家环境质量标准的千岛湖标准,10年来否决了投资近300亿元的项目,同时推动原有产业转型升级。

第四,强化城乡垃圾污水治理。黄山市结合美丽乡村建设和农村"三大革命"项目,大力推进农村改水改厕工作,中心村平均改厕率在80%以上,农村卫生厕所普及率在90%以上。以农村垃圾、污水PPP项目为抓手,因地制宜、分类推进农村环境综合整治,同时配套的资源循环利用基地已完成前期工作,投资4亿多元的垃圾焚烧发电项目已投入运行。下游淳安县投入资金11.4亿元,户均投资1万元,实施19个集镇423个村的农村治污工程,建成污水管网2991公里,污水处理终端1863套,农户纳管率由2013年的30.9%提高到目前的85%。

4.创新流域保护治理体制机制

第一，转变发展理念。安徽省把新安江综合治理作为生态强省建设的"一号工程"，建立了由省委、省政府领导主抓、各有关部门参与的工作机制，加强同浙江省的会商对接，统筹协调和推进试点工作。对黄山的考核指标调整为侧重于生态保护，引导地方党委政府树立科学发展观。浙江淳安县在对乡镇部门业绩考核体系中，建立了以千岛湖生态保护为核心的考核导向机制，突出生态保护、生态经济指标设置，其中两项生态指标比重约占总分的 70%。

第二，加强组织领导。安徽省成立了省新安江流域生态保护补偿机制领导小组，黄山市成立了由市委书记和市长担任组长的新安江流域综合治理领导组和生态保护补偿机制试点工作领导小组，专门在市、县两级财政设立新安江流域生态建设保护局，负责新安江流域水环境保护的日常工作，建立并完善与环保、水利、农业等部门相互协调的运行机制，累计出台《关于加快新安江流域综合治理的决定》等 70 多项政策文件。

第三，强化区域联动。上下游通过建立跨省污染防治区域联动机制，统筹推进全流域联防联控，水环境保护合力逐渐形成。浙皖两省通过补偿协议进一步明确了各自的责任和义务，建立了"环境责任协议制度"，坚持上下游定期协商，完善联合监测、汛期联合打捞、联合执法、应急联动等横向联动工作机制，共同治理跨界水环境污染，预防与处置跨界污染纠纷。

第四，完善管理制度。黄山市以生态保护补偿为契机，加快健全流域生态文明建设法规体系，制定出台了《黄山市促进美丽乡村建设办法》《新安江流域全面推广生态美超市》等文件，加大督导实施力度，进一步健全流域管理体系。淳安县委、县政府专门出台推进千岛湖综合保护工程、千岛湖水环境管理办法等 200 余项政策规定。

第五，推进全民参与。黄山市把新安江生态建设与民生工程有机结合，推行村级保洁和河面打捞社会化管理，优先聘请贫困和困难户作为保洁员。健全市、县、乡三级志愿保护机制，组织党员干部、工青妇、民兵预备役和广大市民成立 76 支专门志愿者队伍，围绕政策宣讲、清理河道垃圾、送生态保护文艺下乡、环保教育、生态科普等志愿服务活动，影响、带动全体市民融入生态文明建设。

5.深入推动新安江流域绿色发展

第一,绿色规划引领。黄山市坚持把科学规划作为高水平推进治理的重要支撑,上游地区深入贯彻落实《安徽省新安江流域水资源与生态环境保护综合实施方案》,编制《黄山市新安江生态经济示范区规划》,支撑省级层面的《安徽省新安江生态经济示范区规划》;黄山市还积极对接杭州都市圈,进一步形成优势互补、互利共赢格局,推进流域上下游的一体化保护和发展。

第二,优化产业结构。黄山市为发挥试点资金的放大效益,与社会资本共同设立新安江绿色发展基金,并争取1亿美元亚行贷款项目支持,努力把生态、资源优势转化为经济、产业优势。着力做好"茶"文章,推进茶叶种植生态化、加工清洁化改造,茶叶产值34.28亿元;与此同时,黄山市着力做活"水"文章,山泉流水养鱼产业综合产值达4亿元,市场价格比普通鱼平均高出三倍,实现了"草鱼变金鱼",探索出了山区精准脱贫的新路子,同时培育了六股尖山泉水等一批项目。

第三,转变生活方式。黄山市大力倡导节约适度、绿色低碳、文明健康的生活方式和消费模式,推动形成全社会共同参与的良好风尚。新安江流域全面推广"生态美超市",打造"垃圾兑换超市"升级版和拓展版,设立了142家"垃圾兑换超市",村民带着20个塑料瓶可以兑换一包盐,一纸杯烟蒂可兑换一瓶酱油,村民不再乱扔垃圾,环境变得更加清洁。

(二)"新安江模式"的工作成效

新安江流域生态补偿试点持续不断、压茬推进、久久为功,生态、经济、社会效益日益显现。

第一,保育了新安江流域的绿水青山。新安江流域总体水质为优并稳定向好,跨省界断面水质连年达到考核要求,保持地表水二类标准,每年向千岛湖输送70多亿立方米洁净水,千岛湖水质同步改善,下游千岛湖富营养化趋势得到扭转。林地、草地等生态系统面积逐年增加,生态系统构成比例更加合理,自然生态景观在流域占比在85%以上。淳安县被列为"首批国家级生态保护与建设示范区",被命名为"国家级生态县",荣膺"全球绿色城市"称号,千岛湖列为首批五个"中国好水"水源地之一。

第二,推动了新安江绿水青山向金山银山转化进程。生态环境好了,产业兴起来了,有机茶、泉水鱼、乡村生态旅游,一大批全国叫得响的绿色品牌在黄山诞生,好山好水成为老百姓的"摇钱树""聚宝盆",生态优势变成经济优势。生态保护补偿试点不仅推动了全流域生态文明建设,而且探索出了绿水青山向金山银山转化的有效路径,实现了生态效益和经济效益同步提升。

第三,提供了上下游互利共赢的"新安江模式"。跨省流域生态保护补偿机制为促进流域上下游经济社会协调发展开拓了全新路径,在新安江流域生态保护补偿的试点基础上,桂粤九洲江、闽粤汀江—韩江、冀津引滦入津、赣粤东江、冀京潮白河以及省份众多、利益关系复杂的长江流域等横向生态保护补偿机制纷纷建立起来,为全国横向生态保护补偿实践提供了良好的示范和经验。

四、"新安江模式"的经验启示与实践推广案例

(一)"新安江模式"的经验启示

1. 正确的思想理念是试点成功的先决条件

新安江流域生态补偿试点工作开始时,因为上下游观念理念上分歧较大难以推进,习近平同志关于千岛湖的重要批示精神为试点工作指明了方向。上下游相关部门坚决贯彻党中央、国务院部署要求,进一步加大工作协调力度,推动上下游地区不断统一思想认识,促进发展理念转变,皖浙两省深刻认识到生态优先的重要性,必须采取行动加快扭转水质恶化的趋势,并就补偿机制的重要内容达成共识。从新安江试点过程看,正是由于上下游地区观念理念彻底转变,用正确的观念理念指导生态补偿机制建设,扎扎实实开展保护治理工作,试点工作才不断取得成效,充分体现了正确观念在指导实际行动中的根本性作用。

2. 完善的生态保护补偿机制是实现绿水青山就是金山银山的有效途径

新安江补偿试点实现了流域上下游发展与保护的协调,充分表明保护生态环境就是保护生产力,改善生态环境就是发展生产力。在流域水环境

质量保持为优并持续向好的同时,黄山市经济社会也得到了长足的发展,生态产业化、产业生态化特征日益明显,以生态旅游业为主导,以战略性新兴产业和现代服务业为支撑,以精致农业为基础的绿色产业体系基本形成,服务业增加值占比居安徽省首位,绿色食品、汽车电子、绿色软包装、新材料等产业加快发展,使绿水青山的自然财富、生态财富变成社会财富、经济财富,更好地造福人民群众。2018年浙皖两省新签署的补偿协议提出,要推进杭州市与黄山市在园区、产业、人才、文化、旅游、论坛等方面加强多元合作,推动全流域一体化发展和保护,黄山市将全面融入杭州都市圈,"绿水青山"与"金山银山"将在更高的水平上实现有机统一。

3.科学的中央与地方财政事权和支出责任划分是流域保护治理的有力保障

党的十八届三中全会明确提出建立事权和支出责任相适应的制度,适度加强中央事权和支出责任的要求,财政部会同有关部门积极推进生态环境领域中央与地方财政事权和支出责任划分改革方案。《中华人民共和国水污染防治法》规定:"地方各级人民政府对本行政区域的水环境质量负责。"对于生态效益外溢性强、维系区域生态环境安全具有重要意义的跨省界水体,将其保护治理作为中央和地方政府的共同事权较为适宜。千岛湖及上游新安江流域事关整个长三角地区的生态安全,战略地位举足轻重,一方面,地方政府对辖区内的水环境质量负责;另一方面,中央从国家层面予以指导和支持,尤其是两部门牵头协调,开展顶层设计,统筹构建流域生态保护补偿政策框架,为流域保护治理提供了强有力的政策保障。试点表明,按照"新安江模式",有利于提高流域保护治理效率,试点为生态环境领域的财政事权划分改革提供了生动案例、可靠借鉴。

4.有效的社会监督是试点顺利实施的重要手段

新安江生态保护补偿试点坚持增进生态环境质量改善这个最普惠的民生福祉,充分彰显习近平生态文明思想的基本民生观。以提供优良生态环境、促进群众增收致富为出发点,黄山市通过政府门户网站信息平台、微信公众平台等方式,实施补偿试点信息公开,及时公布试点工作动态;通过开展新安江流域生态保护征求意见活动,请社会各界积极建言献策,参与到环境保护的决策中来;通过各种宣传活动,开展公众教育,以村规民约等形式引导公众转变生产、生活方式,进一步提高公众环保意识,切实减少农业农村面源污染。新安江生态保护补偿试点的成功,充分证明了执行党的群众路线、构建社会监督的重要性。

(二)"新安江模式"的实践推广案例

1."新安江模式"为美丽长三角增光添彩

新安江流域生态保护补偿试点创造性地解决了跨省水体保护的权责分配难题。随着黄山加入杭州都市圈,两地生态保护合作更趋紧密。新安江实践带来的跨区域生态环境协同治理经验已被广泛应用于杭州和杭州都市圈各大水系的保护工作中。在杭州市推进长三角一体化发展工作任务清单中,共同推进苕溪流域、浙北平原水网湿地、京杭大运河等跨界河湖生态联合治理等内容均被列入。京杭大运河和东苕溪横穿德清、余杭两城,连通了两地发展的脉搏,2020年10月,余杭区与德清县签订杭湖(京杭运河·苕溪)流域共治框架协议,实践共建、共治、共管、共享"一湾碧水"的治理与管护合作方案,共同保护水资源、防治水污染、改善水环境、修复水生态,把运河流域打造成共治共享框架下的幸福河湖。在杭州萧山区、绍兴诸暨市交界处的浦阳江,两地正积极探索建立浦阳江流域下上游左右岸流域共治工作机制,围绕堤岸管理、码头管理、渔业整治、河岸保洁、水质监测、联合执法等重点领域,持续探索流域共治长效模式,实现治水从"各自为政"到"合作共赢"的飞跃。

在都市圈以外,更大范围、更深层次的生态共保探索已将目光放在生态效益和经济效益的有机统一上。由南京、杭州、无锡、常州、镇江、湖州六市组成的宁杭生态经济带,是长三角地区的重要生态屏障,森林覆盖率高达37.6%,2020年GDP总量占长三角地区的24%。点绿成金,推进"生态经济化、经济生态化",正是宁杭生态经济带建设的题中义。2019年,六市共同签署《共建宁杭生态经济带行动倡议》,提出要努力打造具有全国重要影响力和示范性的绿色发展增长极。加快推进绿色发展新模式宁杭生态经济带建设,要坚持生态优先、绿色发展引领,依托长三角"绿边"的生态资源基础,发挥好南京、杭州两个核心城市的科技创新优势,整合沿线生态资源和创新资源,探索宁杭生态经济带高质量发展路径。

2. 淳安开展"两山银行"改革试点

2019 年 10 月,淳安县成功列入浙江省 11 家县级生态系统生产总值(GEP)核算试点,在完成 GEP 核算的基础上,创新探索开展"两山银行"改革试点。通过"两山银行"改革试点,淳安县把碎片化的生态资源进行规模化的收储、专业化的整合、市场化的运作,探索试点绿色金融产品创新和生态产品价值转化路径,加速实现生态资源向生态资产、生态资本转化,争取实现生态价值的可量化收益和综合化效益,从而加快打通绿水青山向金山银山转化的通道。

第一,构建专业运营平台。通过查清各类自然资源的类型、边界、面积、数量、质量等,明确所有权主体、划清所有权界线,由不动产登记机构实施登记,逐步汇总形成全县自然资源登记数据库。以县级生态资源资产经营管理平台公司为主,进行产权收储和资源提升、资源测量和动态管理、资源价值评估、资源项目增信、资源打包提升和市场交易、全过程风险控制。通过新建、整合、嫁接等手段,在乡镇、村集体成立县级生态资源资产经营管理平台公司的子公司、分平台,形成县域生态资产运营管理体系,构建生态资源的"调查—评估—管控—流转—储备—策划—提升—开发—监管"全过程工作机制。

第二,创新完善配套制度。建立以调节服务功能量(水源涵养和水土保持)核算结果为依据的总量控制制度,试行重点乡镇之间调节服务功能量交易,提升县域内相关政策之间、乡镇之间的协调性,集聚政策效应,促进绿色发展。强化农村承包地经营权发证,推进有序流转、规模化经营。建立农村集体经营性建设用地入市配套制度,推进集体建设用地使用权转让、出租、抵押交易。创新绿色消费、科技研发、生态农业等领域的绿色信贷绿色金融产品,鼓励开展绿色金融资产证券化。建立生态产品价值实现引导基金,探索定向扶持生态产品价值机制。建立企业和自然人的生态信用档案、正负面清单和信用评价机制,将生态信用与金融信贷、行政审批、医疗保险、社会救助等联动奖惩。

第三,开辟畅通转化通道。建设"千岛湖"区域性公用品牌体系,构建覆盖全类别、全产业链产品标准体系和管理标准体系。利用淳安空气清新、水源清洁、气候适宜的生态优势,培育招引环境适应性先进制造企业,推动工业精致发展。多渠道、多层次、多形式开展生态产品的推广与宣传,推动生态产品全面发展。

第四,健全提效支撑体系。基于周边高速公路、高铁线路与内部交通网络微循环,打造"快进慢游"的交通体系。建设涵盖生态产品产前产中产后各个环节的"千岛湖"生态大数据平台,提高生态产品生产管理决策水平,赋能生态产品,提高溢价。聚焦生态产品价值实现、前沿生态技术研究等方向,推进"两山"创新型复合人才培养。建立国际组织、科研机构落户的鼓励引导机制和产学研合作机制,引导知名创新企业设立研发机构,增强智力赋能。

淳安县"两山银行"改革试点,创新践行"绿水青山就是金山银山"理念,归纳出由生态资源到资产到资本的转换路径、由农民到企业股东的转变路径、由生态资源要素化到数字化再到市场化的转化路径。盘活"生态资本"变身为"富民资本",拓展了"绿水青山"向"金山银山"的转化通道,实现了社会效益、生态效益和经济效益多方共赢。

3. 千岛湖源头活水流进千家万户

新安江是杭州人的母亲河钱塘江的正源,它位于新安江流域的千岛湖,更关系着下游千万人口的饮水安全。长期以来,杭州城市供水主要取自钱塘江下游、东苕溪下游,为敞开式河道直接取水,水质保障程度不高。为了让杭城百姓喝上更优质的饮用水,为全面提升城市供水安全保障能力,2011年,杭州市委市政府决定启动千岛湖配供水工程前期研究工作,邀请10多家省内外权威专业机构和高校的专家学者,开展了长达三年深入调研和多达49项专题论证。在此基础上,千岛湖配供水工程于2014年12月正式启动项目建设。2021年12月底,千岛湖配水工程通过竣工验收,这标志着杭州城市供水格局从以钱塘江为主的单一水源供应点,转变为千岛湖、钱塘江等多水源供水网。千岛湖成为杭州城区和嘉兴人民的"大水缸",未来还有可能变成上海人民的饮用水水源地之一。

千岛湖配水工程西起淳安千岛湖,东至余杭闲林水库,途经淳安县、建德市、桐庐县、富阳区和余杭区，通过配水工程的全封闭输水隧洞，把千岛湖原水从淳安县金竹牌村输送至闲林水库后，再通过供水工程线路流入杭城千家万户，规划年配水量为9.78亿吨。

4. 全国首部"生态特区"保护法规实施

2022年1月1日，全国首部"生态特区"保护法规——《杭州市淳安特别生态功能区条例》开始实施。这是"淳安特别生态功能区"（2019年9月，经浙江省政府批复同意设立）设立以来首部"量身定制"的法规，也是全国首部"生态特区"保护法规，为杭州市高标准保护和高质量发展定下"规矩"。

《条例》分为总则、规划与管控、生态保护、绿色发展、民生保障、支持与监督和附则七章，共42条。明确了市县两级政府和相关部门的职责，并对生态功能区的规划与管控做了规定。对千岛湖生态修复、水土保持、资源保护、污染防治等方面构建生态环境指标体系提出明确要求，并结合千岛湖综合保护和临湖地带综合整治成果，对划定千岛湖保护范围和岸线保护范围做出规定。根据淳安特别生态功能区的资源禀赋、功能定位和发展目标，创新性地为淳安绿色发展提供指南，对绿色农业、生态工业、服务业（包含旅游业）、交通体系、产业引导等方面做出规定，着力构建低排放、高效益的绿色低碳产业体系，并支持淳安特别生态功能区探索拓展政府主导、企业和社会各界参与、市场化运作、可持续的生态产品价值实现路径。促进建立淳安特别生态功能区各级政府资金共同投入机制，以及生态奖补、强村富民、区域协作等机制，统筹千岛湖配水供水工程受益区设立飞地用于淳安经济社会发展。明确了千岛湖配水供水工程受益区水价应当优水优价，体现水源区水源涵养、水生态保护、水环境整治等投入，并鼓励依法开展多种形式的水权交易，更好促进水资源的节约、保护和优化配置。为了更好保障落实《条例》，杭州市级层面制订了五年行动方案，淳安县级层面制订了年度计划。

5. 黄河流域（豫鲁段）横向生态保护补偿协议

2021年4月，山东省和河南省签署《黄河流域（豫鲁段）横向生态保护补偿协议》，"对赌"1亿元，在黄河流域率先建立了省际横向生态补偿机制。意在用市场机制激发生态保护积极性，构建生态保护者和受益者之间的良性互动关系，调动双方协同治理与保护的积极性，促进生态受益地区与保护地区的利益共享。

根据《补偿协议》，在国家规定Ⅲ类水质标准基础上，河南省刘庄国控断面水质年均值每改善一个水质类别，山东省给予河南省6000万元补偿资金；每恶化一个水质类别，河南省给予山东省6000万元补偿资金，刘庄国控断面年度关键污染物（COD、氨氮、总磷）指数每同比下降1‰，山东省给予河南省100万元补偿；每同比上升1‰，河南省给予山东省100万元补偿，该项补偿最高限额4000万元。2021年，河南省刘庄国控断面年均水质为Ⅱ类，与上年度持平；但部分指标浓度同比略有反弹。根据测算，2021年山东省应补偿河南省5005万元。

这是"新安江模式"推广的又一鲜活生动案例。生态补偿的本意是补偿生态，只要认真"赌"，就没有输家，赢的就是环境生态。目前，山东省内沿黄的9市18县已实现县际流域纵横结合的流域生态补偿全覆盖。补偿资金将由省市两级每月各自核算跨市、跨县界断面补偿金额，每季度通报情况，每年4月底前完成上一年度资金清算，对不按照协议约定及时兑付补偿金的县（市、区），省市财政将通过体制结算予以清缴。而这些资金，也将用于流域环境综合治理、生态保护建设、生态补偿等方面。山东省生态环境厅也鼓励各市积极探索对口协作、产业转移、人才培训、共建园区等多样化补偿方式，持续深化和完善生态补偿机制，努力实现多方共赢。

五、创新凝练"新安江模式"科学内涵，完善提升生态文明理论样本的政策建议

新安江流域水环境补偿试点历经10年三轮试点，取得显著成效，新安江水质不断向好，发挥了较好的示范作用，初步形成了可复制、可推广、可持续的成功经验和做法。但是作为"新安江模式"概念提出要具备系统性，作为生态文明理论样本和实践模式更需要深刻凝练其科学内涵；全面升级为实践探索"新安江—千岛湖生态补偿试验区"建设，更需要进一步构建完善的系统的体系建设。"新安江模式"正在不断自我完善和自我革新，下面就"新安江模式"的科学体系建立提出几点建议。

（一）建立运转高效的组织和制度保障体系

新一轮的新安江流域生态补偿已全面升级为"新安江—千岛湖生态补偿试验区"建设,成为生态补偿机制国家平台和发展战略。因此,要巩固和革新前期成功经验模式,省市县要分别专门成立新安江—千岛湖流域生态补偿机制领导小组,主要领导担任双组长,领导小组办公室主任由主要副职担任,在政府办公厅专设处室,协调和指导相关部门从事具体工作。要构建起横向到边、纵向到底的工作网络,重塑源头保护"生态网格",形成全覆盖、全链条责任体系。把生态保护融入各层级组织考核,压实市县乡村四级保护机制,实施与保护地相邻地区的联盟创新项目,搭建上下游协作平台,推动流域互联互通,强化组织互融共建。建立上下游流域保护治理联席会议制度,完善联合监测、汛期联合打捞、联合执法、应急联动等工作机制。制定完善的生态保护领域的地方性法规,配套形成一系列规范性文件,完善责任清晰、奖罚并重、行之有效的制度体系。把组织和制度保障转化为生态环境建设的内生动力,实现生态文明建设从"常"治到"长"治,建立长效机制。

（二）建立较为系统的生态补偿标准和协商体系

科学构建流域生态补偿标准。根据新安江—千岛湖流域水文特征和水质国考要求,建立了由高锰酸盐、氨氮、总磷、总氮四项污染物指标和水质稳定系数、指标权重系数为主要内容的P值补偿标准体系。P值符合标准时,浙江对安徽进行补偿,反之安徽对浙江进行补偿。要结合不断变化的实际情况和国内外新的研究成果,完善和迭代流域生态补偿标准构建。

合理协商生态补偿分配方法。浙皖两省可在前期良好合作的基础上,加强国家有关部门业务指导协调,结合流域保护治理现状和水质改善任务目标,积极沟通协商,合理确定补偿标准,优化补偿资金分配方法。引进第三方评估和考核,对流域生态补偿分配方法进行动态调整。在现有资金渠道的基础上,开源节流、多方筹措,推动新安江—千岛湖流域生态保护补偿机制长效运行。

（三）建立到底到边的生态保护和环境治理体系

以流域生态保护和综合治理为手段,去提升流域系统治理能力和综合管理水平,从而实现蓝天常在、碧水长流、青山永驻。应坚持"绿水青山就是金山银山"的理念,统筹山水林田湖草沙系统治理,维护上游天然生态系统完整性,以实现减污降碳协同增效,推进"新安江—千岛湖生态补偿试验区"建设,谋划实施碳达峰碳中和先行试点示范。

坚持把生态保护修复摆在首要位置,推深做实河湖长制、林长制,突出抓好森林、河湖、湿地涵养。紧盯污染源头实施靶向治理,精准防治岸上、水上和产业三类污染源。坚决避免重蹈先污染后治理覆辙,下决心淘汰搬迁高污染、高能耗企业和项目,全面实施网箱退养和养殖场关闭禁养,完成入河排污口改造和支流整治,以动真碰硬的力度系统推进农村改水改厕,率先建成全域垃圾智能化收转运体系,以常态长效的机制创新农药集中配送和减肥降药,以真金白银的投入实施水质智慧化管理,推进植树造林和水源涵养。

(四)建立特色鲜明的生态经济体系

充分挖掘特色生态资源优势,努力拓宽生态产品价值实现途径和方式,积极探索生态产品价值转化机制,常态开展有关流域水排污权交易、碳排放权交易,不断提升自然资产背后的经济价值。建立健全 GEP 核算体系,探索自然资源有偿使用制度,实施一系列重大生态项目,推动生态产业化、产业生态化,坚定走出生态优先、绿色发展的新路径。建立以旅游业为主导、以战略性新兴产业为支撑、以精致农业为基础的生态经济体系。

以生态产业协作为核心,持续加强与所在或临近都市圈合作,加速构建高层级自然生态和文化旅游廊道,推进现代绿色产业园、百里大画廊等重点项目,以及与相邻区域之间的联盟花园建设,通过加快与所在都市圈内或临近都市圈的高铁等重大交通工程建设,重塑时空距离、连接最美风景,进一步形成生态共保、产业共兴、交通共建的格局。以区域协调发展为契机,推动单一生态补偿向区域合作发展转变,吸引越来越多的人流、物流、信息流、资金流汇聚。

(五)建立多维立体的绿色金融体系

打造流域生态补偿绿色金融服务体系。国家有关部委要不断完善转移支付办法,加大转移支付力度,支持"新安江—千岛湖生态补偿试验区"建设,推广其经验做法和实践成果。鼓励、支持银行等金融机构按商业化、市场化原则对生态环保项目积极给予信贷支持。浙皖两省可以生态补偿为支点,设立流域生态补偿绿色发展基金,拓展资金来源,整合投入资金,拓宽补偿资金使用范围,有力地支撑了地方生态环境保护和治理,促进生态经济发展。未来可以着力推动绿色资产证券化,打通绿色信贷和绿色交易的绿色市场渠道。推动绿色 PE 和 VR 发展,利用技术降低绿色产品成本。运用金融科技可以有效提高绿色识别能力,降低绿色认证成本、绿色中小企业和绿色消费的融资成本等,推进绿色金融创新发展。

(六)建立全民参与和交流互鉴的生态合作体系

动员更广泛的组织和个人参与流域生态保护和环境治理。政府、企业、社会团体和个人等共保生态、共护环境、共建家园、共享红利是生态保护,尤其是实现生态保护补偿制度的根本动力。应持续弘扬勤俭节约和绿色风尚,倡导绿色生活和生态消费,不断提升全民保护生态环境的积极性主动性。

加强与各国政府、国际组织、智库、高校和企业等广泛国际生态合作,积极对接流域治理和生态补偿、生物多样性保护、应对气候变化、"双碳"目标实现等国际议程,相互借鉴吸纳,开展流域生态文明建设理论创新与实践总结研究,共同推进流域生态补偿、生态保护、生态经济发展的理论研究和实践探索,提升"新安江—千岛湖生态补偿试验区"国际化建设水平,提升中国参与全球流域生态治理体系和能力。

参考文献

[1]安徽日报.全国首个试点 10 岁了! 如今新安江是啥模样?[EB/OL].
   (2021-11-06). https://m. thepaper. cn/baijiahao_15266414.
[2]杭州日报."新安江模式"享誉全国 杭州为"美丽长三角"增光添彩.
   (2021-11-18). https://baijiahao. baidu. com/s? id=17167601098976892
   51&wfr=spider&for=pc.
[3]黄山日报.新安江生态补偿机制入选"改革开放 40 年地方改革创新 40

案例"[EB/OL].(2018-12-28).https://www.sohu.com/a/285106123
_100249626.

[4]凌云,孙勇.改革是一项系统性工作——论生态补偿试点新安江模式
[J].改革内参,2021(46):35-36.

[5]凌云.黄山市委书记:五个维度解读"新安江模式"的创意创新[EB/OL].
(2021-11-04).https://baijiahao.baidu.com/s? id=17155109317865333
06&wfr=spider&for=pc.

[6]齐鲁晚报.赢的是生态! 黄河"对赌"近一年,鲁豫双赢! [EB/OL].
(2022-02-10).https://baijiahao.baidu.com/s? id=172432940323983
5457&wfr=spider&for=pc.

[7]推动流域上下游统筹保护和协同发展——全国首个跨省流域生态保护
补偿机制的"新安江模式"[EB/OL].(2019-07-19).https://www.
12371.cn/2019/07/19/ARTI1563503783601349.shtml.

[8]吴炯.九载春秋同坚守　一江清水出新安[EB/OL].(2021-01-14).
http://www.rmlt.com.cn/2021/0114/605191.shtml.

[9]张强.中国首个跨省流域生态补偿机制试点的前世今生[EB/OL].
(2019-02-17).https://baijiahao.baidu.com/s? id=16256924055336975
71&wfr=spider&for=pc.

[10]中国蓝 TV.千岛湖配水工程今天正式通水　源头活水流进杭城百姓家
[EB/OL].(2019-09-29).https://tv.cztv.com/vplay/715339.html.

执笔人:孟东军、马伟红、范可、章潇,浙江大学中国西部发展研究院

第八章 四省通衢——浙皖闽赣四省边际
文化旅游合作廊道建设

一、基本情况

浙皖闽赣四省,19个城市123个县,山水相依、地缘相近、人脉相亲,生态环境优良、旅游资源丰富、文化底蕴深厚,是我国生态保护与建设、旅游经济发展条件最优越的区域之一。近年来,浙皖闽赣坚持生态引领,协同推进,四省边际旅游协作取得了积极成效,正发展成为区域旅游合作的重要高地。

(一)合作拉开序幕——浙皖闽赣边际旅游合作圈[①]

2003年在四省边际,以浙江衢州为中心,已形成了一个连接江西上饶、鹰潭,福建武夷山,安徽黄山四省五市区域旅游的"三小时快速交通圈"。为更好地开发四省边际旅游资源,200多位来自浙江、江西、安徽、福建以及江苏、上海的旅游业界人士齐聚衢州,共谋浙赣闽皖区域旅游大合作。本着资源共享、利益互赢的共同目标,四省五市将通力打造华东地区长三角旅游经济合作圈外的第二个旅游经济合作圈,即浙赣闽皖边际旅游合作圈。

此次合作力求打通浙西旅游战略通道,实现"浙江旅游西进,赣闽皖旅游东移"的无障碍区域旅游。经过磋商,四省五市达成共识:各种给予政策扶持,按照交通走向优化组合各自最有影响力的旅游景点,通过资源互补达到市场共享。同时,推出了以自然生态民俗文化为主题的浙赣闽皖四省边际风情生态旅游线路。与会期间四省五市的旅游局联合签署了《浙赣闽皖旅游区域合作宣言》,建立了浙赣闽皖旅游区域合作联席会议制度,并召开了浙赣闽皖区合作第一次联席会议,会上讨论通过了《浙赣闽皖旅游区域合作联席会议制度实施办法》。

---

① 浙赣闽皖四省首次签署旅游区域合作宣言[EB/OL].(2003-10-24). http://news. sohu. com/30/80/news214788030. shtml.

（二）合作探索阶段——浙皖闽赣九市区域旅游合作①

2010年9月，浙皖闽赣四省九市旅游区域合作推介会暨签约仪式在浙江江山市举行，华东六省一市旅游协会领导，四省九市旅游局（委）领导，旅行社、客商代表和部分新闻媒体记者等参加会议。四省九市区域旅游合作自2003年启动以来，合作范围不断扩大，取得了明显的成绩。黄山市、上饶市、抚州市、景德镇市、鹰潭市、南平市、丽水市、金华市、衢州市的旅游局代表签署了《浙闽赣皖九市区域旅游合作（衢州）宣言》（以下简称《宣言》）。《宣言》在区域旅游产品规划衔接、联合开拓市场、打造无障碍旅游区、共建旅游应急处理机制等方面达成共识。

会后，四省九市政府和旅游主管部门在区域旅游规划对接、打通旅游"断头路"、旅游企业合作与交流、旅游目的地信息互通、旅游品牌打造、旅游人才交流等方面做出具体安排。随着黄山—衢州—南平、九江—景德镇—衢州等高速公路的先后开通，四省九市旅游区域合作向更深层次推进。四省九市以共同打造三小时旅游经济圈为基础目标，按照"差异化、特色化、精品化"原则，合力进行黄金旅游线路打造，推动四省九市区域边际旅游合作迈向新高地。

（三）合作成熟阶段——浙皖闽赣国家生态旅游协作区

2014年11月，由浙江、安徽、福建、江西四省人民政府共同发起申请设立浙皖闽赣国家生态旅游协作区。规划建设范围涉及四省19个市123个县（市、区），协作区总面积约22.57万平方公里，占四省总面积的42.27%左右；涉及总人口5051万人，占四省总人口的24.46%；GDP占四省总量的17.4%。②

2019年4月，浙皖闽赣国家生态旅游协作区合作协议签约仪式③暨加快推进工作座谈会在浙江义乌举行，浙皖闽赣四省文旅厅厅长共同签署《关于

---

① 安徽省旅游信息中心.皖浙闽赣九市签署《衢州宣言》四省加强旅游区域合作[EB/OL].(2010-09-15). https://news.cncn.com/144877.html.

② 四省携手打造国际级旅游目的地[N].浙江日报,2019-11-01.

③ 胡昊.浙皖闽赣签合作协议 推进国家生态旅游协作区建设[EB/OL].(2019-04-28). https://www.xsnet.cn/news/zj/2019_4/3064754.shtml.

加快推进浙皖闽赣国家生态旅游协作区建设合作协议》。根据协议,四省将在共建协同性合作机制、共创国际级旅游目的地、共享一体化公共服务、共推主题性旅游线路、共拓多层级客源市场、共促创新协同发展等六大方面开展长期合作。除了签约活动,四省还研究制定了《浙皖闽赣国家生态旅游协作区总体方案》,并建立了协作区合作联席会议制度。

2019年10月,首届浙皖闽赣国家生态旅游协作区推进会①在浙江衢州市召开,发布了浙皖闽赣主题形象(Logo),签署了《衢州倡议》,明确建立了四省厅级协调机制、市级合作联席会议制度、协作区联席会议联络工作机制,确保能及时解决协作区建设中的重点难点问题。根据会议精神,四省将以大视野来谋划大格局,以大融合来推动大发展,以大协作来保障大创建,积极引导区域联动、资源共享、产业互动、产品升级、客源互送、市场共建,推动其成为我国旅游经济新的增长极。

2020年11月,第二届浙皖闽赣国家生态旅游协作区推进会②在江西省上饶市召开,浙皖闽赣四省文化和旅游厅共同发布了《浙皖闽赣国家生态旅游协作区"半价游"活动方案》和《浙皖闽赣国家生态旅游协作区旅游执法投诉联动机制》。根据会议精神,四省将在资源共享、市场共治、宣传共推、品牌共塑、经验共建、困难共济六大方面,加速形成"互联互通互信互融"的格局。

(四)合作升华阶段——浙皖闽赣(衢黄南饶)"联盟花园"

如表8-1所示,为进一步推进旅游协作,促进资源整合、协同发展、合作共赢,并以点带面推动浙皖闽赣国家生态旅游协作区、四省九方经济区和四省边际泛都市圈的建设,衢州、黄山、南平、上饶四市决定共同创建浙皖闽赣(衢黄南饶)大花园旅游示范区。

---

① 首届浙皖闽赣国家生态旅游协作区推进会举行——携手打造国家生态旅游样板地[N].浙江日报,2019-11-12.

② 2020浙皖闽赣国家生态旅游协作区推进会将于11月底在饶举行[N].潇湘晨报,2020-11-30.

表 8-1 浙皖闽赣四省边际文化旅游合作大事件一览

时间	会议名称	重要成果	地点
2003-10-23	浙赣闽皖区合作联席会议	签署《浙赣闽皖旅游区域合作宣言》《浙赣闽皖旅游区域合作联席会议制度实施办法》	浙江衢州
2010-09-10	皖浙闽赣四省九市旅游区域合作推介会暨签约仪式	签署《浙闽赣皖九市区域旅游合作(衢州)宣言》	浙江江山
2019-04-27	浙皖闽赣国家生态旅游协作区合作协议签约仪式暨加快推进工作座谈会	签订《关于加快推进浙皖闽赣国家生态旅游协作区建设合作协议》,共同讨论完善《浙皖闽赣国家生态旅游协作区总体方案》	浙江义乌
2019-10-31	首届浙皖闽赣国家生态旅游协作区推进会	发布浙皖闽赣主题形象 Logo;发布《衢州倡议》	浙江衢州
2020-10-29	合作共建浙皖闽赣(衢黄南饶)大花园旅游示范区筹备会议	对《浙皖闽赣(衢黄南饶)大花园旅游示范区合作共建方案(征求意见稿)》《浙皖闽赣(衢黄南饶)大花园旅游示范区旅游交通概念性规划(征求意见稿)》等内容进行深入的交流讨论	浙江衢州
2020-11-30	第二届浙皖闽赣国家生态旅游协作区推进会	发布了《浙皖闽赣国家生态旅游协作区"半价游"活动方案》《浙皖闽赣国家生态旅游协作区旅游执法投诉联动机制》	江西上饶
2021-01-22	浙皖闽赣四市"联盟花园"建设工作领导小组第一次会议暨签约仪式	签订《浙皖闽赣(衢黄南饶)"联盟花园"合作共建协议》	视频会议
2021-03-01	浙皖闽赣(衢黄南饶)"联盟花园"合作共建工作推进专班第一次会议	专班有关负责人汇报"联盟花园"工作进展情况和工作计划,通报专班人员工作职责和专班制度	浙江衢州
2021-07-13	浙皖闽赣(衢黄南饶)"联盟花园"精品旅游线路专家论证会	论证 100 条联盟花园精品旅游线路	浙江杭州

2020 年 10 月 29 日,合作共建浙皖闽赣(衢黄南饶)大花园旅游示范区筹备会议[1]在衢州召开。此次筹备会上,四市相关负责人对《浙皖闽赣(衢黄

---

① 浙皖闽赣合作共建大花园旅游示范区[N].衢州日报,2020-10-30.

南饶)大花园旅游示范区合作共建方案(征求意见稿)》《浙皖闽赣(衢黄南饶)大花园旅游示范区旅游交通概念性规划(征求意见稿)》等内容进行了深入的交流讨论。此次会议后,四市将依照交通概念规划先行、区内旅游市场一体化先行、主体联盟建设先行的工作思路,围绕建设重大项目库、开发数字文旅平台、加快协作区旅游产品开发包装等方面展开具体行动。

2021年1月22日,浙皖闽赣(衢黄南饶)"联盟花园"建设工作领导小组第一次会议暨签约仪式①采用视频会议形式举行。会上,与会领导听取了浙皖闽赣(衢黄南饶)"联盟花园"筹备情况及2021年工作计划、《浙皖闽赣(衢黄南饶)"联盟花园"旅游交通概念性规划》成果汇报,四市共同签订了《浙皖闽赣(衢黄南饶)"联盟花园"合作共建协议》,并承诺将"联盟花园"创建工作纳入四市党委、政府工作重要内容。"联盟花园"是浙皖闽赣国家生态旅游协作区的先行区、启动区、核心区,其建设目标是成为具有"窗口标杆"意义的国家级旅游休闲花园城市群和世界级生态文化旅游目的地。② 根据四市签署的合作共建框架协议,计划通过三到五年的建设,将"联盟花园"打造成为跨省域旅游协作的先行区、美丽经济幸福产业的集聚区、美丽中国"两山"转化的窗口区,使其成为特色鲜明的国家级旅游休闲城市群和世界级生态文化旅游目的地。

二、工作成效

(一)发布主题形象Logo

2019年首届浙皖闽赣国家生态旅游协作区推进会召开,会议以"四省合作,文旅融合——携手打造国家生态旅游样板地"为主题。会上,四省共同发布了浙皖闽赣国家生态旅游协作区主题形象Logo(见图8-1)。Logo以协作区域地图和循环互动的圆圈作为设计元素,凸显了协作区跨区域合作与可持续发展的特点,靓丽鲜明的色彩体现出区域内生态旅游资源的丰富多彩,展现了四省共同打造世界生态文化旅游目的地的信心与决心。

---

① 浙皖闽赣合作共建"联盟花园"[N].中国旅游报,2021-01-23.
② 浙皖闽赣"联盟花园"出实招"四叶草"绽放四省边际[N].江西日报,2021-07-21.

图 8-1　浙皖闽赣国家生态旅游协作区主题形象 Logo

（二）打造一批旅游协作平台

浙皖闽赣四省在文旅协作中,重点扶持省际、县际协作共建生态旅游区重大项目建设,驱动了浙皖闽赣国家生态旅游协作区、衢黄南饶"联盟花园"、浙赣边际合作（衢饶）示范区等一批高质量区域合作平台建设。浙赣边际合作（衢饶）示范区项目扬帆起航,浙皖闽赣国家生态旅游协作区"半价游"活动顺利推进,浙皖闽赣（衢黄南饶）"联盟花园"合作共建方案达成共识,"95 号联盟大道"已经亮相。依托各类平台建设,四省积极推动协作区文旅产品升级,积极引导区域联动、资源共享、产业互动、产品升级、市场合作,推动浙皖闽赣国家生态旅游协作区成为我国旅游经济新的增长极。

（三）形成多条精品旅游路线

如表 8-2 所示,浙皖闽赣四省以"宜融则融、能融尽融"为原则,整合现有优秀旅游资源,构建世界旅游目的地核心吸引物体系,初步形成了生态、人文、红色等贯穿四省的五大旅游线路,并以五大线路串联沿线特色景点、特色村庄,激活当地文化旅游资源,推动区域"绿水青山"转化为"金山银山"。在此基础上,"联盟花园"四市围绕"九五尊享""梦里老家""革命摇篮""千里钱塘""寻根问道"等五大板块强势推出 95 条"联盟花园"精品旅游线路。①

---

① 专家把脉,旅行社实地走访.衢黄南饶四地构建"联盟花园"精品旅游线路[N].钱江晚报,2021-07-15.

表 8-2　浙皖闽赣四省边际文化旅游合作旅游线路一览

线路分类		线路设计
浙皖闽赣国家生态旅游协作区五大精品旅游线①	生态旅游线路	线路一:国家 5A 级景区天柱山—世界自然和文化双遗产黄山—国家 5A 级景区千岛湖—国家 4A 级景区缙云仙都—国家 4A 级景区温州南麂列岛—国家 5A 级景区太姥山
		线路二:世界自然遗产江郎山(或世界自然遗产三清山)—世界自然遗产龙虎山(或世界自然和文化双遗产武夷山)—国家 5A 级景区大金湖—国家 5A 级景区白水洋·鸳鸯溪
	人文旅游线路	线路一:国家级文保单位衢州孔氏南宗家庙—国家 5A 级景区根宫佛国—国家 5A 级景区景德镇古窑民俗博览区—世界文化遗产庐山—国家 4A 级景区浮山风景区—国家 4A 级景区安徽池州杏花村(或世界文化遗产西递宏村)—国家 5A 级景区绩溪龙川
		线路二:世界文化遗产福建土楼—国家 4A 级景区泉州安溪清水岩—综合性文化旅游度假集群福州欧乐堡度假区—国家 4A 级景区温州苍南碗窑古村落—国家 4A 级景区古堰画乡
	红色旅游线路	线路一:宣城市泾县皖南事变烈士陵园及新四军军部旧址纪念馆—江西上饶集中营—温州市浙南(平阳)抗日根据地旧址—三明红色旅游景区(红军医院旧址、长征集结出发地等)—龙岩古田红色旅游区
"联盟花园"五条主题旅游线路②	"95 尊享"神奇之旅	古徽州文化旅游区—黄山—西递宏村—婺源沙湾—三清山—龟峰—武夷山—廿八都—江郎山—根宫佛国
	"革命摇篮"红色之旅	开化福岭山浙皖特委旧址—钱江源国家森林公园—黄山市杨业功纪念馆—黄山徽州区岩寺新四军军部旧址(省重点文保单位,爱国主义教育基地)—黄山风景区—上饶集中营、茅家岭监狱旧址—横峰县闽浙皖赣革命旧址群—葛仙山—武夷山大安红色首府旧址—武夷山风景名胜区—闽北革命历史纪念馆
	"梦里老家"乡愁之旅	江郎山—天脊龙门—孔氏南宗家庙—婺源梦里老家—和平古镇(中国历史文化名镇)—武夷山—武夷山下梅村(万里茶道起点)
	"千里钱塘"亲水之旅	钱塘江、严子陵钓台等—龙游"红木小镇"—衢州水亭门历史文化街区—开化根宫佛国—钱江源—太平湖风景区—黄山—上饶望仙谷—三清山

---

① 常山旅游.浙皖闽赣 4 省朋友圈 19 地市今日来衢赴约,携手打造"国家样板"[EB/OL].(2019-11-01). https://www.sohu.com/a/351068854_163959.

② 专家把脉,旅行社实地走访,衢黄南饶四地构建"联盟花园"精品旅游线路[N].钱江晚报,2021-07-15.

线路分类		线路设计
"联盟花园"五条主题旅游线路	"寻根问道"文化之旅	古徽州文化旅游区—齐云山—开化根宫佛国—三衢石林—廿八都—铜钹山(九仙湖)—鹅湖书院—武夷精舍—母树大红袍—五夫古镇—考亭书院—建盏文创园

(四)举办系列交往交流活动

为加强四省边际民间文化交流,推动四地文旅产业融合发展,缔结四省边际城市群文化联盟,四省自上而下举办了各类交往交流活动。2021年10月30日,浙皖闽赣"四省边际城市群民间文化旅游艺术节"在衢州开幕。四省边际城市群民间文化旅游艺术节是在浙皖闽赣国家生态旅游协作区的框架下,衢州市联合安徽省黄山市、福建省南平市、江西省上饶市共建浙皖闽赣"联盟花园",共同打造四省边际"联盟花园"城市群,推动四地文旅产业融合发展。2021年浙皖闽赣(衢黄南饶)"联盟花园"春季旅游采购大会在衢州举行,签订了一批航旅合作协议、客源互送协议、专线订单、农产品供销协议等。同时,四省各市相互支持各方举办重大旅游促销活动和大型旅游节。例如,2020年,衢州在宁德举办了以"通江达海 山呼海应"为主题的"南孔圣地·衢州有礼"城市品牌及文化旅游推介会;2021年,丽水在宁德举办了以"丽色撩人 一见倾心"为主题的浙江·丽水遂昌/缙云/云和/景宁文化旅游联合推介会;等等。

(五)带动沿线区域旅游协作

在省市旅游合作的带动下,自上而下,乡镇合作推陈出新,有效激活了各类沉睡的旅游资源。例如,地处浙闽赣三省交界的廿八都镇、盘亭乡、铜钹山镇三地山水相连、地缘相近、人缘相亲、旅游资源丰富互补。2018年5月,三地签订了浙闽赣三省边界全域旅游战略合作框架协议,标志着浙闽赣三省边界的三个兄弟乡镇正式结成三省边界全域旅游战略合作伙伴,共同打造"一日游三省"旅游品牌。江西省浮梁县勒功乡与安徽省祁门县闪里镇组织开展了文旅调研交流活动,双方积极探讨了旅游合作机制,围绕旅游产业发展的重大问题,在规划编制、资源整合、市场开发、旅游标准化、行业管理、人才培养等方面,广泛交流经验,打破赣皖省际界线,推动两地旅游产业共同发展,并签订党建联建协议书。

三、发展展望

浙皖闽赣四省以大合作撬动旅游大发展,推动四省区域旅游合作从资源整合到市场联合,从产品构建到产业融合,加快了四省生态旅游协作区从"单一竞争力"到"系统竞争力"的提升,在机制共建、市场共拓、产品共推、品牌共筑、管理共抓等旅游合作上,探索出了可借鉴的典型经验。

(一)深化区域协调机制

秉承资源共享、市场共拓、品牌共创原则,创新浙皖闽赣合作平台建设,完善一体化发展体制机制,加快一体化制度创新和经验复制,推广"联盟花园"建设经验,打造出多个"联盟花园"合作模式;深入市场监管机制建设,制定互相认可的旅游市场负面清单,发布旅游行业"红黑榜",构建浙皖闽赣旅游市场诚信体系;探索跨区域资源要素共享共用、产业关联互动、区域协同发展的新路径,共建旅游景区大客流预警等信息联合发布和共享机制;共同推动国际级旅游目的地建设、推进一体化公共服务提升、打造主题性旅游精品线路、开拓多层级客源市场、促进协同发展改革创新、构建议事合作交流机制,提升国家生态旅游协作区战略地位。

(二)建设全域智慧旅游

高度关注科技创新给行业供给侧结构性改革带来的变化。随着5G、大数据、云计算、物联网等技术的推广应用,文化和旅游行业要以科技赋能、向数字化转型迈进,为人们提供更加便捷、多元、个性、丰富的体验。在浙皖闽赣四省文化旅游合作廊道建设中,以"联盟花园"智慧旅游建设为试点,依托"95号联盟大道""联盟花园四市旅游航线""全域智慧旅游平台——一码游"等一批合作共建的旅游产品,全面构建"科技革命+文旅创新"的全域智慧旅游新模式。

(三)放大高铁经济效益

高铁的开通大大缩短了浙皖闽赣与长三角城市集群之间的时空距离,有利于实现"同城效应"。各地各部门超前谋划,做好宣传策划,最大限度放大"高铁经济"效应,推出旅游相关优惠举措。加强城市间的合作,特别是利用好浙皖闽赣国家生态旅游协作区创建的机遇,主动加强与其他高铁沿线及跨线城市的对接,在区域旅游合作发展中有更大作为。市县联动提升旅游公共服务水平,加快旅游集散中心建设,做好火车站与客运、出租车以及通往景区(点)旅游巴士的"无缝对接"。突出自身特色,加大营销力度,加快打造特色旅游城市品牌。

(四)带动沿线共同富裕

牢牢把握浙江共同富裕示范区建设的历史机遇,"对标"公众高品质文化和旅游需求,主动担当,积极作为,探索形成浙皖闽赣四省边际文化旅游高质量发展模式和推动共同富裕的有效路径,打造若干示范带动项目。拓宽文化旅游领域就业创业渠道,实施万户农家旅游增收计划,增加农民财产性收入,充分显现文化旅游富民增收的效能。大力实施乡村旅游精品工程,迭代升级乡村旅游标准,提升休闲农庄、农家乐、乡村酒店、特色民宿、乡旅客栈、自驾露营、户外运动和养老养生等产品质量,激发乡村经济潜能。积极挖掘传承保护红色资源,开发乡村红色资源,守护红色根脉,传承红色基因,主动开发从城市到乡村的红色旅游线路,带动城乡协调发展。秉承"两山"理念,着力开发富有文化底蕴的生态旅游、乡村旅游、康养旅游等产品,积极探索创新生态环境、生态文明、生态产品的价值机制,形成价值转化路径。

四、机制分析

(一)组织保障,政府主导机制

浙皖闽赣四省政府高层突破思想局限和樊篱,打破行政区划界限和壁垒,不断强化城市、部门间的协调配合,建立健全浙皖闽赣生态旅游协作机制。明确建立了四省厅级协调机制、市级合作联席会议制度、协作区联席会议联络工作机制,确保及时解决协作区建设中的重点难点问题。在省际合作的基础上,市际间也开展了深入合作。为推进"联盟花园"建设,衢黄南饶四市专门成立建设领导小组及工作推进专班,小组组长由各市党政主要领导担任,并按照"定期性会商、清单化推进、闭环式管理"的要求稳步推进。

（二）全面规划，统筹安排机制

浙皖闽赣四省共涉及 19 个城市 123 个县，各城市相对独立，但又以一个整体存在于四省边际文化旅游协作的系统之中。在充分认识各自旅游资源特征的基础上，四省对旅游协作进行了全面规划和统筹安排，以规划为蓝本，明确合作重点，协调各类资源，统筹开展项目建设，合理安排建设时序，同时注重凸显各地独具特色的旅游资源优势，提高旅游协作区整体旅游形象和竞争实力。梳理建立旅游合作发展重大项目库，整体谋划旅游大项目，既分散发展，又统一招商，通过协商各市重大旅游项目来统筹安排和选址，推动项目布局一体化、科学化，避免同质竞争。

（三）统一形象，联合推广机制

浙皖闽赣四省共同发布了浙皖闽赣国家生态旅游协作区主题形象Logo 和协作区宣传片《东南形胜绝》，为四省旅游协作开启了新阶段。在共同体框架下，各市通力合作，对区内旅游资源、产品和旅游线路进行整合和重组，找出特质和共性的因素，共同塑造旅游协作区独特的旅游形象，打造旅游精品，合力实现"市场共建、资源共享、游客互送、线路互推"。例如，衢黄南饶四市九个 5A 景区共同成立了"95 尊享"5A 旅游联盟，积极探索发展抱团协作新模式，共同打造文旅产品宣传推广新平台。衢黄南饶四地的旅行社协会酝酿成立"联盟花园"旅行社联合会，并共同发布了"联盟花园"旅游市场共建共享宣言。

（四）互利共赢，协作共享机制

浙皖闽赣四省边际文化旅游合作本着互利共赢的原则，聚资源谋优势，深度实践了资源与产品开发协作机制、客源市场协作机制、信息交流与协作机制，"串"起了四省文旅产业链。浙江省衢州市联合安徽省黄山市、福建省南平市、江西省上饶市以合作共建浙皖闽赣（衢黄南饶）"联盟花园"为切入点和突破口，共同打造四省边际花园城市群；四市文旅企业通过建立产业联盟，秉承跨界融合、共生共荣的目标，推动跨业、跨界、跨区域合作与交流，实现市场共建、资源共享、游客互送、产品互补。

五、经验启示

(一)完善合作机制

充分发挥政府在区域协作中的推动、引导作用,即建机制、搭平台、抓项目、出政策、强保障。浙皖闽赣四省建立了四省厅级协调机制、市级合作联席会议制度、协作区联席会议联络工作机制等三项合作机制。[①] 四省厅级协调机制,重点协调各省合力解决协作区建设中的重点难点问题,协调支持推进重大项目、重要工作;市级合作联席会议制度,以各省设区市为联席会议主体单位,每年定期在一省一市轮值召开协作区联席会议,共商协作区建设、合作与交流中的重要事项;协作区联席会议联络工作机制,明确由秘书处牵头,建立协作区内有关产品共建、服务共享、线路共推、市场共拓等各项专项联络机制,保持常态化、经常性的沟通联络。[②] 除此之外,四省共同签署了《浙赣闽皖旅游区域合作宣言》《浙闽赣皖九市区域旅游合作(衢州)宣言》《关于加快推进浙皖闽赣国家生态旅游协作区建设合作协议》等文件,表明了合作的决心,并将机制建设落到了实处。

(二)加强规划协同

突出规划引领,从整体着眼,打破行政区划边界"藩篱",强化"一盘棋""一体化"理念,做好交通规划、旅游规划、产业规划等有机衔接,尤其是与各地"十四五"规划紧密结合,推动浙皖闽赣四省基础设施互联互通、产业产品配套协作、公共服务资源共享,形成一体发展大格局。先后编制了《浙皖闽赣国家生态旅游协作区建设总体方案》《浙皖闽赣(衢黄南饶)大花园旅游示范区合作共建方案》《浙皖闽赣(衢黄南饶)大花园旅游示范区旅游交通概念性规划》《浙皖闽赣(衢黄南饶)"联盟花园"合作共建方案》等规划,确保规划目标一致、开发方向一致,形成区域旅游整体发展格局。

(三)共同开拓市场

浙皖闽赣四省以"互为客源地、互为目的地"为理念,推出一个形象

---

① 四省携手打造国际级旅游目的地[N].浙江日报,2019-11-01.

② 四省携手打造国际级旅游目的地[N].浙江日报,2019-11-01.

Logo、一张导览图、一张畅游卡、一套宣传册,联合研究推出优惠政策,推出"旅游惠民"活动。组织相关主体、企业代表赴重点客源市场开展旅游形象产品发布及联合推介活动,共同举办文旅产品采购交易会等。上海春秋国际旅行社与衢州、黄山、南平、上饶等地重点旅游企业签订了客源输送协议,开启"长三角百万游客游协作区"活动;中国旅行社协会铁道旅游分会与开化县政府签订了客源输送协议,并开展"住衢州(开化)游四省"活动;衢州、丽水、宁德等地文化和旅游局签订了衢丽宁铁路黄金旅游线合作协议;衢州、上饶、黄山、南平等地文化和旅游局签订了文化旅游市场一体化执法合作协议。^① "联盟花园"四市共同申报四省边际通航试验区,共同委托华夏航空股份有限公司开展四市航空航线资源统筹整合研究,谋划开通四市短途旅游环线航班即"联盟花园"航线^②。

（四）共享公共服务

浙赣闽皖四省协同谋划协作区机场、高速铁路、高速公路等重大基础设施项目,建设全域旅游换乘网络和旅游集散体系,打造全域接驳换乘系统,打通省际之间、城市与景区、景区与景区之间的旅游交通环线。引导高速公路服务区设立旅游驿站,支持企业发展跨区域的汽车、自行车租赁业务。推进智慧旅游发展,加快发展协作区"数字化"文旅,实现决策咨询"一朵云"、游客服务"一码游"、数字监管"一张网"。强化公共服务设施标准化建设,规范浙皖闽赣道路旅游交通标识标牌设置,为自驾游、落地自驾、房车自驾的游客提供便捷交通服务。健全和完善区域旅游标准体系,全面提升无障碍旅游管理服务水平,不断优化旅游市场环境。

（五）落实优惠政策

积极落实各类优惠政策,推进市民待遇、媒体资源、宣传载体、展会平台等共享,鼓励旅行社产品合作共推、客源互送共招、精品线路共建等。在江西上饶举行的2020年浙皖闽赣国家生态旅游协作区推进会上,四省联合发

---

① 首届浙皖闽赣国家生态旅游协作区推进会举行——携手打造国家生态旅游样板地[N].浙江日报,2019-11-12.

② 王一凡.衢黄南饶联手打造区域旅游"联盟花园"[EB/OL].(2021-01-22). https://baijiahao.baidu.com/s? id=1689573574573846182&wfr=spider&for=pc.

布《浙皖闽赣国家生态旅游协作区"半价游"合作协议》,活动期间,浙皖闽赣四省居民,持居民身份证可享受景区景点"半价游"优惠。宁德市文化和旅游局继携手12306平台针对浙、闽两地目标人群开展精准营销,出台了《衢宁铁路开通"万人畅游宁德"活动引客入宁营销优惠政策》,积极扩大客源市场,实现引客入宁,得到了全市各级收费A级旅游景区的积极响应。

六、案例分析

"95号联盟大道"——首个跨省域交旅融合项目创新实践与启示①

(一)案例背景

衢黄南饶四市是我国东中部地区的生态屏障,也是全国高等级景区最密集区域,紧邻我国人口最密集、旅游需求最旺盛的长三角经济区。2020年衢黄南饶四市依托山水相依的资源优势,决定共同打造"95号联盟大道"项目,以此为突破口推进"联盟花园"合作共建。"95号联盟大道"于2021年9月正式亮相。"95号联盟大道"指的是,浙皖闽赣四省交界处的衢州、黄山、南平、上饶四个城市,利用山水相依和秀美风景,联手打造的一条1995公里、贯通四市、交通与旅游融合的旅游环线,由于整条线路串联了九个国家5A级景区,83个4A级景区以及众多人文生态景观,所以被"创造性"地称为"95号联盟大道"。

(二)项目意义

"95号联盟大道"不仅是风光大道、景观大道、旅游大道、文化大道、合作大道、智慧大道,更是共富大道;不仅串联了大景区,更激活了大市场,可以辐射带动四市美丽经济和幸福产业发展,推动区域"绿水青山"转化为"金山银山"。

1. 快进漫游串美景

以"协同·共享·融合·创新的智慧旅游交通生态"为主题,让联盟大

---

① 谢云挺.“95号联盟大道”——首个跨省域交旅融合项目创新实践与启示[EB/OL].(2021-08-15).http://www.wenlvnews.com/p/547903.html.

道"处处是景区、步步有景点、路路见风景",沿途可将九处 5A 景区及 83 处 4A 景区美景尽收眼底,同时以支线连通其他旅游资源,形成八个中环线和 32 个小环线,将优质旅游资源串珠成链,帮助单体景区增加游客量,成为自带流量的交通文化 IP。

2. 携手发展共富裕

四市以共同体思维打造"95 号联盟大道",共盘活总造价 389 亿元的道路资源,放大了区域交通旅游资源优势,激活了沿线乡村旅游景点,促进区域人口、产业、交通、公共服务等高效梯度转移与空间重组,通过"大手拉小手",推动区域"绿水青山"转化为"金山银山",实现共同富裕。

3. 创新区域旅游协作

"95 号联盟大道"是衢黄南饶四市共建"联盟花园"的"破局式项目"。跨省域合作破题相对较难,难在行政"樊篱",衢黄南饶四市利用旅游资源整体优势,以"95 号联盟大道"线性串联各个景点、景区和特色乡村,建立利益联结机制、协同发展机制,以此把各方利益牢牢扭结在一起,走出了一条区域紧密协作、可持续发展的新路子。

4. 深化交旅融合发展

《交通强国建设纲要》提出,要"深化交通运输与旅游融合发展,推动旅游专列、旅游风景道、旅游航道等发展"[①]。衢黄南饶四市探索利用各自域内的现有道路资源,进行优化联通,创新性地建设"95 号联盟大道",深入探索实践了交通运输与旅游融合发展模式,不仅赋予了区域交旅资源新的功能和生命力,也为建设"联盟花园"创造了新引擎,是探索旅游产业变革的良好示范。

(二)实施措施

第一,利用现有道路资源进行连通赋能。作为"联盟花园"的基础性、支撑性项目,"95 号联盟大道"突破以往大修大建的传统模式,利用现有道路资源统一规划、统一标准、统一标识、统一服务、统一管理,将原来衢黄南饶四市分段、分散、分类的国省道以及县乡道路进行连通赋能,最大程度串联优

---

① 中共中央,国务院. 中共中央、国务院印发《交通强国建设纲要》[EB/OL]. (2019-09-19). http://www. gov.cn/zhengce/2019-09/19/content_5431432.htm.

质旅游资源,改变之前公路单纯的运输功能,赋能成为诗画风光大道,成为四省边际自驾游主环线。经过连通整合赋能,"95号联盟大道"的建成不仅有利于单体景区增加游客量,而且可以吸引不同需求客群进入景区、乡村、小镇,为沿线地区创造更多旅游经济增长空间和发展机遇。

第二,联合推出一批共建共享的旅游产品。一是明确旅游产品开发重点。聚焦四市优质生态文化旅游资源,做好传统团队游产品的串联和提升,共同打造世遗风景廊道产品、古城古镇古道历史古迹体验游产品和儒释道文化传承产品,形成国际知名、国内一流的核心旅游产品品牌。二是创新培育旅游产品新业态。依托区域内名山资源集结、地貌类型集成、地域文化鲜明、乡村旅游资源丰富等优势条件,充分做好挖掘、转化。围绕红色党建、研学旅游、疗休养旅游,谋划一批旅游新业态旅游产品。三是打造旅游消费新模式。聚焦不同消费群体,加强各类新型旅游消费模式的创新探索,将生态旅游与乡村旅游结合,形成涵盖森林、山岳、湖泊、梯田、乡村等多元资源的精品旅游线路,打造康体之旅、运动之旅、红色之旅、美食之旅等特色主题旅游产品。

第三,协同提升旅游配套服务设施。一是人性化旅游交通服务。加强沿线特色小镇、精品村落、休闲驿站、汽车露营地、旅游服务区、民宿集聚区、绿道系统等节点、设施的系统推进和整体打造,围绕"吃、住、行、游、购、娱",在交通沿线建设人性化服务区、网红驿站、房车营地、观景台打卡点、景区接驳等服务设施。完善沿线旅游咨询服务中心(站点)体系建设,增设无线网络、无障碍通道、医疗急救箱、母婴室、租还车点等服务设施,共建共享纯电动汽车服务网络,切实提升旅游综合服务水平。二是统一视觉形象系统。统一规划视觉形象系统,完善以旅游交通引导标识、旅游交通导览图等为重点的旅游交通引导标识系统;统一旅游驿站标识、游客中心标识、共享汽车标识、公共厕所标识等服务设施名称标识,目的是传播品牌理念,建立品牌知名度,塑造品牌形象,不断强化"联盟花园"品牌认同。三是提升旅游接待能力。加快四市酒店接待能力提升,鼓励度假型、商务型、经济型、文化型、乡野型等多类型酒店、民宿建设,以满足不同游客群体需求。统筹旅游集散中心网络建设,实行资源共享、统一平台、联网售票,四市合理择址共同打造衢黄南饶旅游集散区,集中展示展销"联盟花园"旅游产品,提供全程全域"一站式"旅游综合服务。

第四,大力推进全域智慧旅游建设。四市协同定制智慧旅游交通系统,并融入旅游服务设施与旅游交通产品各个环节,实现四市游客、景区管理者、交通管理者三方旅游生态合作,重构旅游商业模式、消费生态、管理方式,实现决策咨询"一朵云"、游客服务"一码游"、数字监管"一张网",共享大数据,共建智慧云,共塑智慧旅游交通九大场景。值得一提的是"联盟花园""一码游"公共服务平台,其整体脉络为"1+4+N",即1个"联盟花园"品牌总站、4个地市分站、N条特色主题路线。"一码游"无须下载、安装和存储,游客通过微信、支付宝小程序即可触点登录,享受一站式、全方位的旅游服务体验。除此之外,"一码游"聚合共享四市两山生态旅游产业资源,包括景区景点、酒店民宿、旅行社、农家乐、驿站服务区等多个产业端,在惠及游客的同时,以"线路+特产"的形式带动产品外销,促进当地农副产品销售。①

(三)建设成效

"95号联盟大道"于2021年9月才正式亮相,具体的建设成效尚未有数据支撑,但其一出道就备受业内外关注,被称为出道即巅峰。"95号联盟大道"是一条怎样的路? 有文章写道:这是一条具有国际影响力的自驾型旅游公路;这是一条"无须导航、放下手机,一路畅享"的如画之路;这是一条充满"好看、好吃、好玩、好奇"元素,遍布休闲驿站、网红打卡点、汽车露营地、民宿集聚区的奇幻之路;这是一条串联大景区,激活大市场,推动区域"绿水青山"转化为"金山银山"的共富大道。②

"95号联盟大道"是个跨省域交旅融合项目,它利用现成的道路将沿途优质旅游资源串珠成链,形成风情各异的旅游风景线,成为自驾游及休闲旅游的首选道,从而形成"系统竞争力",将有力推动区域旅游大发展,成为我国旅游经济发展的重要增长极。

① "联盟花园"一码游,为游客和商户办实事——浙江衢州联通探索全域智慧旅游新模式[N].人民邮电报,2021-09-09.

② "95号联盟大道",这条贯穿江山的公路是你的诗和远方[N].信息新报,2021-09-09.

四市联手打造"95号联盟大道",是文旅融合、抱团发展的探索创新实践。四市不同区域具有不同的自然景观、地理风貌、人文风俗,把它们连珠成串、连点成线,无疑展现了一幅"和而不同、美美与共"的美好画卷。在政府的大力支持推动下,四市共建"95号联盟大道",利用文旅资源提振经济、富裕百姓、美化环境、保护生态,不仅可以释放景区与景区间的"联盟效应",而且可以释放核心景区对周边景区的"溢出效应",最大程度地实现经济社会生态效益的共赢。例如,衢州市柯城区沟溪乡余东村是全国十大农民画乡之一,也是"95联盟大道"沿线驿站之一。该村紧紧抓住"95号联盟大道"建设的契机,通过周边各村文化融合、产业联动实现了文化认同和经济互利,让乡村游带动村民共富水到渠成。沟溪乡相关负责人表示,是"95号联盟大道"打造国家级"花园城市群"的理念,让村民尝到了"文旅融合、抱团发展"的甜头。

作为建设浙皖闽赣国家生态旅游协作区和四省九方经济区的先行区、样板区、核心区,衢黄南饶四市"联盟花园"及其破题项目"95号联盟大道",只是一个崭新的开始,在立足新发展阶段、贯彻新发展理念、构建新发展格局的征程中必将迸发出更加夺目的光彩。

(四)经验启示

衢黄南饶四市突破行政区划,以"共同体"思维打造"95号联盟大道"的创新实践,对跨区域协作,尤其对深化交旅融合发展路径的研究具有深刻的启发借鉴价值。

1. 组织保障:高位推动落到实处

四市主政者以高站位、大格局的姿态,顺势而为、因势利导,积极沟通、主动作为,探索建立有效的区域协调发展新机制,最终催生了建设"联盟花园"这一充满智慧的创新构想。合作共建"联盟花园",是浙江山海协作的"跨省升级版"和长三角一体化战略的延伸,可以引导强大的消费能力和更多的资源要素向该区域集中,成为我国旅游经济发展新的增长极,实现生态富民、生态惠民、绿色崛起。为推进"联盟花园"及"95号联盟大道"建设,四市专门成立建设领导小组及工作推进专班,小组组长由各市党政主要领导担任,并按照"定期性会商、清单化推进、闭环式管理"要求稳步推进。同时,四市将共同推动"联盟花园"项目纳入各自的"十四五"规划,并联合成立联盟花园公司保障"联盟花园"长期高质量发展。"95号联盟大道"这一牵涉四省市协调、统一、磨合的案例,总结跨区域合作的经验、亮点,以及克服当下跨区域合作常见痼疾的建设性方案,可以为其他地方正在进行或将要进行的区域合作、全域旅游等探索提供更多智慧。从更广的范围看,"95号联盟大道"推进的思路与实践还应进一步提炼,以在更多领域释放能量,比如跨区域生态治理与补偿、跨区域跨部门联合执法、区域经济圈高质量发展、跨省域扶贫协作等。衢黄南饶四市将共同体思维落到了实处,成功打造了"95号联盟大道",为"联盟花园"的进一步建设奠定了基础,对跨区域合作有借鉴意义。

2.要素联通:资源共享与重组

在平等互利的原则下,衢黄南饶四市将道路以及沿线的旅游资源看作区域的共有财富,开展跨地区资源重组,形成新的更富有吸引力的旅游产品和更富有效益的旅游线路。可圈可点的是"95号联盟大道"突破了以往大修大建的模式,无需多大投资,通过整合资源,利用现有的道路资源统一规划、统一标准、统一标识,将原来四市分段、分散、分类的国省道以及县乡道路进行连通赋能,有针对性有重点地开发旅游资源,合作建立适应于多元化市场需求的旅游产品体系。"95号联盟大道"通过打破行政区划界线,构建跨区域的旅游产业集聚板块,改变过去以抓"点"为特征的"景点旅游"各自发展的模式,实现了向区域资源整合、产业融合、共建共享的全域旅游发展模式转变;通过旅游业与农业、林业、水利、科技、体育、文化、康养等产业的深入融合,带动共建共享的全域旅游发展模式加速形成。

3.创新创意:产品开发和更新

放眼全国,"95号联盟大道"区域的资源禀赋是数一数二的,但是由于多年传统的单体景区发展,已经看到了"天花板"。比如,武夷山年游客量120多万人次,想再有明显提升并不容易。经过连通整合赋能,从单体景区提升为多维度景区,更有利于弹性吞吐游客,不仅有利单体景区增加游客量,而且可以吸引不同需求客群进入景区、乡村等。"95号联盟大道"这个跨省域交旅融合项目,激活了旅游新业态新经济的发展,让沿线乡村看到了更多的旅游经济增量空间和发展机遇,带动了当地结合自身旅游资源打造特色旅游项目,发展旅游新经济。例如,衢州市开化县音坑乡下淤未来乡村以"艺创小镇·乐活下淤"为主题,坚持"人本化、田园化、科技化、融合化"导向,重点打造"艺创空间、两山展示、智慧服务、党建治理"四大特色场景,助推未来社区建设,并致力于打造成全省网红打卡点第一村、全国乡村未来社区第一村、"两山"转化第一村。①

4.市场开拓:信息交流与协作

充分挖掘四市共同的旅游资源、文化脉络、生态特征,邀请高端团队策划,提炼具有鲜明文化特征、浓烈地域风情、鲜明品牌标识的统一对外旅游形象。围绕主题形象,统一设计制作标识系统、宣传资料、宣传视频等品牌宣传系列作品。四市共建了融媒矩阵,联合出台了统一的旅游惠民政策和激励奖励政策,鼓励四市旅游市场客源互送共招、产品合作共推,鼓励旅行社、景区、酒店等市场主体建立行业发展联盟,最大程度鼓励旅游企业合作、吸引游客,刺激消费。依托已有的节会活动平台,共同组织、共同参与、定期开展整合营销推介活动,举办旅游产品采购交易会,相互吸引和延伸客源地市场;加强"线上+线下"联动宣传营销。

参考文献

[1]"95号联盟大道",这条贯穿江山的公路是你的诗和远方[N].信息新报, 2021-09-09.

[2]"联盟花园"一码游,为游客和商户办实事——浙江衢州联通探索全域智慧旅游新模式[N].人民邮电报,2021-09-09.

[3]2020浙皖闽赣国家生态旅游协作区推进会将于11月底在饶举行[N]. 潇湘晨报,2020-11-30.

[4]安徽省旅游信息中心.皖浙闽赣九市签署《衢州宣言》四省加强旅游区域合作[EB/OL].(2010-09-15). https://news.cncn.com/144877.html.

---

① 在这里开启"向往的生活"开化下淤全力打造未来社区[N].浙江日报,2021-04-28.

[5]常山旅游.浙皖闽赣4省朋友圈19地市今日来衢赴约,携手打造"国家样板"[EB/OL].(2019-11-01). https://www.sohu.com/a/351068854_163959.

[6]胡昊.浙皖闽赣签合作协议 推进国家生态旅游协作区建设[EB/OL].(2019-04-28). https://www.xsnet.cn/news/zj/2019_4/3064754.shtml.

[7]首届浙皖闽赣国家生态旅游协作区推进会举行——携手打造国家生态旅游样板地[N].浙江日报,2019-11-12.

[8]四省携手打造国际级旅游目的地[N].浙江日报,2019-11-01.

[9]王一凡.衢黄南饶联手打造区域旅游"联盟花园"[EB/OL].(2021-01-22). https://baijiahao.baidu.com/s? id=16895735745738461824wfr=spider&for=pc.

[10]谢云挺."95号联盟大道"——首个跨省域交旅融合项目创新实践与启示[EB/OL].(2021-08-15). http://www.wenlvnews.com/p/547903.html.

[11]在这里开启"向往的生活"开化下淤全力打造未来社区[N].浙江日报,2021-04-28.

[12]浙赣闽皖四省首次签署旅游区域合作宣言[EB/OL].(2003-10-24). http://news.sohu.com/30/80/news214788030.shtml.

[13]浙皖闽赣"联盟花园"出实招"四叶草"绽放四省边际[N].江西日报,2021-07-21.

[14]浙皖闽赣合作共建"联盟花园"[N].中国旅游报,2021-01-23.

[15]浙皖闽赣合作共建大花园旅游示范区[N].衢州日报,2020-10-30.

[16]中共中央,国务院.中共中央、国务院印发《交通强国建设纲要》[EB/OL]. (2019-09-19). http://www.gov.cn/zhengce/2019-09/19/content_5431432.htm.

[17]专家把脉,旅行社实地走访,衢黄南饶四地构建"联盟花园"精品旅游线路[N].钱江晚报,2021-07-15.

执笔人:陈健、王琳欢,浙江大学中国西部发展研究院;陈宣霖,中交城市投资控股有限公司

第九章　洋山港——一颗镶嵌在长三角的海上明珠

洋山深水港(以下简称洋山港)建设与开港结束了上海缺少深水泊位的历史,是我国开发利用外海岸线资源的重要里程碑,也是浙江省、上海市等地跨区域合作的标志性工程。在洋山港建设过程中,浙江和上海两地积极对接、紧密联动、充分发挥各自比较优势,共同推动了两地从港口合作到经济合作,再到跨区域公共服务合作的纵深发展,为两地的经济和社会的发展注入了强大动力。

一、大国航运驶向"深蓝"的"桥头堡"

(一)洋山港建设的背景与战略使命

2005 年 11 月 30 日,香港"彩虹石"号成功靠泊洋山港,标志洋山港"初停"首捷。同年 12 月洋山港开港,开启了我国国际远洋航运的新时代。从洋山港的建设背景来看,20 世纪 90 年代以来,世界港口货物吞吐量快速增长,全球航运市场运力紧张,货物压港、运费激增现象层出不穷。随着大型化船舶技术的不断成熟,第五代、第六代船舶被广泛使用于国际航运主干航线,能够接纳大型船舶的港口数量日趋紧张,世界大港之间的竞争更加激烈。不断扩大的国际贸易规模和不断增长的船舶吃水深度,使得原有贸易大港的国际地位不断受到挑战,国际大港必须适应新的海运模式。叠加数字技术等科技革命的推动,港口码头深水化、功能多元化、作业高效化、信息数字化的四大趋势越来越明显,全球各个港口正在进行新一轮的激烈竞争,世界海运与港口建设进入新时期。为在新一轮大港角逐中占有一席之地,在国家及浙沪两地的积极推动下,洋山港作为辐射长三角、联动长江经济带和"一带一路"建设的国际深水港,其建设提上日程。

(二)洋山港的建设历程

洋山港的建设大致分为三大阶段。第一阶段,选址论证期(1995—2002):在交通部和上海市、浙江省两地政府的规划与部署下,众多设计和勘察机构组织专家开启了深水港选址规划等前期工作,先后提出了"北上罗泾""南下金山嘴""东进外高桥"等思路,并展开了激烈讨论。此后,在浙江省及舟山市嵊泗县的大力支持下,各方对洋山岛进行了多次实地考察。从1995年开始到2002年开工之间,包括20多名两院院士在内的近800名专家和120多家高校科研机构对洋山港进行了勘察、讨论和规划,最终在1998年确定了完成洋山港总体建设布局。

第二阶段,联手建设期(2002—2018):洋山港建设复杂、施工缜密,其建成与发展是浙、沪联手合作、合力规划的优秀成果。洋山港于2002年开始动工建设,于2004年完成了一期工程码头主体结构和有关东海大桥项目的全部桩基工作。2005年12月,洋山港顺利开港起航。此后,洋山港建设各项工程稳步推进,先后完成了二期、三期工程。2018年12月,洋山港四期工程竣工,年吞吐能力提升到630万标准箱,成为当之无愧的世界级航运大港。

第三阶段,合作深化期(2019年至今):洋山港开港以来,浙江和上海的相关合作不断深化。在2018年长三角一体化上升为国家战略后,双方合作有了进一步的加强。2019年,浙江、上海秉承"沪浙两地、友好同盟、出钱出地、合作发展"的理念再次"握手",在时任上海市委书记李强和时任浙江省委书记车俊的共同见证下,双方签署《小洋山港区综合开发合作协议》。2022年6月,在上海市委书记李强、浙江省委书记袁家军、交通运输部部长李小鹏和国家发展改革委副主任胡祖才等的共同见证下,浙江省政府与上海市政府签署了进一步深化小洋山区域合作开发框架协议。相关领导表示,洋山港是跨区域合作建设的又一创举,必将有力助推浙沪两省市的经济高质量发展,更好服务长三角一体化高质量发展,更好服务于上海市和浙江省的人民群众。①

(三)洋山港的重要成就

洋山港取得了重大技术成就。仅在建设期间,洋山港就创造20余项工程技术成就,实现了多项"中国第一"与"世界之最"。例如洋山港二期启用

---

① 沪浙签署框架协议 深化小洋山区域合作开发[N]. 人民日报,2022-06-16.

了13个世界上装卸效率最高的桥吊,一次可起吊两个40英尺或四个20英尺的标准箱,是普通桥吊装卸效率的1.6倍。再如洋山港四期采用自主创新设计、集成研发的自动化生产管理控制系统,实现了全覆盖装卸、运营全流程的智能计划编排功能,作业人员至少减少70%,生产效率提高30%,技术水平世界一流。

洋山港建成取得了重要贸易成就。洋山港拥有先进的装卸技术与强大吞吐能力,吞吐量连年创新高,国际中转与水中转比例持续增长,推动了我国航运货物贸易的迅猛发展,取得了举世瞩目的重大成就。截至2021年,洋山港已开辟了遍布全球,直达美洲、欧洲、大洋洲、非洲以及东北亚、东南亚的班轮航线,成为我国国际航线最多、航班密度最高、覆盖面最广的国际枢纽大港。据最新数据,2021年洋山港集装箱吞吐量高达2281.3万标准箱,比上年增长12.8%,特别是四期自动化码头,2021年独立完成集装箱货物吞吐量570万标准箱,比上年增长36%,增长迅猛。洋山港在"一带一路"建设和自贸区建设、长江经济带等重要国家战略实施中发挥着越来越突出的作用。

二、浙沪联手成就东方航运海上明珠

在洋山港建设过程中,浙、沪两地坚持大团结、大联合、大协作,实现了"强强联手"。洋山港的建设不仅适应两地经济、产业协调发展的要求,而且推动了浙、沪两地跨区域协作,实现了双赢。

(一)浙江小岛成了上海宝贝

浙江小岛能够弥补上海自然条件硬缺陷。上海背靠的长江三角洲,是中国经济最发达地区,这要求上海必须有一个国际港口,这对上海、长三角地区和整个国家而言,都具有十分重大的现实意义。然而,受制于地理条件,上海市域范围内一直缺乏建设国际深水良港的条件。上海港虽身处大陆海岸线中枢,是我国"江河海陆"运输的核心枢纽,但由于地处亚热带季风性气候带,部分时间容易遭遇台风、热带风暴等恶劣天气,船只进出港很容易受到影响。而且长江口航道水深难以跟上国际航运船只的大型化发展进程,超大型货轮只能减载或候潮进出港区,这限制了上海港向国际枢纽港地

位冲刺。洋山港位于杭州湾口和长江口外的大、小洋山岛上,港口平均水深超过 15 米,并且其周围众多的岛屿能够有效降低季风、台风的影响,地理条件对于建设国际深水港口而言非常优越。与此同时,洋山港地理位置优势突出,其西北距离上海市芦潮港约 32 公里、东北距泗礁岛约 40 公里、南至宁波北仑港约 90 公里,向东经黄泽洋水道直通外海国际航线,是国内外海轮进出长江口的必经之地。因此,洋山港能够满足不断增长的国际贸易与船舶大型化的发展需求。

浙江小岛能够促进长三角干线运输软实力的提升。洋山港通过一座长 31 公里的跨海大桥与上海主城区相连,港口货物吞吐规模大、运作层次高。洋山港的建设开发不仅缓解了上海原有港口的靠停泊拥堵情况,有效提升上海货物中转能力,而且为上海让出大量土地维护老城区房屋建筑、改善厂房道路布局。与此同时,港口先进的工程技术、良好的基础设施与强大的吞吐能力,不仅促使洋山港港区作业效率提升,港口通达能力增强,而且推动了上海与长江沿岸内陆地区的联动。毫无疑问,洋山港建设很大程度促进了上海对国际干线船吸引力的提升,为上海市"沟通内陆、竞争国外"提供了重要依靠,为上海市成为国际国内"双循环"的重要枢纽节点提供了重要支撑。

(二)浙沪联手推动项目落地

在洋山港建设初期,长三角各方围绕选址及总体布局方案展开了多次激烈讨论,讨论大多围绕如何选址、如何跨区域协作开展。例如,针对港口选址问题,在 1995 年召开的江浙沪协调会议上,浙江方面提出了"以上海为中心,以浙江、江苏为两翼进行港口组合"的布局方案,指出可以"充分发挥北仑港的优势"来进行国际远洋深水集装箱区的建设。但是,上海方面部分专家否定了浙江省有关"中心—两翼发展"的规划布局,部分专家认为北仑港离上海较远,操作过程繁杂、难度大,转运路程远、运输成本高,不方便港口货物贸易往来。与此同时,跨区域合作建设难度成为专家讨论的焦点。在洋山港被纳入候选名单后,浙江方面肯定了上海独立开展洋山港建设的创新性,但是认为洋山港地属浙江省,跨行政区域规划给港口建设带来难度。当时,洋山港区经济发展水平低、基础设施不完善,与上海城区连接需要新修桥梁,建设预算大、投资程度高、资金回收难度大。此外,缺乏相关对外贸易发展历史,洋山港港区建成后与境内外同类港口的竞争能力存在一定不确定性,项目风险程度高。

尽管洋山港建设存在跨区域合作建设等难题,但两地政府立足大局,展开了积极讨论和协调,最终浙江和上海相关方就建设洋山港问题达成了共识。两地政府一致认为,上海与浙江合作建设洋山港符合市场经济规律,洋山港的建设不仅不会削弱周边港口的地位,反而有可能对这些港口的发展起到巨大引领作用,同时能够带动嵊泗、舟山等地的城市化进程,并推动浙沪两地及周边港口城市经济、贸易迅速发展。两地政府共同推进洋山港与周边港口重组优化、相互促进、共同发展,洋山港项目落地扎实、进展顺利。在国家政府与浙沪政府的共同努力下,洋山港港区建设正式纳入国家规划,这项跨行政区划重大工程得到启动。

(三)助力区域腾飞功不可没

洋山港建设对长三角区域经济的发展起到了重要的促进作用。一是洋山港推动了浙沪及长三角航运网络建设。洋山港地处我国东部沿海与长江经济带的"T"字形交汇点,它的建成为我国内陆腹地搭建了优质对外贸易新通道。洋山港通过货物集疏散功能,搭建了以长三角航运网络为代表的内陆运输网络框架,整合了港口资源,盘活了上海及周边地区港口,有效解决了长三角港口布局的问题。同时,洋山港推动"干线港—支线港—喂给港"的长三角港口网络运营结构形成,推动区域航运网络建设与港口发展。

二是洋山港促进了浙沪及长三角经济贸易发展。对外而言,洋山港货物贸易发展带动了港口货物贸易吞吐量的提升,使得上海港迅速超越釜山港、神户港等众多东亚重要港口,一跃成为东亚国际中转枢纽大港,有效推动了上海和浙江等长三角地区国际贸易的快速发展。对内而言,洋山港对长三角地区港口结构的整合优化起到了积极作用,加速了长江流域的新一轮产业梯度转移。可以说,洋山港的建设和发展不仅全面带动长江周边地区经济、贸易的跨越式发展,也为长江经济带和"一带一路"国家发展战略做出了巨大贡献。

三是洋山港推动了浙沪两地合作的不断深化。在洋山港建设规划与建设过程中,浙沪两地不断推进洋山区域的开发,在布局优化、资源共享和政策一体化等方面取得了重要进展,不仅全方位强化了浙江和上海的合作,而且为跨区域合作积累了宝贵经验。2022年浙沪两地进一步签署《深化小洋山区域合作开发框架协议》,标志着浙沪两地区域开发合作进入加快实施的新阶段。当前,浙沪以洋山港新时代高质量发展为新起点,高水平持续推进洋山区域开发开放,逐步将洋山港的港口建设合作、产业和经济合作,推进转换到更加深入的公共民生等方面的全方位合作。洋山港将在长三角更高质量一体化发展中发挥更加重要的引领作用,更好地惠及浙江、上海等长三角地区的广大人民群众。

三、跨区域协调发展的成功典例

洋山港建设与发展反映浙、沪两地政府与市场相结合,深入落实协同与错位发展,实现了由港口合作、经济合作向跨地区公共服务合作的有效转变。在浙沪两地政府的通力合作下,洋山港成为引领长三角一体化的重要枢纽节点,在推动长三角地区贸易发展、产业结构变革和社会民生发展中发挥日益重要的作用。可以说,洋山港摸索了一条跨区域协调发展的成功路径,生动诠释了中国特色社会主义制度优势,为进一步推进我国区域协调发展提供了宝贵经验。

(一)从"政府导向"拓展为"政府与市场相结合"

洋山港建设从初期的"政府导向"不断向"政府与市场相结合"的导向转变。根据国际大港发展经验,要建好具有充分竞争力的国际枢纽大港,政府强化本地港口与周边港口资源的统一整合、协调发展作用至关重要。特别是在港口项目规划初期,政府运用市政手段加强对港口发展的规划与管理不失为一种可行、有效的办法。洋山港前期投入巨大、涉及利益方众多,构建政府主导的统一规划建设模式十分必要。

事实上,早在1977年交通部成立"上海组合港办公室"时,上海就有意对长江流域港口进行整合,以实现优势互补、互惠多赢的局面。但是由于不同区划和管理体制的制约,协调统一的港口建设难以推进。因此,在洋山港选址及建设之前,上海市、浙江省等职能部门就洋山港建设难点进行了充分的讨论和实地调研,携手共同建设洋山港的愿景得到不断强化。在此基础上,两地积极寻求国家层面的支持,最终从顶层设计的角度出台了一系列举措,克服了跨区域协作的制度障碍。基于建设洋山港的共同愿景和国家政策支持,洋山港在建设过程中创建了一套行之有效的跨区域合作协商机制,即以上海国际航运中心港口群为代表的协作发展长效对话机制,以及协调机制、以上海国际航运中心物流为重点的信息化建设协作机构和管理机制和以长三角内河集疏运系统为平台的标准化研究机构和协调机制。正因如此,洋山港在建设过程中,最大限度地发挥了政府这双"看不见的手"的作用,最终实现了洋山港"从无到有"的历史性突破。

随着港口建设的不断推进,有必要进一步引入"看得见的手",以此提高港口的运行效率,推动洋山港完成"从好到强"的飞跃。2005 年,上海国际港务(集团)股份有限公司联合香港和记黄埔集团、A. P. 穆勒·马士基集团、中远集团和中海集团等世界港行业巨头,联手投资经营洋山港二期项目,极大地提升了洋山港经营建设的市场化和国际化水平。2013 年 10 月,中国(上海)自由贸易试验区建成,洋山港经营建设的市场化力量得到了进一步的加强。例如,洋山港通过市场有效调节了港口资源,合理组织了港口承担不同类型船舶、不同类别货物及不同运输需求旅客的集疏散任务,最大限度地提高了港口经济效益与港口国际竞争力。2020 年《浙江省推进长江三角洲区域一体化发展行动方案》出台,进一步提出加强以资本为纽带、以增量业务为重点的港口资源整合、项目合作、业务协同主张,提出积极探索建立相对统一的港航政策体系和经营机制。在方案指引下,浙江和上海将通过市场化方式,继续巩固和提升宁波—舟山港综合能级,更深层次推进大小洋山港全域一体化开发合作。浙沪两地积极探索以资本为纽带、以企业为主体的股份合作模式,进一步推进了洋山港的市场化程度,促进了洋山港国际竞争力的提高。

(二)从"行政竞争"转变为"接轨合作错位发展"

洋山港建设初期,长三角地区各个港口的竞争激烈,各地政府仅以"行政性思维"考虑港口发展策略。例如,在上海市政府规划建设上海国际航运中心的过程中,由于行政区划与经济规划的不重合,上海及周边城市群的科学规划和有效对接受到较大制约。与此同时,浙江省政府规划建设宁波—舟山港整合大港,江苏规划整合苏州港……长三角地区以港口资源为代表的海事资源之争愈发激烈。事实上,浙沪两港地处同一海域,使用同一航道,拥有同一经济腹地,在自然属性上是一个有机整体,当时却因行政区划不同而一分为二,严重影响了港口资源优势充分发挥和竞争力提高。

随着洋山港的开工建设,这一情况得到了极大扭转,浙江省和上海市等长三角地区政府以洋山港建设为契机,积极转变"行政区划"思维,从区域性统一合作发展的角度充分考虑各地区资源的有效整合与科学利用,使得洋山港成为打破行政分割、实现港口间区域合作的一个重要标志。在建设过程中,上海、浙江等长三角地区以洋山港为纽带,积极磋商、积极联动,多次举办长三角相关会议,各方将洋山港建设纳入统一体系中展开,不仅有效避免了行政区划带来的地区经济竞争,而且有力地促成了长三角地区物流基地、临港工业基地和战略物资储运基地的建设。以浙江与上海的跨区域合作为例,2003 年,在沪浙两省市经济社会发展情况交流会上,习近平同志指出:"主动接轨上海,参与长三角洲经济合作与发展是一个庞大的社会系统工程。我们浙江要着眼于'虚心学习、主动接轨、真诚合作、互利共赢',以提高区域经济综合实力和国际竞争力为着力点,以更加积极的姿态加强与沪苏的经济合作与交流,进一步提高我省的对外开放水平。"[①]2005 年 11 月,在省委十一届九次全会第二次大会上,习近平同志指出"要坚持'跳出浙江发展浙江',鼓励企业在省外投资创业,鼓励企业走出国门,开展对外投资和跨国经营,带动产品走出去、资源引进来,不断拓展发展空间"。[②] 此后 10 余年各地区秉承这种理念,积极推动洋山港及周边港口差别竞争、错位发展。特别是在长三角一体化上升为国家战略后,港口错位发展的思路更加明确。例如,2019 年中共中央、国务院印发《长江三角洲区域一体化发展规划纲要》,其中明确了长三角各大港口主要功能,要求保障浙沪杭州湾等港口的分工合作与错位发展。

---

① 习近平.干在实处　走在前列:推进浙江新发展的思考与实践[M].北京:中共中央党校出版社,2006.
② 习近平.干在实处　走在前列:推进浙江新发展的思考与实践[M].北京:中共中央党校出版社,2006.

在相关理念和政策的推动下,长三角各地区根据港口功能,因地制宜、因港施策,形成了功能互补、差别竞争、错位发展、区域联动的产业发展格局。从港口空间布局来看,长三角干支结合和层次分明的运输模式逐渐形成:洋山港为国际远洋航线的主靠港以及内支线多式联运的枢纽港,担负着对外连接世界、对内辐射长三角地区的重大功能;苏州港为北翼港与长三角综合性地区港口,为苏锡常地区及长三角地区提供中转服务;南京港为长江沿线下游的区域性枢纽港,武汉港为长江沿线中游的干线港,重庆港为长江沿线中游的支线港,承担对腹地的集散、中转和外贸物资运输工作。从港口运输种类来看,随着上海市产业转移与结构的调整,原本依靠煤炭、原油发展的第二产业逐步内迁,洋山港的干散货运输和液体散货运输量降低,在大宗散货运输上的主导地位逐步淡化,大宗散货逐步向以宁波—舟山港为代表的港口转移。浙沪及周边主要港口抓住机遇,实现跨越式错位发展。例如宁波—舟山港,凭借其优越地理位置与港口条件,投资大宗散货码头建设并一跃成为全球吞吐量最大的大宗散货运输枢纽港;连云港港依托当地产业发展布局,形成以集装箱和大宗散货运输为主要货种的运输结构,成为国际规划的能源和原材料运输重要口岸;苏州港、南京港从事内贸运输,通过货物在洋山港等枢纽港中转,运输小吨位驳船完成货物贸易集疏散。

(三)将"港口合作"扩展至"跨地公共服务合作"

长三角地区以洋山港为纽带,将洋山港合作不断扩展至经济合作,最终全方位扩大至跨区域公共服务合作。在洋山港建设之前,上海港、宁波—舟山港和苏州港等各自形成了省域"一体化"港口,但"各自为战"的港口发展模式难以满足我国建设国际航运中心的需要。在洋山港建设的初期,各地区的合作围绕港口资源整合和规模建设展开,一方面,洋山港与周边港口科学定位、各司其职;另一方面,通过跨区域合作,强化了上海港、宁波—舟山港和苏州港等港口之间的合作,广泛联通了包括黄浦江、苏申内港线、苏申外港线、太浦河、杭申线、平申线、淀浦河、油墩港、川杨河、大治河以及浦东运河在内的周边航道系统,构建了以洋山港为核心的长三角港口运输"三大体系",实现了区域间港口合作、推动了区域协调发展。

随着港口建设的不断推进,各地区经济合作程度不断加深。2016年12

月浙江省政府和上海市政府签订了《关于共同推进小洋山区域开发等重大合作事项的框架协议》,进一步将浙江省和上海市在小洋山开发中铁路和城际轨道交通项目的合作,扩展至科技创新、产业合作、生态环保等更多领域。2017年3月,浙江省政府批复设立"浙江省全面接轨上海示范区",要求打造浙江与上海创新政策率先接轨地、高端产业协同发展地、科创资源重点辐射地、一体化交通体系枢纽地、公共服务融合共享地。同年7月,浙江省和上海市举办了经济社会发展情况座谈会,双方签署了《关于深化推进小洋山合作开发的备忘录》《关于小洋山港区综合开发合作协议》等重要文件,以文件形式进一步明确了洋山保税港区扩区等内容。从跨区域经济合作效果看,洋山港在推动货物贸易发展的同时,也带动了周边地区的产业和经济发展。例如,洋山港带动了长三角跨地区和跨行业的运输、储存、装卸、搬运、包装、流通、加工、配送、信息处理等多个配套环节的服务产业发展,并引进了一批关联度高、带动力强的龙头型、基地型项目,有力促进了长三角地区产业结构的高级化调整。

近年来,洋山港周边地区围绕公共服务进一步加强了合作。以浙江省嵊泗县和上海市的合作而言,两地在居民公共服务及招聘、交通运输服务等方面合作力度不断加强,实现了互惠共赢。顶层设计方面,嵊泗县政府在"十三五"规划纲要中明确提出"与沪同城"战略,通过定期举办沪嵊两地联席会议等方式,建立了稳定的合作交流长效机制,推动两地在医疗卫生、人力资源、文化产业等方面信息资源的合作共享。具体而言,用工就业方面,2021年嵊泗县与上海市浦东新区人力资源和社会保障局合作,联合举办"临港新片区嵊泗洋山就业直通车"等现场招聘会,共建用工就业供求双向平台;双方定期召开"嵊泗—上海"促进就业工作会议,在就业创业补贴落实、就业困难人员帮扶、舆情维稳信息共享等方面达成了10余条合作共识;浦东人社App与嵊泗用工信息等实现了精准和深度对接,为两地协同发布企业用工招聘、个人求职、社保政策调整等提供了数字化服务。交通运输方面,嵊泗县人社局与上海浦东新区人社局积极沟通,协调交通部门增设通勤船班,大大缩短了通勤时长,为在小洋港区工作的员工提供了安全通勤保障。

四、洋山港在区域协调发展中的远景展望

洋山港是上海国际航运中心的重要组成部分,是浙沪综合运输枢纽和现代物流服务的重要平台,是长三角经济发展的重要依托。洋山港不仅搭载了上海成为东北亚国际航运中心的希望,而且为构建浙沪"海陆空"综合交通网络、推动长三角经济转型升级提供了新的动力源泉。面对国际国内新形势,要持之以恒地推进洋山港建设及跨区域合作,更好地发挥洋山港在推进"一带一路"建设和长三角一体化高质量发展中的作用。

首先,更加重视基础设施的建设与维护、持续推进中转业务与时俱进,强化洋山港在国际航运中的市场竞争力。根据交通运输部、发改委、水利部、财政部联合编制的《长江干线航道总体规划纲要》,至 2020 年,投入 430 亿元用于长江干线航道的整治和装备建设,强化洋山港四期工程、洋山港液化天然气码头与成品油平台等基础设施建设。现阶段,大力发展中转业务、提高国际中转比重是洋山港争夺国际航运中心地位的重要途径,也是港口国际地位的重要标志。同时,优化现代航运集疏运体系成为浙沪建成具有全球资源配置能力的国际航运中心的关键。正因如此,应当加快全网交通信息系统、新的铁路等运输通道的建设,持续完善"海—陆—空"等运输渠道的精准衔接,以不断提高多种运输方式的联运能力和提升货物中转效率。通过不同交通运输渠道、不同站点间的集疏运系统的完善,不断强化洋山港硬实力,提高洋山港的国际竞争力。

其次,以洋山港区为依托大力发展城市临港产业。临港产业的发展不仅可以为港口提供充足的货源,而且可以产生产业集聚效应和扩散效应,有效带动港口腹地的经济发展。洋山港应根据自身定位、优势和短板,有选择、有阶段地确定符合自身特点的发展战略。例如,可以充分发挥长三角经济优势,以海上中转为龙头,延伸海洋交通运输业价值链,发展包括包装、初加工、临港工业和新兴海洋产业在内的多种第二产业,同时以海上补给和海洋旅游为核心,推动第三产业的高级化。在国际航运企业和机构陆续进驻上海自贸区的国际趋势下,应提前做好航运金融、国际船舶管理、国际航运经纪等服务业规划布局,努力推动三次产业的战略升级,为迎接浙沪新一轮

发展做好充足准备。

再次,推动国际航运中心和金融中心建设。第一,利用洋山港推动航运服务业企业成群、产业成链、要素成市,提升长三角在国际航运市场上的地位和作用,推动中转贸易、过境贸易和国际物流业务的实现;第二,加强与吴淞港口物流园区、外高桥港口物流园区、龙吴港口物流园区、宁波北仑港等的沟通交流,形成常态化合作工作机制;第三,重视发展港口现代物流产业,推进专业信息应用系统对公共码头作业、仓储场站、物流运输等业务领域的覆盖;第四,充分抓住港口服务和物流服务需求旺盛增长的机遇期,重视航运业与金融业的深度耦合。注重吸引航运金融与保险、海事仲裁、法律、公证公估、信息服务、人才培训等航运服务产业,推动"两个中心"战略建设。

最后,依托洋山港建设,进一步加强浙江省、上海市及其他长三角城市的跨区域合作。第一,完善跨区域工作协作的机制设计。加强交通运输部等部委、上海市政府和浙江省政府,以及两地口岸管理等职能部门的对接,在各级、各地部门支持下合力开展国际航运制度与服务创新。在此基础上同步开展跨区域规划编制和未来建设方案,共同推动小洋山全域一体化开发,打造更高层次对外开放的新平台。第二,强化跨区域基础设施联通能力。不断加强沪舟甬跨海大通道的联通能力,进一步提升上海临港与浙江舟山、宁波的交通便利程度,推动洋山港与宁波—舟山港的区域联动。第三,推动跨区域高端航运产业招商合作。充分发挥各地区彼此优势、实现合作与信息共享。注重发挥长三角区位优势与金融优势,充分运用长三角港口水运等资源,重点推动国际航运组织、航运金融、航运保险、航运经纪、航运科研教育培训等行业的发展,共同推进与周边港口相关产业的技术创新,实现跨区域合作的共赢。

作为镶嵌在长三角的海上明珠,洋山港改写了我国航运发展历史,提高了我国港口的国际竞争力,为推动长三角和全国区域协同发展注入了强大动力。在洋山港的建设和规划过程中,浙、沪两地主动对接、紧密联动,积极整合了长三角周边资源、落实创新协同与错位竞争,堪称跨区域合作的典型案例。未来浙江省和上海市等长三角地区将继续以洋山港合作为纽带,持续推动跨区域合作程度的深化,不断书写跨区域合作和区域协调发展的新辉煌。

参考文献

[1]谷人旭.洋山港,巨龙之珠——论洋山深水港对长江流域经济发展的带动效益[J].上海城市管理职业技术学院学报,2002(6):9-11.

[2]黄少卿.洋山港——名副其实的东方大港[J].港口经济,2016(7):53-55.

[3]沪浙签署框架协议 深化小洋山区域合作开发[N].人民日报,2022-06-16.

[4]世界港口建设的"珠穆朗玛"——洋山港[J].工会博览,2018(21):38-40.

[5]王骜.基于网络视角的港口跨区域合作策略决策模型[D].大连:大连海事大学,2020.

[6]王东祥.加强浙沪合作的新思路和重点[J].决策咨询,2019(3):30+32.

[7]万健.关于洋山港发展的战略思考[J].华东经济管理,2006(6):16-17.

[8]王葭苇.洋山港发展离岸金融业务可行性及模式探究[J].浙江海洋学院学报(人文科学版),2010(1):53-57.

[9]魏如青,陈雪玫.洋山港在上海发展东盟与北美转口贸易中的优势及作用[J].上海经济研究,2008(6):60-64.

[10]忻海平.洋山港建设的背景、现状及对嵊泗经济社会的影响[J].中国市场,2006(44):10-11.

[11]习近平.干在实处　走在前列——推进浙江新发展的思考与实践[M].北京:中共中央党校出版社,2006.

[12]叶碧晴.洋山港开通对长三角城市出口的影响研究[D].南京:南京大学,2021.

[13]周国辉,周军,袁乾鹏,等.构建洋山港区域海事联合监管机制推动长三角海事一体化融合发展[J].中国海事,2022(3):16-19.

[14]赵鹏军.基于港口经济的海岛型城镇发展战略研究——以洋山港近域海岛为例[J].经济地理,2005(2):206-210.

执笔人:薛天航,浙江大学区域协调发展研究中心

第三篇　对外开放篇

第十章 文明交融——钱塘自古繁华

"东南形胜,三吴都会,钱塘自古繁华。"钱塘江是浙江也是杭州的"母亲河",浩浩荡荡 600 余公里,流经 2 个地市 10 个区县(市),承载着历史的记忆和未来的梦想。在漫长的历史长河中,钱塘文化滋养了流域两岸人民,积淀了丰厚的文化遗产和宝贵的精神财富,也为不同文明的交融做出了贡献。直到今天,钱塘江依然在世界文明交融中发挥着自己的作用。

一、源远流长的经贸交流

浙江作为我国海岸线最长的省份,具有开展对外经贸交流的先天优势。此外,发达的浙江造船与航海业也为海外贸易的兴盛提供了物质基础。

(一)"商胡离别下扬州,忆上西陵故驿楼"——遣唐使、"市舶司"与海上丝绸之路

浙江古代外经贸交流始于秦汉,发展于唐与五代,繁荣于宋元,2000 多年的对外贸易史奠定了其在中国海外贸易上的地位。遣唐使的往来、"市舶司"的设立与海上丝绸之路的参与便是浙江对外经贸交流源远流长、影响深久的印证。

1. 遣唐使——中日交流的桥梁

唐代是我国历史上最为鼎盛的时期,也是我国古代对外交流、经贸合作最为发达的时期之一。唐代中日两国的合作、交流、贸易往来尤为频繁、密切。日本的遣唐使多次访华便是两国文化与经济交流的重要途径。自 630 年日本舒明天皇派遣第一批遣唐使起,至 838 年仁明天皇派遣第十二批遣唐使止,遣唐使在 200 多年间成为两国交流最为关键的桥梁之一。

遣唐使前往长安的路线分为南北两线及南岛线,为确保遣唐交流的任务顺利完成,日本方面常采取一批遣唐使多线并进的方式来华。南线则与浙江密切相关,杭州湾便是南线遣唐使的登陆点。遣唐使访华时从日本五岛列岛出发,横渡东海后从长江口和杭州湾附近登陆,继而沿水路经由扬州

至长安。史料记载南线是三条航线中最快捷的路线。遣唐使伊吉博德的随行记录《伊吉博德书》佐证了这一点：他所在的第四批遣唐使船顺风而行，用时不到三天便抵达杭州湾。而同期的北线及南岛线则需耗时月余，南线的时效优势由此显现。木宫泰彦在《日中文化交流史》中描述了两国民间商贸往来的繁荣，据统计，那时往来船舶贸易达 34 次，其中从浙江明州启程的有六次，这些商船每艘可载 20 至 60 余人。

以遣唐使为纽带与桥梁所营造的两国友好、开放的环境使得中日民间自发的文化与经济的交流变得活跃、频繁、生机勃勃。遣唐使访华对两国的政治、文化、经济等领域的交流都产生了显著的影响。从政治的角度而言，日本以频繁派遣遣唐使的形式加强了与当时国际政治中心长安的联系，从而增加其国际影响力；从文化的视角而言，唐代瑰丽绚烂的文化显示出强大的辐射力和向心力，大量留学生和留学僧侣的访华则将先进的中华文化带入日本，使得日本文化的发展深受唐文化影响。

2."市舶司"与浙江对外贸易的持续繁荣

北宋时期，政府在明州港与杭州港设立"市舶司"，成为推动浙江对外经贸交流进一步繁荣的强劲动力。南宋时期，温州港设立的"市舶务"，逐步成为国内重要的通商口岸。

北宋端拱二年，杭州港的两浙"市舶司"开始承担对外贸易的文书批复与办理等事宜，使其拥有了对外经贸领域的行政职能与权限："自今商旅出海外藩国贩易者，须于两浙市舶司陈牒，请官给券以行。违者没入其宝货。"①北宋元丰二年，明州港亦开始承担类似职责与功能："凡商人去高丽，资金达五千缗者，在明州登记姓名、籍贯及经营项目等，并要寻人作保，方可发'引'。"②由此，明州港成为中日贸易额最大的港口，杭州港的发展与地位亦迅猛增强。除却自唐代便兴盛的中日贸易，明州港、杭州港也开始与朝鲜、越南等国进行频繁的贸易交流，所涉商品种类亦更为多元：浙江主要输出本地产品，诸如瓷器、丝绸、香料、药材与书籍等；日韩则通过两港向中国

---

① 徐松.宋会要辑稿.[M].上海：上海古籍出版社,2014.

② 脱脱.宋史[M].北京：中华书局,1997.

输入木材、黄金、硫黄、人参、药材等;而东南亚各国则主要输入当地香料、药材、象牙、龙脑等。

南宋时期工业发展迅猛,绍兴元年,朝廷在温州设立"市舶司"。温州的漆器、龙泉窑的青瓷等物品凭借精良的制作,沿瓯江出温州港远销海外。此外,南宋时期温州发达的造船业则为温州港的繁荣夯实了物质基础。

元代浙江延续了两宋时期的繁荣,成为设"市舶司"最多、最集中的地区。当时,浙江所拥有的港口数量、进出口的商品种类均创新高。与此同时,元当局在初始阶段基本保留宋代在浙江的"市舶司"设置,在明州港、温州港、澉浦港、杭州港设"市舶司"。随后将温州港、澉浦港以及上海港一并划入明州港"市舶司",这使得明州港"市舶司"的辐射能力大幅增加,海外贸易更为发达。杭州港则在元初成立市舶转运司,当局希望以此举鼓励海外贸易的持续繁荣,这也使得杭州港在经历南宋时期短暂没落后重新焕发活力与生机。意大利籍旅行家鄂多立克便将杭州称之为"最好的通商地"。

明清时期的对外贸易虽然在当局海禁、闭关锁国等方略下备受打击,但浙江仍然是极少数被许可对外贸易的地区之一。明清时期浙江的对外贸易出现了两个高峰期,一是明隆庆年间海禁解封后以湖丝等丝织品为主的出口高峰期——贸易国进一步增加,美洲、欧洲等地成为浙江对外新的贸易经济增长点。持续的繁荣使得江浙地区的手工业高速发展,也使得资本主义生产关系开始萌芽。另一个高峰期出现在清康熙年间,撤销海禁政策、于宁波设"市舶司"使得浙江的对外贸易交流又逐步恢复并开始繁荣。

回溯浙江的对外经贸史,"市舶司"的设立往往昭示着一个地区海外贸易的繁荣。自宋代政权开创"市舶司"以来,"市舶司"在浙江港口开设已成定例。这直接促使浙江对外贸易的兴盛,同时对浙江手工业、造船业等产业的发展产生刺激作用,也使得浙江形成了对外开放、包容多元文化商业氛围。

3.浙江与海上丝绸之路

浙江素有"丝绸之府"的美誉,自古便盛产丝绸。与此同时,浙江拥有的许多良港,加之船舶业与航海业的发达,使得浙江成为海上丝绸之路的东海航线与南海航线的主要干线与支线,在历代的海外丝绸贸易中占据重要地位。

浙江的对外丝绸贸易主要开始于唐、五代，发展于宋元，鼎盛于明清。早在战国时期，范蠡与文种吸收齐鲁两国丝织技术，鼓励浙江丝织业大力发展，便奠定浙江成为"丝绸之府"的物质基础。

遣唐使加强了中日官方的朝贡贸易往来，随之而来的则是民间贸易的繁荣。浙江的出口以名扬天下的丝绸和瓷器为多。两宋时期我国政治中心的南迁带来了经济与人口的流动，使得浙江的丝织业与商业发展更具有活力与竞争力，浙江受海外贸易刺激最深，丝织业的发展也更为欣欣向荣。浙东和浙西地区所缴纳上贡的丝织品占当时国内总额的四分之一以上。元代的浙江开始同东南亚、南亚、阿拉伯半岛等地进行丝绸贸易，海上丝绸之路已逐步成熟并渐显鼎盛之势。

郑和下西洋是明代官方进行的最大规模的海外丝绸贸易，他每到一处便以瓷器与丝绸等进行礼物交换，从某种意义上，郑和七下西洋可被称为七次成功的"丝绸外交"，使得浙江丝绸与瓷器驰名海外。除此之外，虽然明代的海禁政策抑制了正规的民间商贸往来，但这使得民间走私贸易发展迅猛。闽广、两浙地区与日本、葡萄牙等国的商人在宁波外围的双屿港进行交易，其中大多以生丝、绸缎和南洋地区的香料植物交换为主。清代极繁盛的丝绸贸易使得海上丝绸之路的重要性被推向了一个新的高点，资料统计，1692—1839 年（康熙年间至鸦片战争前），浙江至日本的商船约 6200 艘，而白丝与丝织品占中日总贸易额的七成之上，足显浙江丝绸的经济地位。

可以说，海上丝绸之路与浙江密不可分，随着国际性交流的增加，纺织技术与船舶业的迭代升级，浙江对外贸易的活力被进一步激活，海上丝绸之路的重要性也更为凸显。

4. 博物馆——丝绸之路文化记忆

始于唐、五代的浙江丝绸之路，经过千年历史变迁，已经植入浙江大地骨髓，形成了集体文化记忆。建成多个专业性强的专门博物馆，就是其中一项感知性、继承性、永恒性、共享性的大事。这些专业博物馆（见表 10-1）记录了浙江历史上的文化遗产，兼具科学性、历史性与艺术价值，开拓了新"丝绸之路"。

表 10-1　浙江省内的专业博物馆

名称	建成开放时间	展出内容	价值作用
中国丝绸博物馆	1992-02-26	中国丝绸博物馆是国家一级博物馆,中国最大的纺织服装类专业博物馆,也是全世界最大的丝绸专业博物馆。该馆展示了中国五千年的丝绸历史及文化,其基本陈列包括序厅、历史文物厅、蚕丝厅、染织厅、现代成就厅等五部分。中国丝绸博物馆重要藏品有战国对龙对凤纹锦、汉晋长葆子孙锦、北朝绞缬绢衣、唐代锦袖花卉纹绫袍、唐代花鸟纹刺绣夹缬罗、辽代盘金绣团窠卷草对雁罗、宋代花罗裙裤、元代印金罗短袖衫、清代黑缎地彩绣花卉女褂。截至 2019 年末,中国丝绸博物馆馆藏文物共计 67866 件/套,其中珍贵文物有 4642 件/套	中国丝绸博物馆以研究为基础,夯实博物馆丝绸历史、科技保护、传统工艺和当代时尚四大板块,对接国家战略,开展国际合作,服务文化、经济和社会协调发展。在征集丝绸藏品、举办国内外展览、保护纺织品文物、传承蚕桑丝织技艺、开展丝绸科普教育、弘扬丝绸文化等方面取得了令人瞩目的成绩
中国茶叶博物馆	双峰馆区:1991 年 4 月龙井馆区:2015 年 5 月	中国茶叶博物馆是我国唯一以茶和茶文化为主题的国家级专题博物馆,集文化展示、科普宣传、科学研究、学术交流、茶艺培训、互动体验及品茗、餐饮、会务、休闲等服务功能于一体,是中国与世界茶文化的展示交流中心,也是茶文化主题旅游综合体。一号楼为陈列大楼,设五个展厅。茶史厅介绍中国茶叶生产、茶文化的发展史,茶萃厅展出中国名茶和国外茶叶的样品,茶具厅展示中国各历史时期茶具的演变和发展,茶事厅介绍种茶、制茶、品茶的科学知识,茶俗厅介绍云南、四川、西藏、福建、广东以及明清时期的饮茶方法和礼仪,反映中国丰富多彩的茶文化。二号楼用作外宾接待和学术交流。三号楼设六个不同风格的茶室,供参观者品尝各茶系的茶饮风味。在四号楼,参观者可以欣赏到古今中外的茶艺和茶道表演。馆内建筑具江南园林特色,曲径假山和周围茶园相映衬	中国茶叶博物馆集茶文化收藏、研究、社会教育、文化传播及休闲、娱乐、餐饮于一体,是中华茶文化的展示中心,是系统收藏茶文物、茶叶文献资料的专业场所,茶文化研究的重要基地,茶文化活动的重要组织机构,茶艺师的摇篮和传播茶文化的重要窗口,爱国主义教育及未成年人素质教育的重要阵地

续表

名称	建成开放时间	展出内容	价值作用
南宋官窑博物馆	1992-10-25	杭州南宋官窑博物馆藏品来源主要是南宋官窑两处遗址出土、建馆之初其他博物馆和文物收藏机构的调拨以及建馆后的历年征集。截至2019年,杭州南宋官窑博物馆有藏品数量3014余件/套,其中珍贵文物242件/套。重要藏品包括南宋官窑"大宋国物"垫饼、南宋官窑有铭文研钵、南宋官窑龙纹素烧盘底、南宋官窑有铭文陶范、南宋官窑有铭文荡箍、南宋官窑"高师古"轴顶碗等。为人们研究南宋官窑瓷器的生产、工艺、产品特征等各种问题提供了可靠的实物例证	南宋官窑博物馆是中国第一座在古窑址基础上建立的陶瓷专题博物馆。经改造后的南宋官窑博物馆,全方位展示了南宋官窑的风韵与特色,既突出官窑的历史、工艺和美学价值,又充分反映官窑与南宋宫廷文化及社会习俗的密切相关性。对弘扬中华陶瓷文化,普及陶瓷知识,突显杭州南宋故都历史风貌起到了良好的展示和传播作用
中国京杭大运河博物馆	2007-10-01	中国京杭大运河博物馆是中国唯一以千年运河为主题的博物馆,介绍了隋唐以来中国各个朝代漕运、南北经济文化以及沿河各地方风俗知识	中国京杭大运河博物馆一方面是一个全方位、多角度反映和展现运河自然特性、人文精华等各个方面的大型博物馆,另一方面又是运河文物、文献资料等的征集、收藏中心和运河文化的研究和展示中心,同时结合运河文化广场功能又是运河旅游的中心枢纽和游客综合服务中心。其充分展示了大运河在中华民族发展历史中的地位和作用

(二)"争促物产之改良,谋实业之发达"——1929年西湖博览会

1.1929年西湖博览会概况

世界工业化的发展催生了新的商业与文化活动形态——博览会。1929年的西湖博览会是我国历史上第一个全国规模的博览会,也是中国近代史绝无仅有的博览会。西湖博览会的成功举办进一步推动了实业救国的思潮在全国范围内的传播,间接促进了近代工业的发展,在我国近代的经济与文化发展史上画上了浓墨重彩的一笔。

1928年10月,浙江省政府通过决议,正式筹办西湖博览会。经过八个月精心而缜密的准备,西湖博览会于 1929 年 6 月 6 日顺利开幕,于 10 月 11 日圆满闭幕。据统计,共三万余人参与开幕式,展览期间吸引参观者达 2000 余万人次。

2. 西博会特色

西湖博览会筹办期间对展品的征集、挑选与审核均持严谨、细致的态度,对所选展品的学理、品质等都进行了翔实的分析。西博会要求展品必须是中国制造、有参考与改良价值、对经济发展有足够的贡献。最终西博会的展品包含染织工业、机电工业、化工、医药工业、农产品、科教用品等 12 类,共 147604 件。除了正式场馆布展,西湖博览会还举办了 62 场大型演讲,内容丰富,涵盖工商业发展、经济金融研究、电气通信、新闻出版等多个领域,进一步启发了民智。此外,为吸引民众与游客观展,浙江省政府举办诸多大型社会宣传活动,并在会后编辑 200 万字的《西湖博览会总报告书》。这些宣传资料与文献在当时吸引了大批本地民众、来杭游客以及全国范围内的有志之士,随后也为浙江提供了宝贵的历史资料。

3. 西博会的意义和作用

无论是展会规模、展品丰富程度、宣传力度,还是影响力的辐射范围,西湖博览会均可被称为中国近代史上最繁盛的会展之一。同时,西湖博览会的召开对浙江乃至全国都意义重大、影响深远。首先,西博会的举办契合了国家振兴工商业、发展实业的需要。其次,通过博览会,各产业与个人可借由展品了解行业发展前沿与动态并比较自身优劣所在。这种信息的获取与交换使得各界均得到自身改革与发展的启示。最后,西湖博览会的召开直接推销了国货,刺激了经济发展,也使得国货运动的思想更为深入人心。从文化的角度而言,西湖博览会各场馆的词曲、祝词与标语均一再表达抵御外国经济入侵、富国富民等爱国主义思想,这也成为我国宝贵的文化资料。对杭州乃至浙江而言,西湖博览会的召开直接拉动当地交通、旅游、手工艺品等产业的发展,同时也扩大了浙江的经济与政治影响力。

(三)"构建创新、活力、联动、包容的世界经济"——2016G20 杭州峰会

2016 年 9 月 4 日至 9 月 5 日,G20 领导人峰会在浙江杭州召开,会议以"构建创新、活力、联动、包容的世界经济"为主题,并设置了四大核心议程,

分别为"创新增长方式""更高效的全球经济金融治理""强劲的国际贸易和投资""包容和联动的发展模式"。

杭州峰会的主要宗旨之一在于重建各国对全球贸易合作的信心,强调国际多边贸易体制和开放型经济体系的必要性、重要性,以遏制日趋壮大的保守主义与孤立主义思潮。在此基础上,2016 年杭州峰会取得了一系列影响深远的历史性成果:发布首个贸易部长声明,批准包括《G20 全球贸易增长战略》《G20 全球投资指导原则》《G20 贸易投资工作职责》等文件,达成"加强多边贸易体制"和"促进包容协调的全球价值链"等共识。将贸易与投资等议程纳入 G20 峰会的核心议程,使峰会的功能与影响力进一步扩大。峰会重申支持多边贸易体制的重要性,并提出九项非约束性原则以降低贸易壁垒、增强融资能力、促进电子商务和扶持企业发展。除此之外,杭州峰会的另一大成果在于开始建立贸易投资合作的有效运行机制,将贸易部长会议纳入 G20 三大会议机制之一,成立专项工作组、推进协商平台建设、发挥智库作用增加机制运行的科学性。

2016 年 G20 杭州峰会的成功举办充分体现了中国作为大国的责任和能力,发挥了维护和坚定国际多边贸易体制、加强全球开放型经济发展的作用。在会议中,中国强调发展中国家的重要性,提出在基础设施与互联互通、融资、培训发展等领域的一系列刺激发展中国家贸易活力的措施。

G20 的成功举办,大大提升了杭州的知名度、美誉度,极大提升了杭州在国际媒体中的曝光率,使得大众更多聚焦杭州、了解杭州;同时也增强了杭州在国际投资中的吸引力,为杭州经济发展创造了良好的国际国内软环境,提升了杭州城市基础设施建设,对经济的发展起到了极大的推动作用。

先有遣唐使、常设"市舶司",后有海上"丝绸之路"与西湖博览会,再有 2016 年 G20 杭州峰会,这都是杭州的里程碑式事件。包容、多元、开放、友善成为杭州的标签,多种文明在此交融。

二、汇通中外的文化互鉴

（一）灿若星辰的文化使者——从马可·波罗、崔溥、卫匡国到泰戈尔

在中外文化交流与互相学习的过程中,往返于不同国家的文化使者充

当了沟通与传播的桥梁。其中意大利的马可波罗与卫匡国、朝鲜的崔溥、印度的泰戈尔等人用他们的笔触描述了中国河山之壮丽、文化之灿烂,让更多人通过文字领略东方美。在他们的笔下,杭州繁华而优美,是中国城市发达、文化灿烂的一个代表性案例。

马可·波罗(1254—1324),意大利人,著作《马可·波罗游记》风靡欧洲、享誉世界。在他的游记中,有关杭州的篇幅占全书的十五分之一。在相关章中,马可·波罗生动而详细地介绍了元末明初的杭州商品经济活跃、城市生活丰富多彩的状况。该章被评为全文"最精彩、最重要的一章"。

马可·波罗在他的游记中记载了杭州的地理位置、交通与桥梁架设、商业繁荣程度、风景名胜乃至杭州当地的婚嫁祭祀等风俗。他将杭州称为"行在",赞其"庄严和秀丽,堪为世界其他城市之冠",足见马可·波罗对杭州的喜爱。他形容杭州城内交通"四通八达、水陆兼备"。在描述杭州的商业时,马可·波罗对杭州店铺市场之多、商品数量与种类之丰富、交易规模之大印象深刻——他写道:"……运来的鱼数量这样庞大……可是在几小时之内,竟一扫而空""每日胡椒的销售量竟达三四十担……"与此同时,手工业的兴盛也令马可·波罗印象深刻,他在书中记载,"每一种工艺都有成千个铺子"。马可·波罗的记述甚至体现出杭州在元末明初时期已逐步形成了外商友善型城市的一些特征,据他描述杭州还专门设立大量仓库以供印度等地商人储存货物使用。在形容杭州风光时,马可·波罗勾勒出一幅泛舟西湖的惬意美景,"有窗可随意启闭……可观四面种种风景""最好的美酒上来了,最佳的糖果上来了……要知道杭州带给人们的娱乐与快乐是任何其他城市都无法做到的"。[①]

马可·波罗的《游记》较为真实地反映了杭州当时经济、文化、生活、习俗的情况,为欧洲人了解东方提供了一个窗口,也为西方构建了一个立体的东方形象。

马可·波罗之后的崔溥来华经历则更显传奇色彩。崔溥(1454—1504),朝鲜官员,代表作《漂海录》。1488年,崔溥惊闻其父病逝噩耗,欲渡

---

① 马可·波罗.马可·波罗游记[M].马斯登,译.北京:外语教学与研究出版社,1998.

海奔丧。然而一场海难使得他在海上漂流 14 天后在中国浙江的台州登陆获救。这也是《漂海录》名称的由来。他在我国官员的护送下在杭州沿京杭大运河至北京,再转陆路,过鸭绿江,返回朝鲜。崔溥因此成为明代第一位完整走完京杭大运河的朝鲜人。《漂海录》全书约 5.4 万字,由崔溥以汉文写就。书籍主要记载了明朝弘治年间的中国,被誉为"摹写中原之巨笔"。其内容涵盖明朝的政治与司法体系、交通运输网络、地方志与民俗、城市等领域。明朝的外国使者鲜少踏足长江以南地区,所以崔溥对江南地区尤为细致的记述成为珍贵的文献资料,《漂海录》也为我国的历史研究提供了重要的他国视角。在当代,浙江文化部门也积极与韩国展开合作,以崔溥的《漂海录》为核心布展,以期还原明代江南文化与运河风光。2016 年浙江省博物馆与韩国国立济州博物馆合作,联合中韩 27 家博物馆举办展览,其主题分别为"崔溥与朝鲜""意外的中国之行""江南风物""大明与朝鲜的文化交流"。

继马可·波罗、利玛窦后,又一位意大利传教士成为沟通中西的重要使者——卫匡国。卫匡国(1614—1661),原名马尔蒂尼。他被誉为 17 世纪中后期最重要的中西文化交流使者之一。卫匡国用拉丁文和中文撰写了多部与中国相关的著作,包括《鞑靼战纪》《中国新图志》《中国上古史》等,是继利玛窦之后又一杰出的欧洲汉学奠基人。卫匡国与浙江缘分殊甚,1643 年他首次抵达中国,便开始在浙江兰溪、杭州等地传教;1646 年他返回浙江,并兴修教堂。1657 年,卫匡国二次访华,重返杭州,致力于传播欧洲文化与宗教、修葺教堂。1661 年于杭州因病去世,墓地便建在杭州西郊老东岳附近的桃源岭麓大方井。杭州于卫匡国去世当年便刊印其著作《逑友篇》,以悼念与追思这位中国人民的忠实朋友。20 世纪 90 年代,浙江省人民政府将卫匡国墓列入省重点文物保护单位。如今,他为中欧经济文化交流所做出的贡献逐渐为人所重视、他留下的著作也成为各界学者宝贵的财富。

近代著名印度诗人泰戈尔在访华期间也留下许多脍炙人口的诗篇,为中印文化互动与两国人民的友好交往增添新的活力。泰戈尔(1861—1941),著有《吉檀迦利》《飞鸟集》《新月集》《戈拉》等名篇,他是世界诗坛一颗璀璨的明珠。泰戈尔对中国有深厚的感情,他来华期间也受邀来杭交流。

1924年4月泰戈尔受徐志摩邀请到杭州游览、参观。其间，泰戈尔参观了杭州西湖、天竺、灵隐等多处名胜，领略别具风情的江南景色。此外，他受浙江省教育厅邀请，发表题为"从友爱上寻光明的路"专题演讲。演讲内容主要有中印因善结缘，两国的文化有可以相互学习与借鉴之处，两国人民也将因爱而友善和平。据统计，前去聆听诺贝尔文学奖获得者演讲的民众有3000余人，座无虚席，泰戈尔的两国需和平、友善、交流等思想亦深受国人赞同。此外，泰戈尔于演讲过程中诗兴大发，当即写下"山站在那儿，高入云中，水在他的脚下，随风波荡，好像请求他似的，但是他高傲地不动"的诗篇佳句以赞颂杭州之瑰丽。2016年杭州举办G20峰会之际，习近平主席在晚宴致辞中引用此诗，既介绍了杭州之美，又体现了国家之间文化交流的深远意义。

从马可·波罗、崔溥、卫匡国到泰戈尔，随着世界经济与科技的不断发展，交通工具的普及与完善，各国间的文化交流不论从深度还是广度都得到了加深。而文化使者的存在不仅为当时国家间的相互了解做出了贡献，他们本身也成为值得学界与大众研究、铭记的对象。灿若星辰的文化使者不仅在当时为两国加深了解发挥重要作用，也成为沟通古今的载体，还为当今世人了解历史提供契机与丰富的材料。

（二）西泠印社与现代浙派印学的海外传播

印学的研究与讨论盛行于清末，其中又以浙江杭州为最。西泠印社的创立是我国篆刻、金石研究史上的重要节点。1904年，王福庵在孤山南麓置地创社，西泠印社成立。西泠印社的创立是我国第一个完全意义上研究印学的社会组织，直接推动了浙派印学的发展。西泠八家等印学群贤汇聚于印社，他们以秦汉古玺为浙派印学的篆法基础，在章法上沿用汉印，"均分印面，任疏任密"，刀法上则以切刀为主。浙派印学是我国印学流派中重要的组成部分，被赞为初入印学门时的必学流派之一。

我国印学的发展与西泠印社的影响范围不局限于国内，还深刻影响了日本印学文化的发展。20世纪中后期，随着战争的结束，中日两国的文化交流逐步回暖。两国的印学交流也随之走入一个新的阶段。日本的篆刻艺术与印学文化研究源于中国，在很长的一个时期中，日本与中国在印学文化方面属于师承关系。随着西泠印社与日本印学界不断的交往与互相研究，逐步形成了"差异并存"的新局面,这使得印学文化的发展走向更多元、更繁荣。日本的印学发展可分为四个阶段。由于深受西泠印社的影响,在后两个阶段,以日本篆刻大师筱田芥津为代表的篆刻家们开始推崇浙派印学,之后吴昌硕的印学艺术风格与作品流入日本,进一步加强了日本印学与浙派篆刻的联系。二战后,日本的文化界开始复苏,印学界"伪浙派"的兴起便可佐证浙派印学对日本影响之深。20世纪80年代后,中日两国印学界学者、篆刻家互访数量逐年增多,所涉范畴也从传统技法、章法等扩展到理论与篆刻史的共同研究,使得中日的印学研究内容更为丰富多元。此外,中日两国互派印学专业留学生、将日本篆刻家吸纳成为西泠印社名誉社员等人才培养与交流的策略,进一步增强了两国印学界发展的活力。如今,两国篆刻艺术蓬勃发展,成为两国文化交流的重要组成部分。

(三)"一带一路"背景下钱塘文化的新机遇与新发展

2013年,中国国家主席习近平在访问中亚和东南亚地区国家时提出,建设"丝绸之路经济带"和"21世纪海上丝绸之路"的合作倡议,以顺应全球形势的变动、寻找国内国际新的经济增长点。"一带一路"建设旨在推动中国与沿线国家互利共赢、共同发展,实现民心相通、构建命运共同体。为实现这一目标,各地根据自身的优势与特点开展地方层级的对外合作项目。浙江沿海的地理位置与源远流长的对外经贸合作史,为浙江与沿线国家的经济合作、文化交流打下了坚实的基础。改革开放后,以浙商精神"敢为天下先"为代表的浙江精神打造出来了,它为对外文化交流与文化贸易的创新与升级提供了养分。浙江牢牢把握新战略提供的契机,在文化产品供给、文化交流项目设置、对外汉语教学人才输送等方面成绩亮眼。浙江文化的软实力也随之显著提升。

1."一带一路"背景下迅猛发展的文创产业

大力发展对外文化贸易是浙江以"一带一路"建设为中心开展的新时期对外开放重点之一。2013年"一带一路"建设启动后,浙江与"一带一路"沿线国家与地区开展的文化贸易与合作持续趋热,贸易额高速增长。仅2016年,浙江出口至"一带一路"沿线国家的文化产品贸易额达4.99亿元,在全省文化出口总额中占比33.99%,"一带一路"沿线国家与地区也因此成为浙江最大的文化产品出口市场。

在"一带一路"建设的刺激下,浙江对文化产品供给产业结构优化的内在动力更为强劲,大批以 AR、3D 技术为核心、主打高科技、高附加值的浙江文创与服务产品远销海外,广受欢迎,2016 年浙江影视、出版、艺术等核心领域的文化服务产品出口额达 6.1 亿元,同比增长 253.12%,华策影视的大型年代剧《传奇大亨》入选 2016 法国戛纳电视节,开华语电视剧在戛纳展映之先河。这证明浙江文化产品的数量与质量都得到了国际社会的广泛认可。此外,拓宽对外文化供给方式、搭建海内外线上线下整合的文化交易平台,使得浙江省对外的文化贸易更为便捷、快速。例如浙江出版联合集团在俄罗斯开设实体连锁店;浙江视博国际传媒集团在迪拜成立并面向中东、北非地区的群众,提供中文卫星直播电视与移动广播节目,覆盖人群近两亿;浙江金华邮电工程公司在并购吉尔吉斯斯坦德隆国家电视台后,开通了中、俄、英等多语种频道,搭建了多种文创产品贸易合作的平台;此外,浙江文创企业还对外架设了互联网影视跨境交易平台,访问量与交易额也节节攀升。由此可见,浙江省的对外文化贸易发展在形式上、内容上都借助"一带一路"建设得到了长足的发展。浙江文化、浙商精神也在日渐频繁的海外文化贸易中得到传播。

2. 汉语国际教育与民心相通

语言作为沟通的工具是两种文化沟通与交流最重要的媒介之一。"一带一路"建设旨在达成的民心相通也需要语言相通的辅助。随着我国与"一带一路"沿线国家与地区合作的不断加深,海外国家对学习汉语与中国文化的意愿、需求也不断增强。例如:截至 2018 年,印尼共建立 18 个汉语国际考试分考点,考生人数达 106859 人次,印尼汉语考试全国委员会也致力于汉语课程纳入必修教育体系。在菲律宾,过百所大中小学校开设汉语课程,开办多个孔子学院,吸引近万名考生参与汉语国际考试。除此之外,汉语国际教育的学校遍布世界。

浙江高校与教师也积极参与汉语国际教育和文化的推广。截至 2019 年,浙江省已有 16 所高校在 24 个国家共建 27 所孔子学院,此外还设有 1 个独立孔子课堂。而孔子学院的教授科目也从单一的汉语教学扩展到了对中国传统文化的研究。颇具特色的有:2003 年浙江师范大学设立非洲教育研究中心,2007 年升格为非洲研究院;2019 年,浙江师范大学、浙江中医药大学与南非西开普大学合作共建的中医孔子学院,使得中医文化在南非得到推广。

与此同时,浙江注重大力培养对外汉语教育的人才,定期向海外孔子学院与对外汉语教学点派遣志愿者老师与学生从事海外汉语教育。与此同时,浙江省教育厅与浙江高校致力于进一步提升对外汉语教育的质量与水平,定期组织海外汉语推广与教学的师生进行经验交流、举办相关会议,共话汉语国际教育,不断提高对外汉语教育的师资水平,鼓励创新教学方式。2019 年,浙江省教育厅主办浙江省国际中文教育会议,来自浙江大学、浙江工业大学、浙江师范大学等省内高校的孔子学院负责人均参与会议,会上围绕孔子学院评价体系建构、孔子学院与职业规划的有机结合、孔子学院与承办院校国际化的联动、孔子学院本土化发展等议题展开,深入探讨对外汉语教育内容模式创新,加快教育质量提升,促进师生互动加强,真正实现海外汉语教育中的民心相通。

"一带一路"建设使得浙江文化走出去有了新的契机。浙江在对外文化贸易和对外文化交流等领域都成果颇丰。浙江省目前仍然在进一步从文化贸易供给侧结构性改革、有条不紊提高对外汉语文化交流、组织更多形式的留学生互访等方面努力,以期把握时代机遇,让钱塘文化在世界更多地区熠熠生辉,让浙江经济显示出更强大的生命力。

三、城市合作

(一)浙江缔结的友好城市概况

1979 年 2 月,杭州市与日本岐阜市缔结成为首对友好城市,拉开了浙江大力发展国际友好城市的缔结与合作的序幕。截至 2016 年,浙江省已与美国、德国、法国、英国、俄罗斯、日本、韩国、泰国、巴西、古巴、澳大利亚、南非等 71 个国家的城市建立了 349 对友好关系,其中省级友好关系 70 对。国际友好城市的增加、友好关系的稳定,为浙江对外开放、经贸合作、文化交流做出了积极贡献。

表 10-2 总结了浙江缔结的友好关系地区与其概况。

表 10-2 浙江省省级国际友好关系地区

国际城市	城市概况
新泽西州,美国	北接纽约州,东面大西洋,南向特拉华州,西临宾夕法尼亚州。新泽西州是美国第四小以及人口密度最高的州。新泽西州经济较为发达,农林业产品主要包括树苗、马、蔬菜、水果、干果、海鲜和奶产品;工业产品主要包括药材、化工、食品加工、电器、印刷和旅游业。除此之外,新泽西州的教育资源也十分丰富,著名的高等学府普林斯顿大学便在该州
印第安纳州,美国	位于美国五大湖地区,交通便利,素有"中西部通道"美誉。印第安纳州的主要产业包括制造业、汽车业、信息技术与航天业、赛车运动等。州府印第安纳波利斯市是美国重要的交通枢纽,也是著名的商业、金融、工业中心以及谷物交易中心。印第安纳州教育体系成熟、高等教育发达
得克萨斯州,美国	为美国南方最大的州,同时位处全美第二。得克萨斯州自然资源丰富,拥有大量待开发的石油、天然气资源,风能资源丰富,风能发电量位列全美第一。得克萨斯州经济发达,被誉为美国经济复苏的"领头羊"。能源石化工业、农业、航天科技、生物制药等多产业均较为发达
特拉华州,美国	被称为美国的"第一州",位于美国大西洋沿岸中部,距离东岸商业中心纽约及首都华盛顿较近。特拉华州制造业发达,石油化工业发展居全美首位。州内的威尔明顿素有"世界化工之都"之称,杜邦公司便位于此。此外,特拉华州服务业与金融业也较为发达,税收优惠政策以及完善的司法系统吸引大量公司在此地注册
北卡罗来纳州,美国	位于美国大西洋沿岸东南部。经济较为发达,排名位于全美前五分之一。对外经贸合作较多,主要出口产品包括化学、机械、计算机电子等。教育资源丰富,高等教育较为发达。北卡罗来纳大学、杜克大学等都是世界知名的高等学府
密苏里州,美国	位于美国中部地区。密苏里州是美国玉米、小麦和大豆的主产区。其工业发达,在动物保健与植物科学等生物科技领域的技术也居于世界领先位置。密苏里州风能、太阳能资源丰富,使得其光伏行业迅猛发展。此外,密苏里州拥有两个庞大的 IT 人才市场。Unisys 与 IBM 两大巨头均在该州设立区域性中心
纽芬兰与拉布拉多省,加拿大	位于加拿大东北角,地广人稀,省内植被大多以森林为主。纽芬兰与拉布拉多省传统工业为渔业与海鲜加工业,石油与天然气开采也是省内的支柱产业

续表

国际城市	城市概况
巴拉那州,巴西	地处巴西南部。其经济产业为甘蔗、玉米、大豆、咖啡等种植业,以及汽车制造与造纸等工业。其中,巴拉那州是巴西第一大玉米产地和第二大甘蔗与大豆产地。伊泰普水电站和伊瓜苏大瀑布位于该州境内的伊瓜苏市,后者被联合国教科文组织列为世界自然遗产。丰富的旅游观光资源使得巴拉那州的第三产业亦较为发达
科洛尼亚省,乌拉圭	位于乌拉圭河进入拉普拉塔河的入海口。省内经济以畜牧业、葡萄种植业、采砂石业为主
圣詹姆斯大区,牙买加	石灰岩资源丰富,主要经济产业为旅游业、农业和制造业
马坦萨斯省,古巴	位于古巴西部,是古巴的文化艺术中心,被誉为"古巴的雅典"。马坦萨斯的自然资源丰富,拥有大量石油、天然气等资源。省内工业、旅游业与交通运输业均较为发达,其工业项目主要集中在石油开采、化工与轻工业等,拥有巴西国内最大的热电厂和最发达的皮革加工厂
门多萨省,阿根廷	位于阿根廷西部,耕地面积较少,石油、铀、铁、钨等矿藏资源丰富,石油开采业在其国内地位重要。农业发达,葡萄产量居阿根廷国内首位。此外,该省的红酒酿造、石油提炼等工业亦较为发达
梅里达州,委内瑞拉	地处委内瑞拉西部,建于悬崖之上,素有"委内瑞拉屋脊"之称。梅里达州的经济主要依靠农业与畜牧业带动。此外,梅里达州自然景观较多,旅游业也在逐步发展之中
米却肯州,墨西哥	位于墨西哥太平洋南部沿岸。米却肯州为墨西哥的农业大州,果蔬出口量占全国第一,牛油果、鹰嘴豆等作物产量也位居前列,被誉为"墨西哥粮仓"。米却肯州矿业资源丰富,矿石开采与钢铁工业较为发达。此外,该州水力发电量占全国第二。米却肯州同时也是墨西哥的文化和教育中心
卡亚俄大区,秘鲁	卡亚俄大区中的卡亚俄港是秘鲁最大的海港、第二大的渔港,是秘鲁最为重要的对外贸易窗口,航运能力占秘鲁全国的三分之一。此外,卡亚俄水产加工与鱼粉业发达。同时,它也是秘鲁最重要的商业贸易和旅游中心
艾森大区,智利	地处智利南部,气候寒冷、人口密度较低。艾森大区的畜牧养殖、自然与水利资源开发等领域具有较大潜力。大区的对外贸易产品主要有鱼类加工食品、矿产与森林木材等
巴省,斐济	位于斐济最大岛屿维提岛的西北部,是斐济人口第一大省、面积第二大省
西澳大利亚州,澳大利亚	澳大利亚面积最大、经济最为发达、海岸线最长的州,且州内旅游资源丰富、生态环境保存良好。西澳大利亚州拥有丰富的矿产资源,经济以畜牧业、矿业、旅游业为主。其工业也在不断发展之中,涵盖机械、冶金、造船等

续表

国际城市	城市概况
波纳佩州,密克罗尼西亚联邦	地处太平洋赤道区,是密克罗尼西亚联邦首都所在地,它也被誉为"热带天堂"。该州自然资源与旅游资源均较为丰富,潜力巨大。州内三分之二人口投身于农业与渔业
惠灵顿大区,新西兰	位于新西兰北岛南端,新西兰首都惠灵顿便位于该大区内,是该国的政治中心
诺曼底大区,法国	位于法国西北部,气候宜人、经济发达、人均国内生产总值居于法国第四、农业与工业基础均较为优秀。此外诺曼底大区拥有数个良港,对外贸易发达,进出口产品以能源与化工产品为主
卢瓦尔·歇尔省,法国	地处法国中北部,隶属于法国中央大区。该省的葡萄种植业久负盛名,是重要的葡萄酒和白兰地产区。其工业主要以汽车制造、医药化妆品生产等为支柱产业
阿尔卑斯滨海省,法国	位于法国南部,隶属于普罗旺斯—阿尔卑斯—蓝色海岸大区。该省是旅游胜地,拥有丰富的自然景观资源,尼斯、戛纳等著名旅游城市均位于该省,是欧洲著名的旅游观光区。该省的支柱产业是旅游业与高新技术产业
石荷州,德国	位于德国北部。石荷州以农业为主,工业发展较晚,基础较为薄弱。石荷州拥有德国最重要的港口,超过三分之二的渔船驻扎此地。此外,石荷州旅游业发达,占该州国民收入的 4.6%,远超德国平均水平
赫尔辛基—乌西玛大区,芬兰	芬兰首都,该大区人口稠密,是芬兰的政治、经济、文化和创新中心。服务业发达,占比超过 80%,以贸易、医疗、教育与科技为主。该区重视创新,研发支出占GDP 的 4%
约克·恒勃大区,英国	由约克郡和恒勃郡组成,生产总值占全英的 7.5%。制造业与服务业发达,劳动力资源丰富。此外,该区被评为世界最优秀的地区发展机构之一,交通便捷,区内公路、铁路、港口良多,被称为"欧洲的黄金通道"
诺丁汉郡,英国	位于英格兰中部,是英格兰地区交通最为发达的郡之一,也是英格兰中东部地区的经济中心。诺丁汉郡制造业发达,是英国乃至全球的蕾丝生产中心。诺丁汉大学在宁波设立分校,已成为中英合作学校的样板之一
新西伯利亚州,俄罗斯	位于西西伯利亚平原东南部,矿产与淡水资源丰富,是西伯利亚地区最大的综合性城市工业区之一,主要以机械制造、金属加工业为支柱产业
车臣共和国,俄罗斯	俄罗斯联邦下辖的自治共和国。农业以种植小麦、水稻等作物为主,工业主要集中于石油开采、加工、化工与机器制造
赤塔州,俄罗斯	位于俄罗斯东部,与我国接壤。该州矿产资源丰富,采矿、机器制造、冶金工业等较为发达。该州是俄罗斯重要的交通枢纽,西伯利亚大铁路贯通全境

续表

国际城市	城市概况
瓦莱达奥斯塔自治区,意大利	位于意大利西北部。区内自然景观资源丰富,勃朗峰便位于该区。这使得旅游业成为该区的支柱产业
坎帕尼亚大区,意大利	地处意大利半岛南部,人口稠密。该大区是意大利重要的农业产区,农产品质量优异,经济作物的种植占比日趋上升。工业主要以机器制造、食品加工、纺织等产业为主
艾米利亚—罗马涅大区,意大利	地处意大利北部,是意大利最发达的大区之一。艾米利亚—罗马涅大区以农业和农产品加工业为主,农田水利和机械化程度较高,作物包括小麦、蔬果等。此外,该大区也是牛肉、猪肉、奶制品的重要产区。大区的工业主要包括食品加工、机械制造等产业。艾米利亚—罗马涅大区的交通发达,是意大利铁路、公路、航空的重要枢纽
托斯卡纳大区,意大利	位于意大利中部,首府为佛罗伦萨。托斯卡纳大区是意大利的文化与艺术中心,被誉为意大利文艺复兴的发源地。但丁、米卡朗琪罗、达·芬奇、伽利略等人都曾生活于此。除此之外,托斯卡纳还是意大利的美食之都、皮革产地与著名的葡萄酒产区
加泰罗尼亚大区,西班牙	位于西班牙东北部,轮廓呈三角形。是西班牙最发达的一个大区,巴塞罗那隶属此大区。加泰罗尼亚的纺织工业与化工冶金工业较为发达,此外,目前加泰罗尼亚正经历产业转型,服务业与交通运输业的发展迅猛
阿斯图里亚斯大区,西班牙	地处西班牙北部,是西班牙著名的沿海地区。该大区是西班牙工业最先进的地区,钢铁、化工、纺织等产业发达。矿产丰富,高等教育资源充足
提契诺州,瑞士	位于瑞士南部的意大利语区。是瑞士境内意大利风情最为浓厚的地区,因此人文景观丰富,旅游业发达
汝拉州,瑞士	位于瑞士西北部。该州以第三产业和第二产业为主,钟表与军刀等传统手工业历史悠久,世界驰名
弗利堡州,瑞士	地处瑞士西部,交通便利、服务业发达。服务业主要涵盖金融、旅游、教育医疗服务等领域。工业以食品加工、金属与机械制造等产业为主
西弗兰德省,比利时	比利时西部沿海省份。西弗兰德省经济发达、商业活跃、旅游业繁荣。金属、纺织与食品是该省的三大支柱产业。该省交通发达,拥有海港、空港
乌普萨拉省,瑞典	位于瑞典东海岸。乌普萨拉省是瑞典经济发展最快、教育资源最为丰富、人均受教育程度最高的省份之一。乌普萨拉省制药业规模为瑞典最大,此外,信息技术、机械制造、食品加工等产业亦较为发达。乌普萨拉在新能源开发领域技术先进,拥有三座瑞典最为先进的核电站和最大规模的水力发电站

续表

国际城市	城市概况
下奥州,奥地利	奥地利面积最大的州,也是经济最为发达、文化艺术最为繁荣的州之一。下奥州能源工业发达,石油和天然气的出产量分别占奥地利的81%和58%。此外,该州也是著名的旅游胜地
罗夫诺州,乌克兰	地处乌克兰西北部,泥炭浆等自然资源丰富。罗夫诺州交通便捷,设有国际石油管道。农业、畜牧业和食品工业较为发达。除此之外,罗夫诺州积极鼓励新兴工业进步,倡导木材加工、核电等产业优先发展
巴兰尼亚州,匈牙利	位于匈牙利南部。经济发展较为迅速。经济结构中,服务业占比最大,超过60%;农业占比低于10%。除此之外,巴兰尼亚州的葡萄酒酿造业最具竞争力,旅游观光资源亦较丰富
伊斯特利亚省,克罗地亚	位于克罗地亚西北部,是该国经济最发达的省份之一,也是重要的海军基地。该省经济以旅游观光业为主,工业部门主要以纺织和造船发展最为突出
皮尔森州,捷克	地处捷克西南部,经济发达、交通便利,是捷克具有战略地位的州之一。化工、食品加工、能源、冶金、啤酒酿造等工业是该州具有代表性的几大产业
西兰岛大区,丹麦	丹麦最大的岛屿,首都便位于该区。该区是丹麦的交通、经济和科技中心
瓦尔纳大区,保加利亚	位于保加利亚东北部,是欧洲与中东的门户,具有重要的战略价值。经济发展程度较高,港口运输、旅游、化工等产业是该区的支柱产业
中马其顿省,希腊	位于希腊北部,交通便利。经济结构中,服务业占比高达65%;工业次之,占20%左右。工业以机电设备、纺织与农产品加工产业为主
北挪威省,挪威	位于挪威北部,石油、天然气、矿产、渔业等资源丰富。对外出口也主要以矿产、金属等产品为主
诺德兰郡,挪威	位于挪威北部,土地面积居于挪威第三。该郡地处北极圈内,污染较少,石油、天然气、矿产、水电、渔业等资源丰富。出口贸易中,矿产、金属制品、设备等占比较高。此外,该郡旅游业也有所发展
日利纳自治州,斯洛伐克	地处斯洛伐克西北部,是该国第三大州。工业以汽车制造、机械制造、冶金等为主。旅游业发达
东开普省,南非	南非的第二大省,旅游资源丰富,被盛赞为"南非最美之地"。基础设施建设和公共服务的供给与发展项目是拉动当地经济发展的重要动力
哈博罗内市,博茨瓦纳	博茨瓦纳首都,位于该国东南边境。该市为博茨瓦纳的政治、经济中心与交通枢纽。同时,它也是国家牲畜、羊毛皮革等物品的核心集散地。工业以矿业为主,家具制造、建筑、电力等部门亦有所发展。畜牧业是该地农业的核心,产值占农业的80%以上

续表

国际城市	城市概况
塞得港省,埃及	位于埃及东北部、苏伊士运河北端,是埃及第二大港口所在地,也是世界煤炭和石油存储港之一
哈瓦利省,科威特	位于科威特中部,东北两面临海。该省渔业资源丰富。除此之外,世界闻名的黄金市场"金街"也位于该省。该省的工业以石油、石化工业为主。与此同时,科威特也开始调整经济结构,重视对外贸易
沙迦酋长国,阿联酋	阿联酋第三大酋长国。石油开采是该地的主要收入来源。工业以食品加工、纺织等产业为主
静冈县,日本	地处日本东京与大阪之间,拥有良港。具有明显的交通区位优势。自然景观与温泉资源丰富,服务业发达。静冈县工业发达,工业水平位居日本前五,机械、乐器、电子业均驰名远销
福井县,日本	位于日本中部,是日本东北部的交通要道,也因此是国际文化交流的重要窗口。渔业、工业与农业较为发达。工业以纤维产业和电器制品零件制造业为主,被誉为"纤维王国"。此外,福井是世界重要的竖琴产地之一。福井的农业以稻米为主,是日本著名的越光稻的产地
栃木县,日本	地处日本本州岛中部,属于东京都市圈。该县农业发达,产品以稻米、蔬菜等为主,草莓和梨品质优良、驰名海外。栃木县旅游资源也较为丰富,观光景点较多
全罗南道,韩国	位于韩国西南端,是著名的海产品产地。此外,全罗南道工业发达,以纺织工业、炼油、化工等产业为主
首尔市,韩国	地处朝鲜半岛中部,韩国首都。同时,首尔市也是韩国的经济、文化、教育中心,也是亚洲重要的金融城市。首尔人口稠密、经济发达,且数字化程度极高。从产业结构而言,首尔的第三产业发达,金融、房地产、电信等行业水平远高于韩国其他地区
达尔汗乌勒省,蒙古国	位于蒙古国中北部,首府达尔汗是该国第二大城市和新兴工业中心。达尔汗乌勒省交通发达,铁路网络完备,且有国际铁路途经。经济的主要支柱包括建筑材料工业联合产业、电力产业等
承天顺化省,越南	位于越南中北部沿海地区。海洋资源与矿产资源丰富。经济发展迅速,注重扶持小微企业、手工业、第三产业和农林渔业的发展
布拉干省,菲律宾	位于菲律宾吕宋岛,是菲律宾最为发达的省份之一。产业以花岗岩、皮革、珠宝以及农产品为主。布拉干省自然资源丰富、人均受教育水平较高,是菲律宾理想的投资地。此外,布拉干省文化艺术遗产丰富,是菲律宾久负盛名的旅游胜地

续表

国际城市	城市概况
东爪哇省,印度尼西亚	印度尼西亚较为发达的省份之一,交通发达、人口较多。它也是该国重要的农业产区,农产品种类丰富。畜牧业亦较为发达。该省的工业主要包括纺织、食品、烟草、机械等产业
万丹省,印度尼西亚	位于印度尼西亚爪哇岛西部,人口稠密。万丹省在历史上曾为国际性的贸易集散地,发展前景较为广阔
罗勇府,泰国	位于泰国东部,是泰国重要的工业区之一。其主要产业涵盖汽车、化工、钢铁、油气与电力等。汽车产业是罗勇府近年来迅猛发展的工业之一,罗勇府也成为知名汽车公司在亚洲的重要生产基地。大量世界知名汽车品牌均在此设厂。除此之外,罗勇府渔业资源丰富,渔业经济也较为繁荣
彭世洛府,泰国	位于泰国北部,其内河网密布,交通较为便利。该府农业发达,水稻是核心经济产业。此外,渔业、矿业等产业发展也相对较好。此外,彭世洛府拥有丰富黑土资源
忠清北道,韩国	位于韩国中部,交通较为发达,公路和铁路贯通全州。经济以粮食、园艺作物、人参药材等农业为主。该地区工业主要有金属、机械、食品加工业等
凯瑞郡,爱尔兰	地处爱尔兰西南部,是爱尔兰的畜牧业和旅游业中心。其中该郡的凯瑞集团是爱尔兰乳制品的业界龙头,目前已在浙江杭州(余杭)设厂
暹粒省,柬埔寨	位于柬埔寨西北部。旅游业发达,是世界七大奇迹之一的吴哥窟所在地。此外,该省农业和渔业较为繁荣
南方人民州,埃塞俄比亚	位于埃塞俄比亚南部。矿产资源丰富,包括黄金、煤炭、铁矿石等。经济主要以经济作物种植为主,其咖啡、兽皮等产品远销海外
胡志明市,越南	越南的经济中心,曾有"东方巴黎"的美誉。从经济结构而言,胡志明市的贸易与服务业占比较高,工业与建筑业次之
北马塔贝莱兰省,津巴布韦	位于津巴布韦西部,旅游业相对发达,维多利亚瀑布便位于该省
哈拉雷省,津巴布韦	津巴布韦首都,也是津巴布韦的经济、文化中心
伊尔福夫省,罗马尼亚	位于罗马尼亚东南部,靠近首都,是罗马尼亚最发达的省。交通便利,拥有该国的国际机场。农业以粮食作物、蔬果种植为主。该省工业主要有食品业、纺织业、机械零部件加工业等。由于距离首都较近,该省部分城市已成为首都布加勒斯特的卫星城。在首都的辐射影响下,逐步发展
锡尔河州,乌兹别克斯坦	位于乌兹别克斯坦中部。农业占比较高,棉花和谷物生产是其主要组成部分。该州工业以机械制造、建筑与轻工业为主。浙江省在该州投资的鹏盛工业园是首个中国与乌兹别克斯坦合资的工业园

（二）缔结友好城市的影响与作用

缔结友好城市旨在建立省市一级的全球合作、促进民间文化与贸易的发展、增进互利互信,是对外开放的重要平台,是城市外交的重要载体,是我国民间外交的重要内容。国际友好城市活动已成为中国同有关国家双边关系的重要组成部分,促进了中国同各国的交流合作,增进了中国人民同世界各国人民的相互了解和友谊。

浙江省位于我国沿海地区、经济发达、开放程度高,同时浙江也积极推动友好城市的缔结,取得令人瞩目的成就。首先,友好城市的缔结首先促进了国际经贸合作,使得友好城市间互利共赢。不同城市间区位优势的互相利用与合作拉动了当地经济与产业结构的优化促进了缔结双方的社会、经济发展。其次,缔结友好城市有助于不同文化的交流、两地民众间的互动增加,为不同地区相互了解、求同存异架设了沟通管道。最后,友好城市间的互助合作在新冠疫情下更为深入,这说明友好城市的合作在重大突发性公共事件与全球性灾难来临之际,扮演了更重要的角色,例如新冠疫情来临之际日本静冈县与韩国全罗南道等地纷纷向浙江输送物资,而当新冠疫情蔓延至日韩乃至世界其他地区时,浙江省大力捐赠防疫物资、交流防疫经验、派遣医疗队援助,以行动践行"扁舟共济与君同"诺言。

四、推进文明交融的当代启示

梳理自古至今浙江文化交流历程,更印证了:文明因多样而交流,因交流而互鉴,因互鉴而发展。当前世界气候变化等新挑战日益凸显,人类需坚定前行的方向,汇聚向上的力量。只有秉持和合理念,加强文明对话,构建人类命运共同体,才能迎来更加美好的明天。可以通过以下措施,推进不同文明的交融。

（一）夯实政策支持

加强目标对象文化类型、特点调研,分析其发展潜力,根据浙江文化精神及产业竞争优势制订差别化方案,展现浙江文化特征,塑造浙江特色文化品牌。继续保护性开发既有文化遗产,大力宣传浙江悠久的文化传承和代表性文化人物,挖掘文明交融的当代意义。调整、出台适应时代发展的对外文化交流政策,加大财政资金文化贸易的投入。

（二）加强研究支撑

依托浙江数字化经济、社会发展的先行优势,联合高校、科研院所组建浙江文化遗产相关研究机构,成立专业化的研究保护团队,负责文化遗产的保护、开发、利用等研究工作。积极争取国家、省部科研项目、科研经费以及社会资金支持。促进科技与文化融合,突破数字化利用关键技术,实现浙江省文化遗产传承利用能力的跨越式提升。

（三）拓展渠道模式

充分利用社会机构、侨务侨智涉外资源。引导侨商、新华侨华人和侨裔新生代了解浙江传统文化,双向传播驻在国和浙江的特色文化,充当文明交融的桥梁纽带。

搭建文化交流合作平台。加快构建友好城市人文交流圈,争取联合海上"丝绸之路"相关城市开展历史研究及学术研讨,密切人员往来。以各类国际化论坛为对接平台,依托义乌,办好丝路城市国际化论坛、中非民间论坛、中国西亚—北非论坛等。

推进教育国际化发展。依托省内高校和孔子学堂,与相关国家高校建立高等教育、职业技术教育领域和语言教育的合作关系,发展国际合作办学,推动双边留学生交流及学者互访。

（四）创新发展机制

顺应文化企业"走出去"的需求,积极打造投资便利化的制度环境,为有序地、稳妥地扩大开放提供制度保障。简化审批事项和手续,推进境外投资管理体制改革,加快建立"负面清单"投资管理制度,完善服务文化企业"走出去"的信息咨询、金融支持、外汇管理、风险防范、人才培训、外事服务等支撑体系。深化跨境贸易人民币结算试点,完善文化企业境外投资的政策支持。

（五）强化服务保障

加强浙江文化的宣传力度,激发各方学习、了解、传播浙江文化的热情。加强对文化企业的信息供给和政策咨询,对不同类型文化企业进行分类指导。积极推进人员"走出去"便利化,创新全球化背景下对携文化"走出去"

的企业和人员的服务新模式。

参考文献

[1]艾险峰.1929年西湖博览会述论[J].华中师范大学学报(人文社会科学版),2009(4):84-89.

[2]陈凤英.G20杭州峰会:全球经济治理转型新起点[J/OL].当代世界,2016(8):4-8.DOI:10.19422/j.cnki.ddsj.2016.08.002.

[3]陈炎.古代浙江在海上"丝绸之路"中的地位——兼论浙江历代的海外丝绸贸易[J].杭州商学院学报,1982(4):46-53＋76.

[4]龚缨晏.马可·波罗对杭州的记述[J].杭州大学学报(哲学社会科学版),1998(1):34-40.

[5]李广志.日本遣唐使宁波航线考论[J].南开日本研究,2016(1):139-152.

[6]林正秋.浙江古代海外贸易史探述[J].商业经济与管理,2003(12):56-60.

[7]卢静.G20杭州峰会中的中国作用:国际期待与中国贡献[J].对外传播,2016(7):7-9.

[8]卢雨.西泠印社与中国印文化的近代转型研究[D].杭州:浙江大学,2010.

[9]马可·波罗.马可·波罗游记[M].马斯登,译.北京:外语教学与研究出版社,1998.

[10]倪侃.天时·地利·人和——1929年西湖博览会成功举办的启示[J/OL].浙江社会科学,2010(8):93-96＋55＋128-129.DOI:10.14167/j.zjss.2010.08.019.

[11]沈定平.论卫匡国在中西文化交流史上的地位与作用[J].中国社会科学,1995(3):174-193.

[12]脱脱.宋史[M].北京:中华书局,1997.

[13]盛斌.G20杭州峰会:开启全球贸易投资合作新时代[J/OL].国际贸易,2016(9):43-50.DOI:10.14114/j.cnki.itrade.2016.09.011.

[14]王文,王鹏.G20 机制 20 年:演进、困境与中国应对[J].现代国际关系,2019(5):1-9,33,62.

[15]徐松.宋会要辑稿[M].上海:上海古籍出版社,2014.

[16]赵进东.中国在 G20 中的角色定位与来路[J].改革,2016(6):60-68.

执笔人:敖施雨,温州大学人文学院、浙江广播电视集团;刘玥,英国爱丁堡大学

第十一章　中东欧博览会
——为中国—中东欧国家合作插上翅膀

　　中国—中东欧国家合作(China-CEEC Cooperation)机制始于 2012 年,是中国与中东欧国家以传统友好为基底,以合作共赢、共谋发展为原则,共同打造的跨区域合作平台。自该平台成立以来,中国与中东欧国家建立起领导人会晤机制,并在经贸、文化、教育、农业、旅游等领域全面合作,合作领域多元,合作成果丰富,合作渠道畅通,为深化中国与中东欧国家关系以及丰富中欧关系内涵都发挥了积极作用。从高层交往指引方向到人文交流民心相通,地方合作同样在其中扮演了重要角色,如河北省、上海市等都曾在中国—中东欧国家合作的历史上书写过重要篇章,浙江、辽宁、山东等地也都积极出台参与中国—中东欧国家合作的具体方案并开展了系列活动。

　　如果说浙江与中东欧国家的经贸合作是一条优美柔长的项链,那么中东欧博览会无疑是镶嵌于其中的一颗璀璨珍珠,群英荟萃、商贾云集,为搭建中国与中东欧国家经贸合作大平台起到有力促进作用。本章将从中国—中东欧国家合作现状、浙江与中东欧国家合作情况进行概述,并对中国—中东欧博览会对浙江开放、加速中国—中东欧国家合作的有关动力机制进行阐释,对其中的经典个案进行剖析,并总结经验、展望未来,为"一带一路"倡议的走深落实、为浙江开展跨区域合作提供若干启示。

一、情况概述

(一)中国—中东欧国家合作

　　中国与中东欧国家的合作早已有之。在苏联解体前,中东欧大部分国家都属于社会主义阵营国家,而现在大多数国家已经加入了欧盟,有的还加入了北约。中国—中东欧国家合作机制的创建和中国"一带一路"倡议的正式提出,正逢欧债危机之后世界经济低迷期,中东欧国家看到了和中国合作能够带来经济起飞的希望,因而纷纷加入到中国与中东欧国家的合作中来,应该说这是各国共谋发展出路的历史选择,也深化了中国与中东欧国家的历史传统友谊。

2012年4月26日,首次中国—中东欧国家领导人会晤在波兰华沙举行,中国—中东欧国家合作正式启动。从此,中国—中东欧国家合作成为一个专有名词,用来形容新时期中国与中东欧国家的合作机制,也通常以"16+1"或"17+1"来形容该机制。目前,该机制关联中国和中东欧16国,16国分别是阿尔巴尼亚、波黑、保加利亚、克罗地亚、捷克、爱沙尼亚、希腊、匈牙利、拉脱维亚、黑山、北马其顿、波兰、罗马尼亚、塞尔维亚、斯洛伐克和斯洛文尼亚;此外还有奥地利、白俄罗斯、欧盟、瑞士和欧洲复兴开发银行等五个单位为观察员。

为进一步推进中国与中东欧国家合作,中国在外交部设立中国—中东欧国家合作秘书处,并设立中国—中东欧国家合作事务特别代表。每年举行中国—中东欧国家领导人会晤。自2012年起,分别在华沙、贝尔格莱德、苏州、里加、布达佩斯、索非亚、杜布罗夫尼克、北京举行领导人峰会。

《中国—中东欧国家合作进展与评估报告(2012—2020)》对中国—中东欧国家合作进行了首次系统性的梳理,回顾了中国—中东欧国家合作机制创建以来各领域取得的成果,并从国别的视角逐一剖析了双边关系的发展、成就和挑战。研究指出,领导人会晤机制为中国—中东欧国家合作各领域的发展凝聚了战略共识,规划了合作蓝图,指引了发展方向。而通过建设(筹建)中国—中东欧国家投资促进机构联系机制、中国—中东欧国家高校联合会、中国—中东欧国家环保合作机制等37个合作平台,为各领域专业化合作夯实了基础。在经贸往来上,中国同中东欧的贸易总额从2012年的561亿美元增长到2019年的954亿美元,七年增长了近七成,中欧班列成为最具示范意义的项目。在基础设施互联互通上,匈塞铁路、黑山南北高速公路、波黑斯坦纳里火电站、北马其顿公路、克罗地亚佩列沙茨大桥等都成为"一带一路"标志性项目。在农业合作方面,在中国—中东欧国家农业合作机制支持下,农产品贸易额不断攀升,农产品加工与育种技术合作深入,林业科研教育合作迈上新台阶。在民心相通领域,中国已与11个中东欧国家签订了教育合作协议,同九个国家签署高等教育学历学位互认协议,在留学生培养、孔子学院、孔子课堂、非通用语言专业训练等方面成绩斐然。此外，在科技创新合作、卫生防疫合作、艺术文化交流、媒体与智库交往等方面同样异彩纷呈。

(二)浙江与中东欧国家合作概述

在全球疫情笼罩下，浙江与中东欧的贸易往来却实现了逆势增长，足以说明浙江与中东欧国家合作具有坚实基础，浙江与中东欧国家的感情在不断升温。根据报道，自中国与中东欧国家合作启动以来，浙江在其中扮演重要角色，取得喜人成绩。2020年，浙江与中东欧国家贸易额首次突破千亿元人民币，占全国比重近14%。[①] 浙江省政府有关负责人也表示，将推动浙江成为中国—中东欧国家合作的中心枢纽，成为中东欧国家进入中国这一世界市场的重要桥梁。

在浙江与中东欧国家的巨大贸易额背后，浙江的"义新欧"专列不得不被提到。铁路让浙江这一沿海省份进入了欧亚大陆腹地，深刻地融入了世界。"义新欧"中欧班列已经成为全国运营方向最多、载重率最高、跨越国家最多的运营线路之一。在浙江与中东欧国家合作中宁波是具有特殊优势的城市，它位于长江经济带与我国沿海经济带的交汇处，宁波港更是依托天然良港的优势，以及四通八达的铁路作为补充，内联全国各省市，外联欧亚大陆。宁波逐渐发展成为中东欧商品进入中国市场的首选之地。在浙江与中东欧的经贸合作中，中国—中东欧国家博览会是唯一一个面向中东欧国家的国家级展会，长期落地在宁波，为双方中小企业合作创建了非常重要的平台。

除了经贸，浙江与中东欧国家的教育合作交流同样热络不绝。至2021年，中国(宁波)—中东欧国家教育合作交流会已举办至第七届，"一带一路"职教慕课联盟、中国(浙江)—中东欧跨境电商产教联盟、浙江—中东欧国家教育智库联盟、宁波中东欧大学生影视联盟、"一带一路"大学生文化交流联盟等合作平台纷纷建立;宁波大学与波兰什切青大学、嘉兴学院与匈牙利塞

---

① 学而时习.美丽浙江,精彩合作中东欧[EB/OL].(2021-06-11). http://www.qstheory.cn/laigao/ycjx/2021-06/11/c_1127554397.htm.

切尼·伊斯特凡大学、浙江大学宁波理工学院与波兰密茨凯维奇大学、宁波市镇海蛟川双语小学与保加利亚埃夫洛吉小学等签订了多样的合作协议。此外,宁波外事学校在罗马尼亚设立了分校——中罗德瓦国际艺术学校,成为全国中职教育走出国门办分校的首次尝试;宁波诺丁汉大学与北马其顿科要姆奥赫里斯基大学共建的中国(宁波)中东欧青年创新创业孵化中心、宁波城市职业技术学院与黑山亚得里亚大学共建的丝路工匠学院、浙江纺织服装职业技术学院与罗马尼亚胡内多阿拉省国立杨库学校合作成立的中罗丝路工匠学院等,都在各自领域内开展了卓有成效的交流与合作。

（三）中东欧博览会的由来与历程

中东欧博览会的全称是中国—中东欧国家博览会暨国际消费品博览会,其前身是中国—中东欧国家投资贸易博览会,该项目是《中国中东欧国家合作贝尔格莱德纲要》中的重要内容之一,于 2015 年至 2018 年与中国国际日用消费品博览会同期连续举办四届。2019 年,经党中央和国务院批准,中国国际日用消费品博览会更名为中国—中东欧国家博览会暨国际消费品博览会,至此,中东欧博览会成功升格为国家级展会,并明确聚焦中国—中东欧国家合作。

表 11-1 梳理了 2015 年至 2018 年举办的历届中国—中东欧国家投资贸易博览会情况。值得一提的是,自 2015 年起,该博览会就一直在浙江宁波举办。宁波为了下好中东欧这步先手棋,付出了巨大努力。如在 2013 年,就已经为顺利举办中国—中东欧国家经贸促进部长级会议和中东欧国家特色产品展做了大量铺陈工作。这为后面正式申办博览会奠定了基础,一方面是有了举办重大会议和重大展览的经验和模式,另一方面是宁波已经打造了涵盖投资、旅游、人文交流等在内的综合框架性平台。正因如此,2014年 12 月,李克强总理与中东欧 16 国领导人在贝尔格莱德共同决定,在宁波举办 2015 年国际日用消费品博览会,并同期举办中东欧博览会。

表 11-1 中国—中东欧国家投资贸易博览会基本情况

届次	年份	主题	主要成果
第一届	2015	扩大开放合作、共建"'一带一路',促进中国—中东欧国家共同发展"	宁波初识中东欧国家,为后来成为中国与中东欧国家开展经贸文化交流合作重要平台奠定重要基础
第二届	2016	深化合作,互利共赢	首届中国—中东欧国家质检合作对话,宁波外事学校探索境外办学、20个重大旅游项目签约等多项重要成果
第三届	2017	释放合作潜力,促进互利共赢	共设展位500个,参展企业300家,较上届增长15%,其货量和品种均增长80%
第四届	2018	推动创新发展,促进合作共赢	签约重大投资项目180个,总投资2300亿元人民币

表 11-2 梳理了 2019 年与 2021 年分别举办的两次中国—中东欧国家博览会暨国际消费品博览会的主要情况。得益于中国与中东欧国家之间已有的商贸基础,以及中国各级政府对举办博览会的重视和支持,在疫情防控任务繁重情况下,两届博览会都得到各方好评。如捷克驻华大使佟福德(Vladimír Tomšik)接受专访表示"开放的大门越来越大,在博览会平台上,大家互相交流,研究市场,互利共赢。很高兴捷克作为主宾国参加本次博览会,捷克产品在中国市场很受欢迎"。阿尔巴尼亚驻华大使赛利姆·贝洛尔塔亚(Selim Belortaja)指出,这让他留下了很多很深刻的印象,比如数字经济、高科技、电子商务、云计算,这一切都是中国经济和社会的发展所带来的。[①]

可以从以下几个方面来概括两届博览会的盛况:一是高层重视、高朋满座,展现一流规格,习近平主席向第二届中国—中东欧国家博览会致贺信,国务院副总理胡春华同志两次出席并发表重要讲话。在第二届博览会上,两位总统、六位副总理或部长线上致辞,纷纷表达了扩大友好交流、坚定支持中国—中东欧国家合作的愿望。52个国家的代表现场到会,其中大使32人。近20个国家部委、27个省(自治区、直辖市)"组团式"参会。二是专业

---

① 多国驻华使节参访中东欧博览会和港口 对宁波发出由衷赞叹[EB/OL]. (2021-06-11). http://www.nbtv.cn/xwdsg/nb/30514795.shtml.

引领、学术交流,展现一流智慧。博览会期间举办了中国—中东欧国家市长
论坛等高端对话活动,中国—中东欧贸易指数平台落地,《中国—中东欧国
家地方合作研究报告 2020》等研究报告发布,智库专家、中外学者齐聚宁波,
可以说这些对话交流活动使博览会变成中国—中东欧合作高端交流平台。
三是巩固合作、建立联盟,展现一流成果。博览会期间,系列重要联盟平台
落地,如浙江—中东欧国家教育智库联盟、中国(宁波)—中东欧国家人文交
流示范基地、中国—中东欧国家公众健康产业联盟等都正式揭牌,有利于未
来中国与中东欧国家的合作扩大领域、厚植底蕴。四是影响深远、蜚声海
外,造就一流口碑。博览会期间,共有 150 多家媒体对此进行了全方位、立
体式、多渠道的报道,600 多名记者奔赴现场,积极跟踪报道博览会盛况或对
有关人物进行访谈。

表 11-2　中国—中东欧国家博览会暨国际消费品博览会情况

届次	举办时间	举办地点	主题	签约投资	配套活动(部分)
首届	2019-06-08—2019-06-12	浙江宁波	深化开放合作、携手互利共赢	签约双向投资项目 68 个,总投资 194 亿美元	中国—中东欧国家合作论坛 第五届中国—中东欧国家投资合作洽谈会 "世界认可日"主题活动暨"品字标"品牌走向"一带一路"系列活动 中国—中东欧国家城市市长论坛 中国—中东欧国家海关检验检疫对话会
第二届	2021-06-08—2021-06-11	浙江宁波	构建新格局,共享新机遇	签约双向投资项目 97 个,总投资 182.1 亿美元	2021 中国—中东欧国家市长论坛 第六届中国—中东欧国家投资合作洽谈会 "未来之桥"中国—中东欧青年创客国际论坛暨考察交流活动 全球健康产业合作大会暨中国—中东欧医药健康创新发展峰会 "丝路鸣笛"—中欧(义新欧)班列高质量发展论坛 第七届中国(宁波)—中东欧国家教育合作交流会 中国—中东欧国家地方合作高质量发展高端智库论坛

2023年,第三届中国—中东欧国家博览会暨国际消费品博览会将于5月16日至20日在宁波举办。本届中东欧博览会由商务部、浙江省人民政府主办,宁波市人民政府、浙江省商务厅、商务部外贸发展事务局承办,以"深化务实合作 携手共向未来"为主题,坚持务实合作、互利共赢,着力打造中国与中东欧国家深化合作的主渠道、扩大进口的主平台、促进人文交流的主阵地。本次博览会实现三个重大突破,一是首次启用东钱湖新场馆,二是首次采用专业展形式布展,三是首次专设服务贸易展区。本届博览会新启用东钱湖国际会议中心,形成"一会两区"布局,中东欧展、国际消费品展和进口商品常年展三个贸易展览板块总面积达22万平方米。

据悉,本届博览会将举办20余项重要活动,包括开幕式暨中国—中东欧国家合作论坛等会议论坛活动七场,采购大会暨农产品对话会、外商投资企业圆桌会等经贸洽谈活动10场,第二届中国—中东欧国家青年科技人才论坛暨首届中国—中东欧国家青年创新创业大赛等人文交流活动五场。

本届博览会的一个重要创新是共同举办机制。在2022年,宁波市先后派出多个公务组团出访中东欧13个国家,与15家中东欧经贸促进机构签订合作协议。截至目前,博览会已与29家中东欧机构签订合作协议并建立常态合作机制,共同举办、深度参与、中外共建成为此次博览会的基本特征。

二、从中东欧博览会透见浙江开放新动能

浙江是对外开放先行省,也一直是沿海地区的开放大省。浙江经济对外开放有实力、有动力、有活力,市场环境也具有吸引力。在实力方面,浙江外贸对全国的贡献率连续三年位居第一,宁波舟山港年货物吞吐量连续12年全球第一,集装箱吞吐量稳居全球第三。[①] 在活力方面,浙江始终把开放作为改革的有机组成部分来积极探索、创新,保障了开放发展有张力与活力。特别是近年来,浙江全面探索实施准入前国民待遇与负面清单管理制度,让外资"准入之门"更加通畅,开办企业更加便捷,同等享受企业投资项

---

① 学而时习.浙江,把开放的蓝图绘到底![EB/OL].（2021-06-08).http://www.qstheory.cn/laigao/ycjx/2021-06/08/c_1127543213.http://www.qstheory.cn/laigao/ycjx/2021-06/08/c_1127543213.htm.

目"最多跑一次"服务。跨境电商、外贸综合服务、市场采购等三大对外贸易新业态皆源于浙江、兴于浙江,并走向全国。[①] 在营商环境方面,2020 年,国家发展和改革委员会发布的全国优化营商环境评价中,浙江入选标杆指标数量位居全国首位,落户浙江的世界五百强企业已达 187 家。

中东欧博览会的举办赋予浙江更高的开放能级,有利于进一步增强浙江对外开放的话语权。在创新贸易业态、推动数字贸易发展、人文交流与经济交流互相促进、开放平台建设等层面进一步打造浙江对外开放新高地,实现向"开放强省"跨越。

（一）挖掘内需潜力,推动内外贸一体化

毋庸置疑,构建新发展格局不是打造封闭的国内循环,而是更加开放的国内国际双循环。内需和开放是一体两面,京东消费及产业发展研究院高级研究员林江认为,扩大进口,在增加高品质消费品供给的同时,也与国内消费市场互补、相互促进。随着人民收入的增长,其对美好生活的向往越来越热切,消费升级、扩大优质进口能够为美好生活添彩。以中东欧的特色商品为例,拉脱维亚饮料,匈牙利橄榄油,波兰琥珀、甜饼干,保加利亚玫瑰制品、白葡萄酒,斯洛伐克巧克力饼干、啤酒、蜂蜜酒,克罗地亚红葡萄酒,捷克水晶等都深受国内采购商的青睐。一方面是由于这些产品比国内商品具有更好的消费价值,能够受到国内消费者的欢迎;另一方面是国内消费者消费行为的个性化、多元化和品质化趋势越来越明显。

据不完全统计,第二届博览会期间,共达成中东欧国家商品采购意向74.63 亿元,其中食品饮料、酒类、化妆品、个护用品以及大宗商品成为最受欢迎的商品。[②] 而此前,由于地理和文化上的距离,国内民众实际上对中东欧的特色产品、优势产品、商品品牌了解并不多。中东欧博览会可以说在一定程度上缩短了国内民众在认知上的差距、两个市场间的距离,以及两种文化之间的差异。

推进内外贸一体化有利于形成强大国内市场,有利于畅通国内国际双

①　秦诗立.着力全方位高水平,建设开放发展"重要窗口"[J].浙江经济,2020(10):22-24.
②　第二届中国—中东欧国家博览会成果丰硕[J].宁波经济(财经视点),2021(7):1.

循环,但对于如何推进一体化、如何统筹两个市场、如何利用两种资源,以及统合背后的文化因素,我们还在不断探索之中。中国—中东欧国家博览会、中国国际进口博览会、中国进出口商品交易会等具有国际影响力的会展平台,有利于增进国内外市场交流,构建出口转内销的平台,为国内商贸企业和外贸企业开展订单采购提供便利,引导外贸企业精准对接国内百姓需求、挖掘需求潜力,从而打造高端的内外贸融合发展平台,促进贸易方式便利化、内外贸一体化。

(二)国际精品展览与营商环境互利互促

国际进口商品海淘汇项目是第二届中东欧国家博览会中的创意安排,也是首次设立,展览面积共 1.1 万平方米,来自芬兰、冰岛、德国、韩国等 33 个国家和地区的 200 多家企业参展,产品覆盖休闲生活、品牌家居、大健康产业、优质食品等,打造进口消费新的增长点。为了进一步促进浙江与国际友城的开放交流和贸易往来,特别邀请德国石荷州、韩国全罗南道、日本静冈县和福井县、比利时西弗兰德省等组团参展,充分展示国际精品、主打产品和国际友好城市特色产品。此外,海淘汇还举办渠道对接会、新品发布会等系列高端活动,打造成以进口商品为特色的高层次商品展。

梧桐树引来金凤凰,金凤凰装点梧桐树,两者相互吸引、相互成就。良好的营商环境吸引高质量的国际进口产品,而优质进口产品汇聚人和企业,造就更好的平台,进一步增强市场活力。《中国营商环境指数蓝皮书(2021)》显示,浙江位列营商环境排行榜省级第三,仅次于上海和北京,在对标国际标准、推动制度创新、营造吸引外资的营商环境、建设高质量外资集聚地等方面做出了巨大努力。[①]

对城市发展而言,把博览会作为城市进一步深入开展国际交流与合作的重要凭条,强化博览会与自贸区之间的联动关系,推进贸易和投资的便利化、自由化改革,并营造有利的营商环境,引进一批优质进口企业和项目,力争成为高能级的双循环枢纽城市,是中国—中东欧国家博览会落地生根在宁波后的重要追求。

---

① 中科营商环境大数据研究院. 中国营商环境指数蓝皮书(2021)[M]. 北京:中国经济出版社,2021.

（三）透见数字贸易新风向，线上线下融合发展

数字经济是浙江的一张"金名片"，擦亮这张"金名片"还需要多方发力。重大公共卫生事件极大影响了传统经济发展，而数字经济在一定程度上起到了稳定经济、恢复生产的作用。大量线下需求转移到线上，催生诸多新的贸易服务和业态，线上线下的融合更加明显。尽管如此，应倡导线上线下经济融合发展、共生共荣，追求"线上＋线下"后"1＋1＞2"的化学效果，而非此消彼长、脱实向虚。作为第二届中国—中东欧国家博览会暨国际消费品博览会创新举措，数字贸易展在宁波国际会展中心顺利开展。数字贸易展区以"数字变革新发展"为主题，分为数字制造、数字通信、数字金融、数字教育、跨境电商、数字医疗、数字供应链、数字文旅八大板块，总计34家企业参展。

在第二届中国—中东欧国家博览会上，一批高技术产品和项目亮相，勾勒出未来美好生活的数字场景。如，数字医疗板块中，医趣科技带来了全球首款可以测心率的家用网络摄像头，以及配套的24小时5G视频私人医生服务。四维生态采用个性化植物光配方、全程智能控制、农业大数据采集等方式，开发全国新品首款室内小型植物工厂。借着"一带一路"倡议和中东欧国家经贸往来合作的东风，数字贸易展区当天就斩获不少中东欧国家公司的大额订单，如专注于国际智能物流领域的佳程供应链在现场就接待了100余家客商，并直接促成海外交易额的增长。

从发展形势来看，浙江数字贸易正在成为全中国贸易格局中势头较好的地区，在促进浙江经济对外开放、抢占国际经贸规则制定和高质量建设数字自由贸易试验区方面具有相对优势。博览会上，来自浙江的数字贸易企业携带新产品、新技术、新服务亮相，集中展示了浙江数字贸易的前沿动态，为中国—中东欧经贸合作贡献新亮点，亦为世界青睐中国新发展推开了一扇窗。

（四）人文交流谱写民心相通新乐曲

民心相通是中国—中东欧国家合作与交流的基础，也是"一带一路"建设的重要目的。这些年，中国与中东欧国家之间的友好氛围，离不开细水长流、润物细无声的民间往来，其中标志性的事件包括2015年成功举办"中

国—中东欧国家旅游合作促进年"活动，中国的旅游促进机构和旅游企业联合会、中国驻布达佩斯旅游办事处等先后在匈牙利成立；塞尔维亚、黑山、阿尔巴尼亚等国纷纷对中国游客采取免签和季节性免签政策；孔子学院总部连续举办四届特别设立的"中东欧国家孔子学院夏令营"，累计 3500 多名师生来华交流访问；中国—中东欧国家青年政治家论坛、中国—中东欧国家青年研修交流营等活动定期举办。

同样地，中东欧博览会也成了中国与中东欧国家之间文化交融、相互了解的重要窗口。企业家、媒体从业者、智库学者、青年人才都是民心相通的重要力量，也都在博览会及其他各项重要活动中扮演重要角色。新媒体人、外籍视频博主"宁波玉米六角"担任宁波首批"海外传播官"，通过新媒体形式把博览会的精彩内容介绍给全世界，促进各国文化相融、民心相通。

事实上，民心相通是促进经贸交流的润滑剂。生意不仅仅是关乎经济价值的纯市场行为，更是包含信任、了解、偏爱等情感价值观念的复杂社会行为。民心相通是最持久、最基础、最有效的互联互通，在反全球化浪潮、保护主义、民粹主义高涨的当下，架起民心相通之桥，铺就心灵互通之路的重要战略意义更加突出。没有相互信任、缺少相互理解、失去相互尊重，不可能有所谓的经济互通、设施互通。中国同中东欧国家也是一样，从相互了解，加深互信，再到深入市场、多元展业，形成了政府引导有保障、展会搭台有基础、人民往来有好感、经济互动有人情的联动景象。我们相信博览会的定期举办会更好促进民间感情的热络、文化的交融和民众的互信。

三、思考与展望

尽管中国与中东欧之间的往来更加密切，但立陶宛退出"16＋1 合作"，以及部分国家在该领域的不友好作为，同样值得我们警惕和思考，而非一味沉浸在过去的喜悦中。罗马尼亚世界经济研究所研究员乌利亚·莫妮卡·奥勒—新彩（Iulia Monica Oehler-sincai）等学者就指出，尽管中国—中东欧国家合作机制提供了一系列合作机会，但罗马尼亚对中国开展的大型项目持消极被动态度，这其中有欧盟的技术性障碍，也有信息不充分或者政治惰性（political inertia）等因素。克罗地亚相关学者认为对克罗地亚而言，作为欧盟的新成员、充满挑战的小国家、尚未完成完全一体化的国家,不直接参加中国主导、在其周边的区域活动是安全的。[①]

尽管中国—中东欧国家合作开创了中欧合作新渠道,有利于欧洲的整体均衡发展,也正在得到不少国家的理解和支持,但不可否认,促进中国—中东欧深度合作依然任重道远,政权更迭、大国干预与大国竞争、地缘政治格局变化等政治风险,汇率利率等金融政策变化、能源政策变化、市场政策大变化、大型或敏感企业和项目关停等经济风险,武装冲突、恐怖主义袭击等安全风险,NGO 等第三部门崛起、重大疫情等社会风险都随时存在。立陶宛退出合作机制所带来的影响尚未完全消退,捷克扬言要重新审视对华关系,俄乌战争的硝烟或燃起中东欧部分国家对俄罗斯的愤慨情绪并连带影响与中国的合作。

2022 年是中国—中东欧国家合作机制建立 10 周年。在过去 10 年时间里,中国同中东欧国家在多领域合作不断加强,联系越来越广泛、深入,双方贸易额平均年增速已经超过了 8%,是中国同欧盟贸易额增速的两倍多。可以说中国与中东欧的合作,是"一带一路"建设的典型案例。但诡谲的国际形势将 10 年来的成效带去何方,仍然具有不确定性。

因而,我们应该认识到,中国—中东欧国家博览会的顺利举办实属来之不易,也应该认识到中东欧博览会未来的美好图景需要全世界去为之奋斗。不过值得肯定的是,中东欧博览会实际上也为我国举办中国与中东欧国家高级别活动提供了诸多经验,通过一场综合性博览会让经贸合作更加顺畅、让人文之花常开、让专业智慧汇集、让八方游客满意,也为中国—中东欧国家合作的机制创新提供了浙江方案。

习近平主席在贺信中指出,该届中东欧博览会的举办,有利于增进中国市场对中东欧商品了解,有利于扩大中东欧国家对华出口,有利于各方克服新冠疫情带来的挑战、促进经济复苏。这是习近平主席对宁波办好中东欧博览会、建好示范区提出的新要求,是赋予宁波国际化的新定位,更是赋予浙江新的时代使命和责任担当。中东欧博览会已经形成稳定的机制、良好

---

① 陈新.中东欧国家看"一带一路"和中国—中东欧国家合作[M].北京:中国社会科学出版社,2019.

的基础、一流的影响。展望未来,还需要在以下方面取得更好成绩。一是全力打造中国与中东欧国家合作中心枢纽,要把办好博览会、建好示范区提升到服务国家总体外交大局、实行高水平对外开放、满足人民美好生活需要的高度,不辱使命,不断放大中东欧博览会的平台效应,激发更广大层面的合作与交流。二是中国中东欧合作不应满足于商品与实物层面的交流与交往,基于经济逻辑的交往,往往更具有可替代性,如果能够进一步对接中东欧经贸规则、标准等,在制度逻辑的大框架下进行经贸、资金、人才和技术的交流交往可能更加具有稳定性。三是需要尽力排除国际冲突等带来的不利因素的干扰,欧洲和平红利或许远去,但以博览会等为代表的中国—中东欧国家合作应该继续发挥其多维度价值,在开放中寻找更大价值,在开放中发挥更大作用。四是应认识到,中东欧是"一带一路"融入欧洲经济圈的重要承接地带,应发挥中东欧国家的桥梁与中转作用,为促进欧洲交通走廊建设、欧洲一体化发展和欧洲整体均衡发展做出贡献,并且在"一带一路"倡议中为中欧合作做出示范。

参考文献

[1]陈新.中东欧国家看"一带一路"和中国—中东欧国家合作[M].北京:中国社会科学出版社,2019.

[2]第二届中国—中东欧国家博览会成果丰硕[J].宁波经济(财经视点),2021(7):1.

[3]多国驻华使节参访中东欧博览会和港口 对宁波发出由衷赞叹[EB/OL].(2021-06-11).http://www.nbtv.cn/xwdsg/nb/30514795.shtml.

[4]宁波市商务局.第三届中国—中东欧国家博览会首场路演活动(黑山站)成功举办[EB/OL].(2022-03-18).https://www.cceecexpo.org/news/view.html?id=6029&lang=cn.

[5]秦诗立.着力全方位高水平,建设开放发展"重要窗口"[J].浙江经济,2020(10):22-24.

[6]吴白乙,霍玉珍,刘作奎.中国—中东欧国家合作进展与评估报告

（2012—2020）[M].北京：中国社会科学出版社,2020.

[7]学而时习.美丽浙江,精彩合作中东欧[EB/OL].(2021-06-11).http://www.qstheory.cn/laigao/ycjx/2021-06/11/c_1127554397.htm.

[8]学而时习.浙江,把开放的蓝图绘到底![EB/OL].(2021-06-08).http://www.qstheory.cn/laigao/ycjx/2021-06/08/c_1127543213.htm.

[9]中科营商环境大数据研究院.中国营商环境指数蓝皮书(2021)[M].北京：中国经济出版社,2021.

执笔人：倪好,浙江大学区域协调发展研究中心、浙江大学中国西部发展研究院；吴易唯,浙江大学外国语学院

第十二章　抱团闯天下——全球温商一家人

温商是温州商人的简称,是与徽商、晋商、申商、粤商齐名的中国地方性商人团体,"有东方的犹太人"之称。20 世纪末,温商开创了独特的商业品牌,创造了辉煌的业绩,在我国经济发展的过程中,发挥着重要作用,留下了宝贵的精神财富。但是,随着时代变迁,国内外社会经济环境发生了天翻地覆的变化,温商面临转型升级困境,也曾遭遇非议和质疑。在新时代,温州企业家们将继续发扬"温商精神",创新"温州模式",积极塑造"新温商"。

一、温商的起源和分布

20 世纪 80 年代,"平阳讨饭,文成人贩,永嘉逃难,洞头靠贷款吃饭",贫穷与饥荒时刻伴随着温州百姓。20 年后,"十万元是贫困户,百万元才起步,千万元才算富"。他们不是"富人",而是"富有活力的人",他们在弱势甚至苦难中靠拼搏和勤奋走向成功。

(一)温商的孕育和起源

自 1978 年以来,中国民营经济发展的中心地区便是温州,而温商,成为一批富有现代意识和民族精神的民营企业家,温商的蓬勃发展,集合了多种因素,可谓"天时地利人和"。

1. 地理因素:地处山区,人多地少,本地资源匮乏

温州古称瓯或东瓯,位于浙江东南部,三面靠山,一面临海,其地理特征和安徽南部非常相似,徽商的故乡至今仍流传着一首民谣:"前世不修,生在徽州,十三四岁,往外一甩";又与西方古代比泥基(今天的黎巴嫩境内)的民族相仿,靠近大海,基本上是山区,无法以农耕为生,只能伐木造船,到海上去航行和贸易,家乡的山水和生活的磨难成为他们在商海搏击的动力。第一,温州人多地少,限制了生产。温州气候宜人,人口繁盛,自古以来人文荟萃。历史上共有文状元 7 人,武状元 19 人,进士 3000 余人。以 2018 年为例,温州耕地总面积只有 363.3 万亩,全市人均耕地仅 0.38 亩,每个农村劳

动力平均承包耕地仅为 1.32 亩,远远低于全国平均水平。第二,温州港口
优良,畅通了渠道。温州可利用自然资源少,除了矾矿外,没有更多可开发
利用的自然资源;交通条件差,当时没有机场、没有铁路,只有一条通上海的
水路和一条路况很差的 104 国道与外界相接。但温州港是兼具河口港和海
湾港的天然良港,周围有鳌江、瑞安、清水埠、盘石、洞头等港,是浙南闽北的
水陆交通枢纽,使得出海谋生更为便捷。

2. 历史因素:物产丰富、商业繁荣,成为重要口岸

三国时期,温州已是沿海主要造船地区;发展到唐代,已能建造远洋海
船;在魏晋南北朝时,由于北方农民大批南迁,温州的蚕桑业和陶瓷业得到
发展,成为中国青瓷的发源地之一;南宋开埠后,被朝廷辟为对外贸易口岸,
受利于海外贸易,商业愈发繁荣,成为浙南闽北货物进出的咽喉;到晚清时,
已是海上丝绸之路的重要口岸,1876 年温州被辟为通商口岸,进一步为温商
的发展夯实了基础。

3. 人口流动:移民涌入、文化融合,注入经商基因

唐代"安史之乱",中原动荡不安,而地处偏僻的温州则处于相对安定状
态,因此大量宗族举家迁入,促进了温州商业、文化发展。到了宋朝,尤其是
南宋朝廷迁都临安后,温州作为南宋的陪都,得到了大量权贵的支持与发
展。明末清初,由于倭寇之乱与海禁的影响,具有海商传统的闽南人大规模
迁入温州。顾炎武认为当时"海滨之民,惟利是视,走死地如鹜"。闽南移民
的加入,促使了多元文化的不断融合,给原来的温州文化注入了极富冒险与
进取的基因。

4. 思想因素:以义和利、尊重平等,强调团结精神

宋朝时期,以叶适为代表的永嘉学派,提出"士农工商交致其用而后治
化兴,抑末厚本,非正论也"的观点,即将义和利作为相辅相成、互为调和的
事物,并认为士农工商仅仅是社会分工的不同,本质上是相互平等的,没有
高低贵贱区分,在思想源头上,对儒家"重义轻利"观念进行了修正,为温商
的发源提供了精神支撑。此外,温州商人强调团结合作精神,早在清朝的光
绪二十七年,温州商人便建立了温州区域的商人统一性组织——温州府商
会,其宗旨为"保卫商业,开通商情",而这一传统对后期温州商会的形成和

发展产生了重要影响。

5. 政策因素:开放先行、改革红利,营造宽松氛围

温商的发展离不开各级政府的大力支持与改革开放的时代红利。20 世纪 80 年代,温州被列为全国 14 个沿海开放城市之一、全国 14 个改革试验区之一,先后有 30 余位党和国家领导人亲临温州视察工作,对温州工作给予指导,并相继出台《关于鼓励支持和引导个体私营等非公有制经济发展的若干意见》等政策,巩固了温州私营经济的合法地位。温州地方政府曾连续出台《关于加强市区个体手工业管理的规定》《挂户经营管理暂行办法》《关于私营企业和股份合作制改组试行办法》《温州市工业企业公有民营试行办法》《关于扶持重点骨干企业发展若干政策的通知》等文件,支持个体工商业和民营企业发展。随着民间商会兴起,温州市政府撤销了大部分专业主管局,并将其改组为相应公司,以此为商会组织的发展腾出空间。

(二)温商遍布国内外

温商身影遍布世界各地。据不完全统计,共有 260 万人在国内外开展商业活动,国外投资人数近 70 万人,每年全国各地的温州人投资总值超过 8000 亿元,创办的各类企业超过 10 万家,累计建立异地商会近 300 家,全世界有 300 多家侨团,足迹遍布全国 80% 以上的地市级城市、180 多个国家和地区,甚至出现了"有人的地方就有温州人"的说法。但是,由于温商遍布国内外,又有很强的流动性,在统计上非常困难,以下是政府部门和一些机构的不完全统计。

1. 温商"肖像"特点

2017 年,温州市委政研室、市决咨委联合中国移动,根据移动手机用户数据,对全国各地的温商分布做了详细的调查。该调研对 22.2 万名在外温商(报告中"在外温商"特指:移动号码使用年限超过三年、年龄 28 岁以上、近三个月每月在外时间超过 20 天的温州籍贯移动用户)实名认证的手机用户进行大数据分析,发现在外温商主要为男性,占样本总量三分之二;从年龄结构来看,在外温商的年龄主要为 30~50 岁,基本在黄金年龄段,其占比超过三分之二。在外温商中高收入人群占比达到 27.7%,整体较温州平均水平高 4.5%;中等收入人群占比 64%,整体较温州平均水平高 3.7%。

2. 温商在各类市场主体中占据主导份额

温商以民营经济起家,因市场而闻名,260多万名温商在全国创建了500余个大型批发市场,对应的营销网点数目接近50万个,温州店、温州街、温州村和温州城开遍了全中国。2021年,中国社会科学院发布"中国商品市场综合百强"榜单,浙江省占33席,其中地处温州的占两席,分别为排名第53位的温州—德鞋博城和第82位瑞安商城,虽然仅占了两席,但在其他进入百强榜的市场里,到处是温商的身影,温商始终占据主导地位。义乌中国小商品市场有温商近9万人,涉及饰品、玩具、皮具、印刷等产业;无锡五洲国际工业博览城是由温商企业五洲国际2008年投资打造,其是集国际展贸、产品交易、会议展览、物流配套、商务办公等功能于一体的超级商贸平台;广州白马市场是广州服装市场的起点之一,更是所有经营服装行业店主必经之地,而在广州服装界这个庞大的群体背后,有5万多名温商从事服装经营行业,人数基本上占据了整个广州服装行业的三分之一。

3. 国内异地商会蓬勃发展

温州商会的宗旨是"为企业服务、为社会服务、为政府服务"。在很长一段时期,温州商会对规范市场秩序,维持行业良性竞争和健康发展做出了重要贡献。1995年8月28日,中国第一个合法登记的异地民间商会成立于云南昆明,被经济学家吴敬琏誉为"真正的民间商会"。在1997年11月,全国首家以省域命名的民间商会——四川省温州商会成立。同时段,西安温州商会率先成立了首家异地温州商会的党支部。为进一步加强对异地商会建设的规范,温州市政府相继出台《关于加强对异地温州商会工作指导的若干意见》《关于加强在外温州商会规范化建设有关问题的通知》《关于进一步加强异地温州商会建设若干意见》等文件,进一步明确了异地温州商会的性质和作用,要求加强对在外温州商会的联络、协调、服务和指导工作,为商会建设发展提供理论指导和政策支持。在政策出台的五年内,温商共建立商会130家。2015年,温州市全国温州商会总会成立,并成为市委、市政府联络温商、服务温商的总枢纽、主阵地,有效地促进了温商之间的交流沟通。

4. 温商足迹遍布全球

早在1998年,温商在巴西圣保罗创建了中华商城。随后60余万温州人在世界 180 多个国家和地区创业发展,建立了遍布世界各地的温州人营销网络。其中分布在海外的温商,主要集中于法国、意大利、荷兰、西班牙、美国等国家。根据意大利国家统计局 2012 年公布的数据,当年意大利中国籍华侨约为 21 万人,而温州籍的就有 10 万人以上,尤其是意大利普达托,因其纺织业的发达,吸引了多达 5 万的温州人。而这座小城的总人口也仅为 20 万。而在著名的佛罗伦萨,温州人开的饭店占据 95% 以上的市场份额。在温商全球"扩张"的过程中,商会扮演了非常重要的角色。例如,随着义乌中国小商品市场不断国际化,义乌温州商会依托温商的血脉联系,先后与加拿大、巴西、德国、印尼、日本等 20 余个国家的商会、协会实现对接,构建起一个世界性的贸易网络,为商会成员的经贸往来和出国走访提供绿色通道。

(三)温商名人榜单

2022 年 3 月 17 日,胡润研究院发布《2022 胡润全球富豪榜》,上榜温商共占了 31 席。药明康德创始人李革、赵宁夫妇以 590 亿元排名第 279 位,为温商首富。在全球富豪榜上进入前 1000 名的温商共有 5 人(包括家族)。上榜温商中身家超 100 亿元的共有 20 位。与上一年度相比,上榜的温商有 9 人排名上升;8 人为新上榜,14 人排名下降,财富的增减总体持平。本次上榜企业家中 40 岁以下的共有 120 人,有 3 位是温商。表 12-1 至表 12-3 是 2018—2020 年福布斯华人富豪榜温商名录。

表 12-1　2018 年福布斯华人富豪榜温商名录

全球华人富豪榜排名	姓名	企业	净资产/亿元
51	李丏腾	飞科电器	248
83	邱光和家族	森马集团	218
94	谢世煌	蚂蚁金服	198
103	徐宇	赫基国际	178
105	黄伟家族	新湖集团	176
218	周成建家族	美邦服饰	107
260	南存辉	正泰集团	96

续表

全球华人富豪榜排名	姓名	企业	净资产/亿元
317	尤小平家族	华峰集团	82
352	王瀚	均瑶集团	76
362	王均金	均瑶集团	176

表 12-2　2019 年福布斯华人富豪榜温商名录

全球华人富豪榜排名	姓名	企业	净资产/亿元
70	邱光和家族	森马集团	304
148	杨剑	中梁控股	155
205	尤小平家族	华峰集团	125
243	南存辉	正泰集团	107
311	项光达	青山控股	86
349	胡成中	德力西集团	78
353	项光明家族	伟明环保	77

表 12-3　2020 年福布斯华人富豪榜温商名录

全球华人富豪榜排名	姓名	企业	净资产/亿元
60	李革家族	药明生物	541
128	尤小平家族	华峰集团	276
153	邱光和家族	森马集团	236
182	李丏腾	飞科电器	208
208	黄伟家族	新湖集团	177
250	杨剑	中梁控股	150
257	南存辉	正泰集团	148
381	侯军呈	珀莱雅	109
393	沈亚	唯品会	106

二、温州模式发展阶段和温商奋斗历程

温州,是我国改革开放中民营经济的"代名词"。1985 年 5 月 12 日,《解

放日报》头版头条位置刊发消息《乡镇工业看苏南家庭工业看浙南——温州33万人从事家庭工业》，并为这则消息配发评论员文章《温州的启示》，"温州模式"作为新名词第一次出现在媒体上。1986年开始，费孝通先生先后三次前往温州调查，并三次撰文解读温州经济发展情况，这是学术界和经济界广为探讨的"温州模式"的由来。数十年来，温商坚持一切从实际出发，大胆进行市场取向改革，率先发展多种所有制经济，大力推进工业化和城市化，走出一条具有鲜明特色的发展路子，取得了举世瞩目的巨大成就。温商奋斗之路和"温州模式"的发展之路大致可分三个阶段。

（一）初创时代，初创代温商出现

第一阶段，20世纪80年代至20世纪90年代是"温州模式"的初创阶段，温商开始崭露头角。1980年12月11日，温州人章华妹从温州市工商局领到了中国第一张个体工商户营业执照，从此拉开了"温州模式"发展的序幕；1982年，温州出现创业小高潮，当地个体工商户超过10万户，30万经销员奔波于各地，成为让国有企业头疼不已的"蝗虫大军"；1983年，温州创办了全国第一个专业市场——永嘉桥头纽扣市场；1984年，温州集资兴建了中国第一座农民城——龙港农民城；1987年，温州颁布第一个关于股份合作制的地方性法规《温州市关于农村股份合作企业若干问题的暂行规定》。

在这一阶段，"温州模式"又被称作"小狗经济"，贴切形容了温州遍地的小企业、小家庭作坊场景，描绘出温州人不得不大批外出务工经商，甚至漂洋过海，四处落脚谋生的场景，也描绘了温商群体从办家庭作坊、联户企业和当"供销员"起家，一步步地走上了发展个体私营经济的道路，正是这种艰难的创业，解决了广大农民群众的温饱问题；在这个过程中，数以百万计的温州人从几乎"一文不名"的小手工业者或小商贩起步，依靠自己的生产和经营，完成了资本的原始积累，成为拥有一定数量私人资本的企业家群。

（二）发展时代，温商黄金时期

第二阶段，20世纪90年代至21世纪初期，是"温州模式"的发展阶段，温商进入黄金时代。1992年，邓小平发表南方谈话，党的十四大召开，社会主义市场经济改革目标确立给温州经济注入了无限生机，温州的所有制企业制度、市场制度等一系列制度发生了前所未有的深刻变革。1993年10

月,温州市委、市政府在全市实施以"质量立市"和促进民营企业上规模上档次为重点的"第二次创业"发展战略;1994年10月,中国第一个由政府制订的质量立市法规《温州质量立市实施办法》颁布;1998年,温州市第八次党代会报告将温州人精神概括为"敢为人先,特别能创业",在群众中成为广泛共识;1998年,中国第一个非公有制企业党委——中共正泰集团委员会成立;2004年,温州八家民企联合组建中国第一家无区域限制的民营财团——中瑞财团控股有限公司;2004年,温州被评为中国十大活力城市。

在这个阶段,温商走出"一市一地"的有限空间,在更为广阔的天地中寻求发展。据统计,1992年温州外出经商人员多达30万,几乎全国每个省市都有温州人创办的"温州村""温州街";2001年160万温州人在全国各地兴办实业或从事商贸流通业以及服务业等,并逐渐在外定居。根据温州市统计局数据,2001年在外温州人的累计投资额达1050亿元,创办工业企业1.57万家,其中规模以上工业企业2300余家,工业总产值达1100亿元,投资兴建市场100多个,商业贸易额高达2400亿元,创造国内生产总值563亿元。

(三)转型时代,温商探求新发展

第三阶段,从21世纪初开始,"温州模式"遭遇阵痛,温商遭遇质疑,"温州模式"和"温商"的转型探路逐步启动。2003年,温州GDP增速开始放缓,增长率为14.5%,居浙江省第10位;2008年的世界金融危机导致大量温州民间资本从实体经济抽离转向楼市、股市等领域投资,产业空心化的现象开始显现,温州GDP增速首次跌破两位数,从上一年的14.2%跌落到8.2%;2009年,全国有7.5%的中小企业停产、半停产或者倒闭,全国超过30万家企业停产、半停产,温州当然也无法幸免于难;2011年,温州民间借贷危机爆发,大量小微企业倒闭,实体企业开始外迁,资本进一步抽离,从制鞋业的发展便可见一斑。在温州经济发展的高峰期曾有6000家以上鞋企,而2015年鞋企数量跌近2000家;2012—2014年三年中,温州市经济增长速度低于全国、浙江省的平均增速;2019年后,新冠疫情暴发,这对日渐式微的实体经济更是雪上加霜。

在这个阶段,温商在国内外的发展陷入困境,"温州模式"对于经济发展的助力已经日渐趋弱,人们开始反思和质疑传统的"温州模式"。温商承受了社会舆论和企业经营的双重压力。一方面,温商要承受社会舆论的指责和敌意。21世纪初期,温州资本在全国"横冲直撞",涉猎了炒煤、炒棉花、炒房等多个领域,由于过分追求暴利,温州资本被称为"资本蝗虫"。另一方面,温商要承受企业经营困难、资本蒸发的压力。2009年,受金融风暴影响,投资失利的消息接踵而来,温商资本蒸发在20亿元左右。从2011年起,跑路潮与企业倒闭潮呼啸而来,甚至当时一些非常成功的生意人也因生意失败待业在家。

温州的区域经济也进入了停滞发展期。比如,20世纪80年代金乡在全国率先实行浮动利率和挂户经营方式,成为"温州模式"的重要发源地之一,从"四小商品"起步,逐步壮大规模,形成了"复合材料、包装印刷、塑料薄膜、商标标识"等四大支柱产业,诞生了均瑶集团等至少九家上市公司。但是近30年来,金乡几乎没有大的发展,90年代产值达到2亿元,到2020年产值也是2亿元左右。

也有一些乡镇开启了艰难的转型之路。比如,矾山镇是全国乃至世界闻名的"矾都",曾经非常辉煌,温州第一家游泳馆、驾校都诞生于此。由于环境整治和市场需求等多方面因素,其产业逐渐萎缩,镇财政资金户头上只有十几万元,失业矿工集聚的新街居年运转经费仅2万元(还依靠乡贤捐款)。矾山镇主动求变,正在探索开发全域旅游,虽然路子很艰难,但是在"浙商回归""温商回归"的大背景下,还在勇敢向前。

三、温商的经济贡献和社会担当

20世纪末,创一代的温商敢于拼搏、愿意吃苦,在私有制探索、当地经济发展方面做出了卓越的贡献;面临新时代,第二代温商面临的竞争更为激烈,规则更为明确,也具备更高的能力,拥有更雄厚的基础,更难能可贵的是,他们从单纯追求物质财富积累,转到萌发社会责任感,并勇于承担社会责任,努力追求人生的价值。

(一)初代温商:为当地经济发展做出重要贡献

温商的发展,离不开温州市政府的支持,而温商对当地经济的反馈,集中体现在产业集群和城镇化发展两方面。

1. 产业集群方面

温州已经有 30 余个规上产业集群,这些产业集群也带来了相应的连锁反应。第一,有力支撑温州经济的发展。改革开放伊始,温州的工业总产值仅有 11.1 亿元,但在短短的 30 年后,温州规上工业总产值就达到 3300 亿元,是 1978 年的 300 倍。第二,有力打响温州品牌。到 2017 年,温州拥有行政认定驰名商标 67 件,浙江省著名商标 455 件,市级知名商标 567 件,地理标志商标证明 12 件。第三,有力提高轻工业产品的市场占有率。产业集群所带来的规模效应能有力提高产品在全国市场的占有率。如 2018 年温州童鞋的市场占有率 15%,合成革市场占有率 70%,金属打火机国内市场占有率 95%,国际市场占有率 70%,等等。

2. 城市化进程方面

改革开放初始,温州仅有 18 个建制镇,城市化进程较为滞后。这一现象随着产业集群的发展而逐渐得到改善。第一,温商企业发展推动温州城市化。如著名的电器之都温州柳市镇,当初 46 平方公里的小镇,到 2011 年,已扩展成了八个乡镇,辖区面积 243.29 平方公里,50 万人口的大市区。相对应,柳市的低压电气产业也得到腾飞发展,集群份额占全国市场份额 65% 以上,而仅电气产业链上,柳市就有国家高新技术企业 596 家,高新技术产业增加值占其规上工业增加值的比重达 76.4%。第二,温商企业完善温州城市化资金渠道。城市化进程需要大量的资金投入,而仅靠上级财政的拨款难以支撑建设。温州市政府引入企业支持,温州市六成的城市基础设施建设和八成的城市建设投资都来自温商。如从 1991 年到 2001 年的 10 年间,温州市城市基础设施建设共投入 100 余亿元,其中政府投入不足十分之一。再如,2016 年温州开始创建国家森林城市,之后的四年间,温州共投入建设资金 162 亿元,其中有 20 多亿元来自企业、居民。

(二)温商回归:接续城市建设和带动区域经济发展

回归型经济是指当初因各种因素在异地经商、创业的人,在积累了一定资本、经验、技术后回到家乡投资创业的一种经济发展模式。近年来,温商资本回流、项目回归、总部回迁,有效促进了当地经济的发展。

1.五个方面的政策促进"温商回归"工作

2013年,温州市委、市政府将"温商回归"工程作为经济工作的重中之重来抓,并于2014年推出一系列政策、机制支持,到2015年,温商回归相关项目、新签约项目176个,其中20亿元上的项目有26个,总体投资额近2000亿元,实际到位资本破千亿元,占全市固定投资贡献率的三成。具体而言,其主要采取五个方面的措施。第一,组织政策方面。做好顶层设计,出台《关于进一步加强温商回归的若干意见》《关于建立"温商领头雁"市领导挂钩联系制度》等政策文件,建立温州市招商局,成立温商回归工作领导小组,建立温商回归工作联席会议制度,确保温商回归工程有指导、有协调、有重视。第二,优惠性政策方面。在财政、税费、土地、金融、人才等方面给予政策支持,如《关于推动"温商回归"促进实体经济发展若干财税配套政策的实施意见》,主要分为财政扶持和税收优惠两方面;再如《关于支持温商创业创新用地保障的实施意见》,强调重大产业项目将被列入浙江省的浙商回归重大产业项目的支撑范畴,在审批、土地使用等方面给予支持。第三,城市基建政策方面。加强城市基础设施建设。温商回归既需要软件,又需要硬件。进一步优化城市基础设施网络,从海陆空三个维度下手,为物流的提速增效夯实基础,为货物的物流成本降低提供保障,培养适合民营经济发展的土壤。第四,提供良好的营商环境方面。开展全国文明城市和国家园林城市、森林城市、卫生城市、环保模范城市和历史文化名城等创建,深化城市治安,开展"除恶治乱"专项行动,优化公共服务供给水平,完善公共交通、水电通信、教育医疗、商业服务等公共配套,对各大产业园区加强管理,提升园区的综合管理能力,为温商回归提供良好环境。第五,引入优秀人才方面。科学的人才结构层次是经济可持续发展的基础,推出有竞争力的人才吸引政策,对于引入的人才,鼓励其将能力转化为成果,建立专门的创新投资基金,鼓励其开展科研活动,鼓励有创新想法的人才积极申请基金,开展产品创新研发活动,将最新研究成果应用到企业的生产实践中来,提高生产创新性、竞争性,强化企业产品市场占有率。

2."温商回归"形成了良性的带动效应

在温州市委、市政府的"牵线搭桥"和各地温州商会、海外侨团等多方努力下,创业洽谈会、投资项目对接会、扶贫帮困恳谈会等活动纷纷召开,有效推动了项目回投、资金回流、人才回乡、贸易回归,促进温州人经济转化为温州经济。温商被视为赶超发展的"第一资源"、温州再创辉煌的"第一动力",是城市发展和区域经济发展的宝贵财富。

2014年,温州新引进的467个投资项目中有392个是温商回归项目,引进内资到位968.79亿元,完成目标任务的121.1%;2015年,温州市招商引资到位资金1110亿元,完成目标任务的111%,首次突破千亿元大关;2016年,引进内资总量保持稳定增长,已到位资金972.47亿元,同比增长16.53%,共实现到位内资3051.26亿元。

2018年,世界温州人大会举行总部回归项目代表座谈会暨总部项目签约仪式,25个总部回归项目正式签约;2019年,第十七届全国温州商会年会在温州市人民大会堂举行,36个温商重点回归项目在年会上集中签约,其中,产业项目23个,计划总投资353亿元,平均单体投资额15.37亿元;超过10亿项目10个,占比43.5%;超50亿项目2个;总部回归项目13个。

温商回归的企业,之所以对当地经济发展有具体的促进作用,对本地企业发挥了良性的带动作用,主要因为他们具有如下特点:一是企业规模普遍较大,比如多弗集团温州贸易总部项目注册资金达10亿元;上海中能企业发展(集团)有限公司回归总部项目注册资金达3亿元。二是回归企业层次较高,其中不乏上市企业、总部回归项目、地域性总部,民营500强企业,以及行业的龙头企业。总部回归项目,不仅实现企业回归,也进一步加快了贸易回归、制造回归、科技回归、资本回归和人才回归,具有非常明显的带动效应和溢出效应。三是业态逐渐丰富,高端装备制造、新材料、新能源以及现代服务业逐渐成为引进的重点,也有中国楠溪江国际房车露营公园等一批文化创意项目落户温州,进一步丰富业态,提升了产业层次。

(三)海外温商:"国内外双循环"的先行者和领跑者

2020年4月10日,在中央财经委员会第七次会议上,习近平总书记强调要构建以国内大循环为主体、国内国际双循环相互促进的新发展格局。双循环战略的核心便是扩大内需,满足人民对于幸福生活的美好追求。换言之,内循环下的发展,必须是高质量的发展,必须占领全球产业链的高端。

实际上,从出口到进口、从商品到服务,海外温商早已做到了全球化与市场化同步,海外温商是国内外经贸循环网络的重要节点。无论改革开放初期的进出口贸易,还是近些年兴起的跨境电商与温商回归,海外温商都起到了良好的桥梁作用。

1. 以罗马市场为例看温商在国内外双循环中的作用

20世纪80年代,温商发掘出罗马的餐饮业是一个较为空白的市场,大批温商涌入罗马。随着时间推移,部分温商开始不满足于餐饮业的微薄利润,开始涉水进出口贸易,在罗马的维托里奥市场售卖温州制造的打火机,通过低廉的价格、可靠的技术,一度使温州产打火机占据全球金属打火机生产量的80%,占据欧洲打火机销量的70%。在90年代中期,商品种类开始丰富,其中中国手帕风靡意大利。1997年之后,中国的牛仔裤、T恤、鞋等产品通过温商大规模出口。2000年以后,通过温商之间的联络,法国、西班牙、葡萄牙和德国的温州人也先后来到维托里奥进行贸易,很快整个欧洲华人都知道了维托里奥市场的大名。

现如今,温商企业建立起国际生产基地,将订单所需要的全部原材料从中国打包发往生产基地,生产后直接发货到欧洲。当新冠疫情肆虐,国内厂商没有订单的时候,海外温商却依然能够保质保量获得大量的订单并生产。

2. 海外温商以及温州商会多措并举助力两个循环

温商在海外创业的过程中形成了全国范围内乃至全球范围内的温商网络,他们不仅了解国内消费者及其消费水平和模式,对海外的经济文化发展情况也非常了解。海外温商利用地理优势,大量采购商品输入国内,如意大利温商针对国内消费者所钟爱的日用品,在温州建立意大利日化产品保税仓库,法国、葡萄牙等温商也如此,通过海外华商网络把全球优质商品集中在一起,按国家和地区设立不同的展馆,更是对上海国际进口博览会形成有效补充。除了依靠进出口促进贸易循环外,还通过引进外资、落地项目来促进经济发展。例如,浙江鼎力智能制造创新中心,由意大利温商主导,通过跨国网络邀请德国权威专家参与,项目占地4万平方米、规划建筑面积6.8万平方米,主要生产电商、日用百货等行业的智能包装机械设备,依靠先进的技术实现从信息化到智能化的完整技术制备能力。

国内外双循环通道的强化,离不开温商网络的支持,尤其是现在海外温商打破原有的各据一方、单打独斗的局面,开始转向国内外互动、各大洲联动、国内商会与各国侨团多处走动的格局,进一步提升了海外温商网络结构的质量,为做好"国内外双循环"的先行者和领跑者固本强基。

（四）温商战疫:在"精诚团结"中勇担社会责任

突如其来的新冠疫情,对温州民营企业形成巨大的挑战,在这场疫情阻击战中,温商团结协作、勇于探索、化危为机、赋能高质量发展,体现了新时代温商的社会担当。

1. 与时间赛跑,捐物捐钱共渡难关

2020年初,温州一度成为"防控重点区",温商聚合力量有效助力疫情防控。第一,国内温商纷纷出资出力。亿联控股集团在全国多地捐款及捐赠多类医疗物资总额达640万元;王振滔慈善基金会捐资1000万元助力温州"火神山"医院建设;森马集团捐赠1000万元物资和现金支援全国各地抗疫;正泰集团采购价值百万美元的防护服、医用口罩捐献。第二,国外温商动用"全球朋友圈",向国内捐献物资。巨一集团有限公司董事长几经辗转,通过远在俄罗斯的温商朋友采购医护物资;青山实业集团发动分布在世界各地的青山人及客户一起采购医用物资,分别在新加坡、印尼、波兰、日本、美国、法国等国家采购了数万件医用物资。第三,国内温商开展"反哺海外行动"。面对疫情全球蔓延,广大温商又全力支援海外疫情防控工作。温州本土企业筹集112箱防疫物资支持塞尔维亚;北京温州商会从会费中划出20万元,捐赠给意大利相关医疗机构;温州市眼镜行业协（商）会联盟捐赠2600副安全护目镜至意大利都灵。从众志成城支援家乡,再到八方汇聚反哺海外,温商勇挑重担,以实际行动参与全球抗疫行动。据不完全统计,新冠疫情期间,温州市工商联系统累计捐赠款物达1.63亿元。

2021年,疫情防控常态化时期,全国各地温州商会和温商企业积极行动起来,为打赢疫情防控阻击战做出重大贡献。大量温商党员自发成为防疫志愿者,在2021年12月,绍兴疫情极为严重的时候,绍兴市温州商会组织16名志愿者积极参与社区"守门"工作,还结对中国轻纺城,做好疫情防控措施;也有温商企业沈园堂,组织带领几十名党员干部、门店志愿者到各核酸检测站点协助政府做好现场工作。温商企业向宁波、呼伦贝尔、绍兴等地主动捐献物资,如呼伦贝尔温州商会捐献价值2万元的物资,绍兴市温州商会捐献4万元物资,金华(义乌)温州总商会捐赠5万余元物资。

2. 布局"云经济",引领民企化危为机

温商充分发扬敢为人先的开拓精神,在复工复产、转型升级方面贡献了样本。第一,转换赛道。温州华信光学有限公司在疫情前以生产太阳镜、老花镜为主,但在疫情之后,其董事长把握商机,转化生产线,所有员工24小时轮班生产护目镜。报喜鸟控股股份有限公司,浙江华峰氨纶股份有限公司等全力生产口罩、防护产品等物资。第二,借力网络。温商企业灵活利用网络思维,将"面对面"变为"屏对屏","见面签"变为"网上签"。红蜻蜓集团通过"淘宝+钉钉快速"将线下业务整合到线上,不仅未降低总销售额,甚至还提高了三成的离店销售额,既倒逼了企业主熟悉网络经济、网络销售,又拓展了温商企业的发展道路。第三,参与抗疫。部分温商企业冲在抗疫前线。如温商企业浙江每日互动网络科技股份有限公司与李兰娟院士团队合作,通过大数据助力疫情防控部门提升防控工作精准度;浙江诚意药业股份有限公司生产的抗病毒药品"利巴韦林"被列入国家第五版诊疗方案。

面对错综复杂的疫情、企业的危急存亡、来自社会各界的挑战,温商不仅贡献出了过人的智慧、难能可贵的凝聚力,更是体现出了社会担当。

四、难能可贵的温商精神

在党的十九大召开前夕,中共中央、国务院出台了《关于营造企业家健康成长环境弘扬优秀企业家精神更好发挥企业家作用的意见》,这是党中央首次以专门文件明确企业家精神的地位和价值,体现了党中央、国务院对企业家群体的高度重视、关怀和厚爱。党的十九大报告指出:"激发和保护企业家精神,鼓励更多社会主体投身创新创业。建设知识型、技能型、创新型劳动者大军,弘扬劳模精神和工匠精神,营造劳动光荣的社会风尚和精益求精的敬业风气。"2020年7月,习近平总书记在企业家座谈会上强调,改革开放以来,我国经济发展取得举世瞩目的成就,同广大企业家大力弘扬创新精神是分不开的。温商精神已经成为中国商人精神的重要组成部分,成就了

"温商"的世界品牌。[①]

（一）温商精神主要内涵

温州"七山二水一分田"的环境和"既能当老板，也能睡地板"的温州人共同造就了"四千"精神：走遍千山万水、想尽千方百计、说尽千言万语、历尽千辛万苦。"四千"精神创造了一个又一个温州奇迹、温州传奇，其主要内涵包括了创业精神、创新精神、实干精神、互助精神、进取精神。

1. 敢为人先的创业精神

温州依山傍海的自然环境赋予了温州人"山的硬气"与"海的大气"，温商清楚商海的惊涛骇浪和艰难险阻，在他们的观念中，风险与收益之间往往是成正比的。因此他们乐于冒险、敢于尝试，去提前抢占商机，意味着在市场经济中掌握了主动权，下好了先手棋。当然，温商虽然敢于争先，但他们并不冒进，做事有把握、讲分寸，做生意有着"不熟不做""不实不干"的原则，保持务实的态度，讲求稳扎稳打。

2. 灵活应变的创新精神

温商的头脑灵活，具有极高的商业悟性与天赋，在任何艰难困苦的环境下，都能够找到生存出路，但凡有市场机会，就会投身其中。如果没有条件，也会创造条件；如果没有机遇，就会创造机遇，把各种"不可能"变成"可能"。面对激烈的市场竞争与极少的前期投入，温商通过"以资金为纽带联合打拼""借鸡生蛋""虚拟经营"等经商法则解决资金问题，使一元钱发挥出一百元钱的效力。温州的"草根老板"大都出身贫寒，在他们的眼中，生意不分大小好坏，哪怕只是做纽扣、打火机、皮鞋等一些小商品，他们都能从赚小钱开始积累资本，创造了一个个财富神话。

3. 艰苦奋斗的实干精神

"白天当老板，晚上睡地板"的生活工作状况是很多在外经商的温商的真实写照。温商把创业视作人生的乐趣，面对创业过程中的各种艰辛，能坦然地接受，穷时能吃苦，富了也能吃苦；打工能吃苦，当老板也能吃苦，他们

---

① 申小提. 如何弘扬企业家精神？习近平总书记提出希望和要求[EB/OL].（2020-07-23）. http://www.qstheory.cn/zhuanqu/2020-07/23/c_1126275880.htm? ivk_sa=1024320u.

把苦难和失败看作人生的导师，在面对挫折时，不是怨天尤人，而是保持冷静的头脑笑对失败，他们甚至认为苦难的背后是财富。

4. 抱团取暖的互助精神

温商非常团结，即便身处异乡，都能用同乡会、联谊会、商会相联系，他们有强烈的认同感与归属感，有很强的凝聚力，从家人到朋友，从血缘到地缘，温州人做生意都是建立在亲情或者乡谊的基础上。这是因为，温商的"家庭"意识根深蒂固。在创业初期，温州人往往会携带全家走南闯北地做生意，家族企业是温州模式的重要细胞之一。温州家庭企业正是对家族成员的信任，使其能够在变幻莫测的商战中具有较强的承担风险的能力。随着企业的不断发展与壮大，"家"不再是单纯的血缘关系，而是在经营过程中建立起来的社会团体。正是这种群体意识和多种形式的社会组织的存在，凝聚了温商的集体智慧，充分发挥了他们团结的力量。

5. 审时度势的进取精神

在温商的生意观里，市场永远都是动态变化的，所以要坚持学习、不断进取、顺应时势。温商会主动求变，应对商海的变化莫测，并在变化中另辟蹊径，寻找生存与发展的新起点，有很多温商会在熟悉一个领域之后，突然调整方向，关注和进军新的领域，时刻保持着创业的激情与新鲜感。

（二）新时代温商精神的继承和发扬

温州的今天，是一代一代温州人干出来的；温州的明天，也同样要靠苦干实干科学干。要进一步丰富温商精神，继承与发扬温商精神，使之融入新的时代内涵。

1. 去芜存菁，积极挖掘新内涵

世界处于百年未有之大变局，不确定性因素增多，遍布世界的温商面临新的挑战和机遇，原有的温商精神依托的社会环境与商业格局发生了翻天覆地的变化。因此，必须保持清醒的认识，以冷静、客观的态度去辨别温商精神，用变化发展的眼光看待、发展温商精神，使其融入新时代的气息。例如，"四千"精神逐渐演化成"新四千"精神——"千方百计提升品牌、千方百计保持市场、千方百计自主创新、千方百计改善管理"；又例如，在"大众创业、万众创新"大背景下，怎样将温商"创业精神""创新精神"继续发扬，影响更多年轻人,是新时代急需探讨和研究的话题;再例如,经历了商海沉浮和社会非议之后,温商逐渐形成了诚信为本、慈善为上的精神,树立起了更加包容、更加开放、更加大气的良好形象。

2. 根植本土,凝聚温商新能量

"永嘉学派"引领温州文化千年,瓯越山水文化、海耕文化内涵丰富,以利和义,明功重商,使温州成为一座特殊的商业与文化高度交融的城市。实现温商精神的自我革新,进一步凝聚温商力量。第一,厚植本土文化,有关"根"的文化渗透在每位温商的血液里、骨子里,温商精神应在地域精神的基础上进一步扩充,加强对文化的自我觉醒,做到文化自知与文化自觉,让异地成长起来的新一代温州人,更好理解和体会温州文化及其内涵。第二,重视异地商会、民间智库、招商平台等载体的规范和发展,根脉传承、商脉聚集、更是温商企业家的精神家园和亲情纽带。广大温商在外经商创业,在奋斗的第二故乡需要一个寄托他们"根"文化的精神家园,让他们感受到家乡的情、家乡的味;促进良性互动,温商精英强强联手,共同分享智慧,相互激荡出新的灵感,凝聚起新的力量。

3. 搭建平台,传递温商正能量

温商精神的弘扬,需要一代又一代人的努力,需要提供适合传播的土壤,搭建适合传播的平台。第一,政府搭台,温商唱戏。省、市、县各级宣传部门着力挖掘温商相关的创业故事,尤其是对温州人精神中的亮点进行展现和宣传,讲述温商故事,宣扬温商典型,吸引更多的世界范围内的温州新一代年轻人,传承温商精神。第二,讲好故事,输出正能量,更要鼓励创作拍摄独属温商的文学作品、影视剧等,如热播电视剧《温州一家人》,以温州人周万顺一家的命运沉浮,浓缩温州人创业奋斗历程,反映改革开放 30 多年的时代变迁,呈现一代创业者的智慧、意志和情怀。第三,饮水思源,反哺社会。企业进一步承担起对于国家经济建设和社会发展的责任感。比如奥康集团相继走过全国 20 多个省、自治区、直辖市共计 44 站,累计资助 12900 名优秀寒门学子圆梦大学,在潜移默化中丰富了温商精神的内涵,让温商精神散播到全国各地,根植在青年一代的心中。

温商既是改革开放的推动者和受益者,也是中国特色社会主义市场经济体制改革的必然产物,是中国经济社会发展和转型的缩影。温州模式和温商不仅是浙江的,也是中国的,在某种意义上也是世界的。温商模式的与时俱进,是关乎着中国和世界经济发展的重要细胞。温商思考的宽度和深度,决定了温商未来的精彩程度,企业家应把追求自身企业的发展与国家的发展结合起来,把个人富裕与全体人民共同富裕结合起来,把遵循市场经济法则与发扬社会主义道德结合起来,为实现共同富裕目标继续贡献自己的一份力量。

参考文献

[1]察哈尔学会.温商公共外交案例研究[J].公共外交季刊,2015(1):12-18.

[2]黄珊珊,邢玥琳,陈习定.海外温商在支持"一带一路"建设中的作用研究[J].现代商业,2018(26):175-176.

[3]黄云碧."一带一路"倡议下温商境外经贸合作区的发展研究[J].中国商论,2019(6):90-92.

[4]季元杰.被动的自愿:温商集体行动的逻辑——兼以探讨温商行为模式的演进[J]商场现代化,2009(1):224-226.

[5]李华忠.新时代温商精神的传承与发展[J].中国商论,2019(7):195-198.

[6]刘淑伟,包松考,周立萍."一带一路"背景下在欧新温商组织合法性困境破解路径[J].科技创业月刊,2019(6):127-130.

[7]刘淑伟,包雪梅,周立萍."一带一路"背景下欧洲方向"新温商"成长规律研究[J].科技创业月刊,2019(1):116-119.

[8]刘毅,刘锋.互联网视角下的温商文化[J].商业时代,2013(22):144-145.

[9]卢忠光.莞商与深商、潮商、温商之比较[J].广东经济,2017(8):63-69.

[10]吕伟超.区域经济中社会资本的嬗变与演进——基于温商社会价值场域之考察[J].特区经济,2021(11):78-81.

[11]秦治霞.温商精神在大学生思政教育中的当代价值及实现路径[J].江苏商论,2022(1):124-127.

[12]申小提.如何弘扬企业家精神?习近平总书记提出希望和要求[EB/

OL]. (2020-07-23). http://www.qstheory.cn/zhuanqu/2020-07/23/c_1126275880.htm? ivk_sa=1024320u.

[13]吴巧微,桑大鹏.吸引温商创新回归与推动温州战略转型探讨[J].现代商业,2018(3):94-95.

[14]熊礼慧,王旭程."一带一路"背景下海外温商境外投资风险及对策研究[J].时代金融,2018(24):200-201.

[15]赵甜甜,潘佳琦,李振宇.温州模式下之温商名人纪实研究[J].智库时代,2018(31):127-128.

[16]周欢怀,张一力.海外温商的群体特征及未来走向分析——以佛罗伦萨制包企业中的温商为例[J].温州大学学报(社会科学版),2014(1):48-55.

[17]周建华,张一力.社会网络与区域性企业家集群演进——以温商为例[J].商业经济与管理,2016(3):88-97.

[18]朱呈访.温商回归问题研究[J]全国流通经济,2018(19):68-69.

执笔人:郑春勇,浙江工商大学公共管理学院

第十三章 "义新欧"——欧亚之桥

"义新欧"班列是中欧班列重要组成部分,整条铁路贯穿新"丝绸之路"经济带,打通了太平洋到大西洋的交通运输大通道,把亚欧两个大陆紧紧连接在一起,成为世界上运输线路最长的铁路。到 2021 年底,"义新欧"中欧班列义乌平台已开通运营线路 17 条,辐射欧亚大陆 50 个国家和地区,到达境外站点 101 个,开行总列数超 3300 列。"相扶无远近,万里尚为邻","义新欧"班列成为浙江省"走出去""引进来"的重要通道,成为"一带一路"合作重要的载体之一,是连通亚欧大陆的"使者",向世界传递着构建"人类命运共同体"的中国声音。

一、"义新欧"中欧班列诞生

(一)"义新欧"班列开行基础

2013 年 4 月 23 日,义乌开通了"义乌—阿拉山口"集装箱运输线路,打通了小商品出口的铁路运输通道。2014 年 1 月 20 日,义乌—中亚五国首列国际集装箱专列发车,标志着义乌直达中亚的国际铁路联运物流大通道基本建成。

(二)"义新欧"(义乌—马德里)班列开行背景

2014 年 9 月 26 日,习近平主席会见西班牙首相拉霍伊时强调,2015 年是中西建立全面战略伙伴关系 10 周年,两国关系站在新的历史起点上,面临新的发展机遇。双方要加强政府、议会、政党、地方等交流合作,增进相互理解,把握好两国关系大局。双方要深挖潜力,加强务实合作。当前,中欧货运班列发展势头良好,"义新欧"铁路计划从浙江义乌出发,抵达终点马德里,中方欢迎西班牙积极参与建设和运营,共同提升两国经贸合作水平。

(三)"义新欧"(义乌—马德里)正式开行

2014 年 11 月 18 日,首趟"义新欧"中欧班列发车,共运载 82 个标箱,其中 22 个标箱在中亚、德国杜伊斯堡卸车,其余 60 个标箱,经过 21 天的行驶后于 12 月 9 日抵达马德里,主要货物为箱包、文具、工艺品等。火车横穿－30℃的冷冻平原、沙漠、河流以及巨大山脉,穿越哈萨克斯坦、俄罗斯、白俄罗斯、波兰、德国、法国,直达马德里,贯穿新"丝绸之路"经济带,全程长 13052 公里,是所有中欧班列中最长的一条,也是世界上最长铁路货运线路班列。

(四)"义新欧"(义乌—马德里)班列线路

国内段从浙江义乌出发,经过安徽、河南、陕西、甘肃,在新疆阿拉山口口岸出境,共计六个省(自治区);境外段途经哈萨克斯坦(第一次换轨)→俄罗斯→白俄罗斯→波兰(第二次换轨)→德国→法国→西班牙(第三次换轨),横贯整个欧亚大陆。

(五)"义新欧"班列运行后,获得了习近平主席在多个重要外交场合五次点赞

2015 年 11 月 16 日,习近平主席在土耳其安塔利亚会见西班牙首相拉霍伊时再次推介"义新欧"项目。此前,"义新欧红酒班列"在马德里阿布罗尼迦尔铁路货运站正式首发,"义新欧"中欧班列正式实现义乌到马德里的常态化双向开行。

2016 年 9 月 5 日,习近平主席在杭州会见前来出席二十国集团领导人峰会的西班牙首相拉霍伊时指出,近年来,中西关系总体保持良好发展势头。各领域务实合作不断深入,给两国人民带来实实在在的利益。中方愿同西班牙一道努力,将两国全面战略伙伴关系提升到更高水平。双方要密切高层交往,在涉及彼此核心利益问题上相互理解和支持。此外,习近平主席特别提及,要充分利用义乌至马德里的中欧班列继续扩大贸易规模。

2017 年 5 月 13 日,习近平主席在人民大会堂会见来华出席"一带一路"国际合作高峰论坛的西班牙首相拉霍伊时强调,西班牙地理位置有着特殊优势,可以为"一带一路"建设的拓展发挥重要作用。双方要发挥各自优势,开展多领域务实合作,实现互利共赢。西班牙同样高度评价了"一带一路"倡议,相信这将对沿线区域经济、文化交流产生重要影响,也将为西中两国合作提供更广阔的空间。义乌至马德里中欧班列开通运行,成为亚欧大陆互联互通的重要桥梁和"一带一路"建设的早期成果。

2017 年 6 月 9 日,习近平主席在会见西班牙国王费利佩六世时,赞赏西班牙王室长期以来始终坚定支持和积极推动发展对华关系。费利佩六世表示,中方发起的"一带一路"倡议将对促进全球经济产生重要推动作用。西班牙愿积极参与"一带一路"框架下基础设施、能源等领域的合作。此外,习近平指出:"中方欢迎西班牙积极参与'一带一路'建设,共同用好用足中国义乌至马德里中欧班列。"①

2018 年 11 月 27 日,习近平主席在访问西班牙时发表署名文章指出:"西班牙已经成为中国在欧洲不可或缺的经贸合作伙伴,中国也是西班牙在欧盟外第一大贸易伙伴。连接义乌和马德里的中欧班列为两国货物运输提供更多选择,成为共建'一带一路'的早期收获。"②

二、"义新欧"中欧班列发展历程

(一)"义新欧"班列开通线路情况

"义新欧"中欧班列运营三年左右,就陆续开通了义乌至马德里、伦敦、布拉格等九条运输线路,沿线设立五个物流分点、八个海外仓,辐射 34 个国家。到 2021 年底,常态化开行的有:义乌—中亚(328 列)、义乌—明斯克(149 列)、义乌—马德里(91 列)、义乌—莫斯科(29 列)、义乌—布拉格(19列)五条线路。据不完全统计,"义新欧"班列累计开通运行线路如表 13-1所示。

表 13-1　"义新欧"班列累计开通运行线路

序号	首发时间	线路	途经国家	现状
1	2014-01-20	义乌—中亚(五国)	哈萨克斯坦、乌兹别克斯坦、吉尔吉斯斯坦、土库曼斯坦、塔吉克斯坦	常态化
2	2014-11-18	义乌—马德里(西班牙)	哈萨克斯坦、俄罗斯、白俄罗斯、波兰、德国、法国、西班牙	常态化

---

① 孟娜.习近平会见西班牙国王:欢迎积极参与"一带一路"建设[EB/OL].(2017-06-09).https://www.yidaiyilu.gov.cn/xwzx/xgcdt/15738.htm.

② 习近平.阔步迈进新时代,携手共创新辉煌[EB/OL].(2018-11-28).http://dzqf.haimen.gov.cn/mobile/view.asp? keyno=1486.

序号	首发时间	线路	途经国家	现状
3	2016-01-28	义乌—德黑兰（伊朗）	哈萨克斯坦、土库曼斯坦、伊朗	暂停
4	2016-08-13	义乌—莫斯科（俄罗斯）	蒙古国、俄罗斯	常态化
5	2016-08-28	义乌—马扎里沙里夫（阿富汗）	哈萨克斯坦、乌兹别克斯坦、阿富汗	暂停
6	2016-10-18	义乌—明斯克（白俄罗斯）	俄罗斯、白俄罗斯	常态化
7	2016-10-20	义乌—里加（拉脱维亚）	哈萨克斯坦、俄罗斯、拉脱维亚	暂停
8	2017-01-01	义乌—伦敦（英国）	哈萨克斯坦、俄罗斯、白俄罗斯、波兰、德国、法国、英国	暂停
9	2017-07-19	义乌—布拉格（捷克）	哈萨克斯坦、俄罗斯、白俄罗斯、波兰、捷克	常态化
10	2018-02-06	义乌—杜尔日（法国）	哈萨克斯坦、俄罗斯、白俄罗斯、波兰、德国、法国	已停
11	2019-10-09	义乌—列日（比利时）	哈萨克斯坦、俄罗斯、白俄罗斯、波兰、德国	暂停
12	2020-05-04	义乌—维尔纽斯（立陶宛）	立陶宛	暂停
13	2020-10-10	义乌—安员（越南）	越南	开行
14	2020-07-01	金华—莫斯科	俄罗斯	常态化
15	2021-07-01	义乌—乌兹别克斯坦（"中吉乌"公铁国际多式联运班列）	吉尔吉斯斯坦、乌兹别克斯坦	常态化
16	2021-07-29	"义乌—加里宁格勒—罗斯托克"班列	俄罗斯、德国	常态化
17	2021-12-14	义乌—万象中老铁路国际货运列车	老挝	常态化

（二）"义新欧"中欧班列开行情况

截至2021年底，"义新欧"班列义乌平台累计往返运行突破3300列，其中2014年开行1列，2015年35列，2016年100列，2017年168列，2018年320列，2019年528列，2020年974列，2021年1277列（全年开行首次突破千列），平均年增长率超过100％（见表13-2）。

表 13-2 "义新欧"班列义乌平台累计开行数量

年份	开行数量/列
2014	1
2015	35
2016	100
2017	168
2018	320
2019	528
2020	974
2021	1277

(三)"义新欧"中欧班列货源分布情况

集聚了浙江、上海、广东、安徽、江苏、山东、福建、江西等八省份货源,其中义乌本地货源占比 39%,省内货源占比 75%,长三角货源占比 94%。班列运输货物主要出口国为乌兹别克斯坦(占 25%)、俄罗斯(占 20%)、德国(占 10%)、白俄罗斯(占 7%),主要进口国为德国(占 46%)、乌兹别克斯坦(占 28%)、哈萨克斯坦(占 13%)、西班牙(占 6%)。

三、"义新欧"中欧班列特点和优势

自 2014 年首趟班列开行以来,班列运量规模持续扩大,创下了四个最:一是运输线路最长,比原来线路最长的"苏满欧"班列(全程 11200 公里)长 1850 公里,是所有中欧班列中最长的一条。二是途经国家最多,截至 2021 年初,"义新欧"共开通运行 16 条点到点的班列主线,业务范围辐射境外 50 多个国家和城市:义乌至中亚五国、马德里、德黑兰(伊朗)、莫斯科、马扎里沙里夫(阿富汗)、明斯克(白俄罗斯)、里加(拉脱维亚)、伦敦(英国)、布拉格(捷克)、杜尔日(法国)、列日(比利时)、维尔纽斯(立陶宛)、安员(越南)、基辅(乌克兰)、义乌—吉尔吉斯斯坦—乌兹别克斯坦、义乌—加里宁格勒—罗斯托克。三是国内穿过省份最多,从浙江出发,经安徽、河南、陕西、甘肃、新疆,在阿拉山口口岸出境,共计六个省区。四是境外铁路换轨次数最多。其

他"中欧班列"在哈萨克斯坦、波兰两次换轨,"义新欧"中欧班列(义乌—马德里)还需在法国与西班牙接壤的伊伦进行第三次换轨。

(一)物流成本较低是"义新欧"班列最明显的优势

"义新欧"铁路开通之前,浙江 90% 以上的商品采用海运方式,通过宁波、上海等沿海港口出口,到达欧洲单程需要大约 30 天;"义新欧"铁路开通之后,从义乌开往马德里单程只需 16 天,比海运快近一倍且安全稳定。与传统的海运和空运方式相比较,"义新欧"铁路无论从运输时间、中转流程,还是运输费用来看,都具有明显优势,为义乌外贸出口企业提供了除海运、空运之外的又一种安全高效、经济实惠的运输选择。

(二)强有力的政策支持是"义新欧"班列快速发展的重要保障

"义新欧"铁路从酝酿、设计到开通,得到了国家层面、省级和市级的高度关注和政策支持。2011 年,义乌成为"国际贸易改革试点试验区",随即着手开展国际物流大通道建设。借此时机,"义新欧"铁路被提上议事日程。2013 年,义乌海关及时推出"铁路转关"模式,为后来"义新欧"铁路的顺利开通奠定了基础。2014 年"义新欧"铁路开通运行之初,为吸引货源,义乌市政府专门给予"义新欧"铁路政策性补助。2015 年浙江省政府工作报告提出,继续稳步推进"义新欧"铁路运行常态化,并为"义新欧"铁路正常运转提供一系列便利化服务政策。2017 年 12 月,伴随着"义新欧"铁路运输的快速发展,浙江省商务厅强调做好"义新欧"铁路工作的重要性,并要求统筹全省资源,海关、地方政府和铁路运输等部门通力合作,继续做大做强"义新欧"班列。浙江省委、省政府建立了以推进"一带一路"建设为统领的对外开放"1+X"领导体制,专门成立"走出去"工作领导小组,负责协调"义新欧"班列工作。2017 年,浙江省政府办公厅专门印发了《"义新欧"班列做大做强实施方案》,统筹全省资源推动"义新欧"班列常态化运营。疫情防控期间,国务院、上海铁路局和浙江省出台了相关支持政策。2021 年,浙江省"走出去"领导小组办公室印发《中欧(义新欧)班列全省统筹管理办法》,决定在省级层面加强统筹,进一步深化完善金华义乌双平台新模式,推动"义新欧"班列高质量开行。本章梳理了 2016 年之后"义新欧"中欧班列相关的顶层设计和政策支持。

1.《中欧班列建设发展规划(2016—2020)》(2016年10月)

(1)内容:明确中欧铁路运输通道、枢纽节点和运输线路的空间布局,着力优化运输组织及集疏运系统,提高中欧班列运行效率和效益。

(2)意义:中欧班列建设发展的首个顶层设计。

2.《关于深化中欧班列合作协议》(2017年4月)

(1)内容:推动铁路基础设施发展规划衔接,打造中欧铁路运输大通道;加强全程运输组织,加快集装箱作业,采用信息技术,提高班列在各自国家境内的旅行速度;推动服务标准统一、信息平台统一,实现全程信息追踪,建立突发情况通报和处理合作机制,保障货物运输安全等。

(2)意义:中国铁路部门第一次与"一带一路"沿线国家铁路部门签署有关中欧班列开行方面的合作协议,对于中欧班列合作规范化具有重要意义。

3.《交通运输部关于加强中欧班列运行保障工作的通知》(2020年2月)

(1)内容:在疫情防控期间,将中欧班列集装箱运输车辆纳入应急运输"绿色通道"。

(2)意义:有利于统筹新冠疫情防控和经济社会发展工作,发挥交通运输"先行官"作用,打通"大动脉",畅通"微循环",推动中欧班列在疫情防控期间发挥更好的战略通道作用,促进中欧班列高质量发展。

4.《中共浙江省委关于制定浙江省国民经济和社会发展第十四个五年规划和二〇三五年远景目标的建议》(2020年11月)

(1)内容:推动"义新欧"中欧班列提质增效和铁路货运发展。强化信息港功能,推进设施联通、标准联接、信息联网、企业联盟、多式联运。

(2)意义:为推动"义新欧"中欧班列高质量发展指明了方向,提出了具体要求。

5.《中欧(义新欧)班列全省统筹管理办法》(2021年5月)

(1)内容:对于至俄罗斯、白俄罗斯方向的去程线路,引导双平台做深做透市场,在保持现有经营格局基础上进行合作等。

(2)意义:进一步深化完善金华义乌双平台新模式,推动"义新欧"班列高质量开行。

6.《长三角中欧班列发展行动宣言》(2021年6月)

(1)内容:呼吁苏浙皖三地平台企业共商中欧班列高质量发展方向、共建中欧班列高质量发展环境、共享中欧班列高质量发展成果。

(2)意义:苏浙皖三省中欧班列平台与德铁欧亚货运有限公司签署战略合作框架协议,建立国际铁路集装箱货运班列业务长期合作战略伙伴关系。

7.《浙江省义甬舟开放大通道建设"十四五"规划》(2021年7月)

(1)内容:提出了把金华—义乌港成为长三角地区最大的铁路国际陆港和中欧班列集散枢纽的建设目标。

(2)意义:该项规划是指导"十四五"时期义甬舟开放大通道建设的纲领性文件,为"义新欧"中欧班列的发展提供实质性支持。

8.《中欧(义新欧)班列、铁路多式联运提单物权化授信业务》(2021年8月)

(1)内容:由中欧(义新欧)班列义乌平台出具授信企业的白名单,再根据客户前三个月的运费总金额进行授信,企业凭近期的铁路联运提单和定仓委托书进行出账,借款期限三个月,采取受托支付的模式,适用于人民币和美元贷款,且可以循环使用,实现专款专用。

(2)意义:可谓创新性的历史性突破,标志着中欧班列"铁路多式联运提单物权化"改革的正式落地。

(三)充分发挥了浙江民营企机制灵活的优势

"义新欧"是全国唯一以民营企业为运营主体的中欧班列,陆港集团国际班列公司是运行主体,具体业务委托"义新欧"贸易集团运营,双方签订《"义新欧"班列运营委托代理协议》。"义新欧"贸易服务集团创始于2010年,是以运营"义新欧"系列班列、场站运营、智慧仓库、铁路国际快件以及中欧贸易供应链为主的国际物流及贸易的综合服务商。浙江义乌天盟股份有限公司是"义新欧"集团的全资子公司,承担"义新欧"系列班列运营工作,发挥了浙江省民营企业机制灵活的优势,在运营线路规划、海外市场布局、经营规模创新等方面走在全国前列。

为了进一步提升班列运营水平,"义新欧"运营平台于2018年12月启动经营合作模式,引进上海圆通蛟龙投资发展有限公司的战略投资,其增资扩股协议的签署为提升平台企业整体运营能力和市场竞争力奠定了坚实的基础。2019年6月,又加强与阿里巴巴集团控股有限公司、菜鸟网络科技有限公司合作,开通长三角地区首条跨境电商班列——eWTP菜鸟号,采用"清单核放、汇总申报",国内段全程阳光清关的方式,探索国际快递业务运输新模式。

近年来,随着"义新欧"业务量持续增长,各个主体之间出现了不协调状况:系统割裂、数据分散带来的不利影响,企业通关报关多系统操作、场站作业系统缺乏联动造成的货物积压、影响通关效率,为解决这些问题,"义新欧"中欧班列率先在全国中欧班列建设数字化服务平台,开创了申报无纸化、通关便利化、作业协同化、服务精准化、监测数据化的数字化服务新局面。平台通过对"义新欧"中欧班列货量、货源地、产业、货物流向、贸易国、作业效率六大指标的精细化分析,形成主题数据和数据集市,为政府监管、统计监测、通关时效评估、产业扶持政策制定等提供数据支撑,有效提升了货物通关便利化水平。

义乌市天盟实业投资有限公司凭借其在国际铁路运输领域的丰富经验,实行多条线路运行,推动部分铁路物流优势地区率先实现市场化,用盈利线路补贴其他亏损线路的方式培育市场。同时利用义乌原有的国际贸易和物流优势,不断开拓新业务,将货物的国内集结、国外配送都揽承下来,提供全供应链服务,将"义新欧"铁路打造成中欧间的重要贸易通道。

(四)两大平台双轮驱动,推进"义新欧"迈向高质量发展新阶段

2020年,"义新欧"班列探索金华、义乌双平台创新改革,按照"一个品牌、两个平台、全省统筹、错位发展"的原则进行运作,形成了"双轮驱动、双城联动"的全新格局。义乌平台得益于全球最大的小商品市场,具备货源组织和产业支撑的竞争优势;金义新区平台发挥金义综保区优势,利用返程班列进口电解铜、纸浆、棉纱、板材等国内所需的大宗物资,推动"港区联动",有效畅通国内国际"双循环"。2021年上半年,共有11条线路(见表13-3)列入"义新欧"特色线路开行清单,包括金华平台至法国杜尔日、阿塞拜疆巴库、乌克兰基辅、匈牙利布达佩斯四条;义乌平台至西班牙马德里、捷克布拉格、立陶宛维尔纽斯、德国杜伊斯堡、比利时列日、伊朗安扎利、越南河内等七条。目前,金华、义乌双平台运营线路总计28条,"双平台"运营体制,在

具体操作中,有以下特色(见表 13-3)。

表 13-3　2021 年上半年"义新欧"班列特色线路开行清单

特色线路名称	开行平台
西班牙马德里	义乌平台
捷克布拉格	义乌平台
立陶宛维尔纽斯	义乌平台
德国杜伊斯堡	义乌平台
比利时列日	义乌平台
伊朗安扎利	义乌平台
越南河内	义乌平台
法国杜尔日	金华平台
阿塞拜疆巴库	金华平台
乌克兰基辅	金华平台
匈牙利布达佩斯	金华平台

一是平台定位上,错位发展。支持双平台根据自身优势错位发展,禁止同一线路重复开行、无序竞争。浙江省相关部门每半年对特色线路进行评估和动态调整,确保开行绩效。根据统筹开行方案,对于至俄罗斯、白俄罗斯方向的去程线路,引导双平台做深做透市场,在保持现有经营格局基础上进行合作。对于至中亚的去程线路,鼓励运营平台按照"线路各自争取、运价相对统一"的市场化原则开行。对于新拓展的线路,鼓励平台根据货源组织、运输成本等情况积极争取,获批后列入开行线路目录。同时统筹协调揽货价格,原则上在统一运价体系下保持总体一致。二是平台运营上,优势互补。"双平台"确立后,运行机制也发生了改变,由浙江省海港投资运营集团(宁波舟山港集团)与金华市交投集团合资成立了浙江海港国际联运有限公司,作为新的平台运营国际班列业务。义乌平台继续发挥民营企业机制灵活优势,金华平台由省海港集团牵头组建,发挥省属国有企业资源统筹优势。依托省海港集团优势作用,借助宁波舟山港,创新了"国际联运＋海铁联运"业务,创新多式联动一体化模式,顺利签发"义新欧"中欧班列金华平

台首张 CIFA(中国国际货运代理协会)多式联运提单。三是明确发展重点,做大返程。大力发展进口业务,开发俄罗斯—金华、中亚—金华两个回程线路的资源,采取多种模式进行组货,将中亚的电解铜、俄罗斯木材和纸浆等货物运回金义片区。"义新欧"双平台新模式入选浙江省十大改革创新最佳实践案例,双平台相关各方将科学分析自身优势和短板,系统谋划,全力推动"义新欧"班列向更高层次发展。

四、"义新欧"中欧班列承担的任务和重大意义

(一)"义新欧"中欧班列是促进"一带一路"贸易畅通的重要载体,成为"新丝绸之路"的新起点

"义新欧"班列是在"一带一路"开放发展新理念的指引下发展起来的,是浙江省连接海陆、贯穿东西、辐射周边的战略枢纽,也是浙江参与"一带一路"倡议的十大标志性工程之一,开辟了一条中国与欧洲国家间全新的黄金物流大通道,深受沿线国家和民众的欢迎,促进了义乌与班列沿线国家地区的经贸往来和多方位、多层面的沟通交流,促进了经济共荣、贸易互补和民心相通。

第一,促进了贸易往来。"义新欧"中欧班列是一条物流通道,将义乌和欧洲大陆相连,将义乌乃至浙江省内的商品输往欧洲,同时带回欧洲沿线国家的特色商品。"义乌制造""浙江制造"乃至"中国制造",通过"义新欧"中欧班列运往欧亚;同样,西班牙的红酒、德国的汽车配件、俄罗斯的伏特加、捷克的水晶杯等"洋货",也通过"义新欧"中欧班列运抵义乌。数据显示,自"义新欧"中欧班列开通以来,西班牙产品向义乌的出口增幅超 300%。因此,"一带一路"沿线各国都十分重视双方在中欧班列上的合作及其带来的贸易往来。如,西班牙阿拉贡自治区经济与就业部长玛尔塔·加斯顿曾表示,"义新欧"班列是该自治区与中国相连的通道,萨拉戈萨(该市拥有欧洲最大的内陆物流园区)希望成为"义新欧"班列在西班牙的下一停靠站;又如,巴塞罗那港务局副局长圣地亚哥·米拉也曾多次表示,"义新欧"班列和巴塞罗那港口之间的合作将是一场双赢的合作,将会极大地扩大双方运输的辐射范围。随着"一带一路"建设的不断深入,义乌平台运营的 17 条线

路,联通了亚欧大陆 160 多个国家和地区,运输货物涵盖日用百货、汽车配件、工程设备等广泛领域,成为全国运营方向最多、载重率最高、跨越国家最多、运输品类最多、运输业务最繁忙的中欧班列运营线之一。

第二,增进国际文化交流。"义新欧"中欧班列的运行,促进沿线国家的文化交流,增进了沿线国家的相互理解,产生文化上的亲近感,为"一带一路"倡议的顺利实施奠定基础。

义乌已经建立了与马德里、巴塞罗那等地区、城市全方位的合作,举办了中国"丝绸之路"经济带城市国际论坛、中国北欧青年领军者论坛等一系列国际交流活动,以及 100 余场文化交流和民间外交活动。例如,2018 年,为纪念"义新欧"中欧班列开通四周年,推动班列起点和终点两座城市——中国义乌市和西班牙马德里市在多领域的交流与合作,举行了"义新欧交流合作周"活动,两地政府围绕体育、经贸和文化等不同主题举办多项交流活动。其中,"荣耀杯"义乌—马德里迷你马拉松大赛是"义新欧"交流合作周的首场活动,数百名旅西华人华侨和西班牙民众参加了本次马拉松大赛,比赛通过把赛跑路线模拟成"义新欧"班列沿线国家的方式,让参与者更好地了解认识"义新欧"班列的意义。

(二)"义新欧"中欧班列运行线路是中欧班列西、中、东三条贸易通道中运程最长、任务最重的通道之一

中欧班列运输距离东西长 1.3 万余公里,连通 50 多个地区,根据中欧班列的出境口岸位置划分,中欧班列由西向东运行路线有西、中、东三条通道,西部通道由我国中西部经阿拉山口(霍尔果斯)出境,中部通道由我国华北地区经二连浩特出境,东部通道由我国东南部沿海地区经满洲里(绥芬河)出境——"义新欧"中欧班列发挥着越来越重要的作用。

1. 运量规模持续扩大,跻身第一梯队序列

自 2014 年首趟班列开行以来,"义新欧"运量规模持续扩大。2020 年,"义新欧"中欧班列在全国中欧班列各开行城市中的排位,由上一年的第九位上升到第四位。2021 年,"义新欧"中欧班列跻身全国中欧班列运营"第一梯队"。2021 年,义乌平台累计往返运行 1277 列,发送标箱 10.52 万个,同比增长 31%。其中,回程班列 294 列,同比增长 254%。海铁联运累计发运

808 列,发送标箱 6.82 万个,同比增长 100.6％,成为全国运营方向最多、载重率最高、运输线路最长的中欧班列,发运量仅次于长安号和成渝号,跃居全国前三强(见表 13-4)。

表 13-4　中欧班列各线路特色比较

类别	义新欧 （义乌）	长安号 （西安）	蓉新欧 （成都）	渝新欧 （重庆）	郑新欧 （郑州）
数量规模	528 列(第 5)	2133 列(第 1)	1600 列(第 2)	1500 列(第 3)	1000 列(第 4)
货物品类	小商品、跨境邮件	工程机械、服装、快消品	电子产品、二手车	液晶面板、整车	肉类、跨境邮件
满载率	100％	2019 年全国中欧班列满载率约 90％(中铁集团)			
货源	货源充足,义乌本地 50％以上,省内货源 70％以上	从其他班列公开资料看,西安长安号班列陕西省内货源占比低于 40％			
特色亮点	市场采购。中转集拼等业务全覆盖,海关 7＊24 服务	多式联运一单制	国内段运输不计入关税改革	运贸一体化(推出渝新欧自营品牌)	门到门运输,进口肉类

2. 义乌成为长三角地区商品进出口的重要聚集地之一,助推"长三角一体化"向纵深发展

长三角地区中欧班列平台紧密合作,产生了强大的辐射能力,随着"义新欧"中欧班列的发展,逐渐成为长三角地区商品进出口的集结中心,在长三角中欧班列合作共赢中体现出了重要价值。

第一,"义新欧"中欧班列在长三角区域中欧班列资源统筹协调会中正式"崭露头角"。2018 年 12 月,长三角区域中欧班列资源统筹协调会在杭州召开,会议初步建立了统筹协调框架,三省一市(江苏省、浙江省、安徽省及上海市)中欧班列各相关单位最终形成五点共识:一是共同确保可持续发展,二是共同推动高质量运行,三是共享现有建设成果,四是共同提升服务水平,五是共同促进对外合作,六是共商体制机制建设。这标志着已经运营将近四年的"义新欧"中欧班列逐渐成熟,将正式加入长三角地区中欧班列的大家庭,将为实现长三角地区中欧班列"抱团发展",充分发挥长三角地区

制造业发达和市场潜力巨大的优势贡献力量。

第二，江苏、浙江、安徽三省签订《长三角中欧班列高质量一体化发展战略合作框架协议》，"义新欧"中欧班列发挥更大作用。随着国内中欧班列的快速发展，竞争也日趋激烈，各地中欧班列发展进入了关键期和机遇期，长三角各省市已经开始思考如何推动中欧班列的高质量发展。面对长三角区域中欧班列开行情况各异、发展不均衡等现象，三省共同认为，长三角区域要搭建沟通平台，加强省市间合作交流，保持沟通联络，错位协调发展，避免重复开行和同质化竞争。在此背景下，2019年11月，浙江、江苏和安徽三省中欧班列平台共同签署了《长三角中欧班列高质量一体化发展战略合作框架协议》，旨在加强长三角区域中欧班列运营主体的战略合作。

第三，"义新欧"中欧班列将积极争创长三角中欧班列集结中心，激发"长三角一体化"释放更多潜能。义乌具有"世界货地"的强大集散功能，为"义新欧"中欧班列的发展带来了无可比拟的优势。一方面是有强大的货源支撑，义乌是我国小商品生产、批发、出口的集散地，汇聚了浙江、长三角乃至全国的小商品，并且能根据市场的流行趋势和客户订制需求迅速做到推陈出新。另一方面是有庞大的市场支撑，义乌拥有覆盖全国大中城市的内销网络和覆盖全球219个国家和地区的外贸网络，每年到义乌市采购的境内采购商超过1000万人次，到义乌采购的境外客商近50万人次，有100多个国家和地区的1.3万多名境外客商常驻义乌，每年出口的货物量超过100万标箱。这些得天独厚的条件指引着"义新欧"中欧班列的进一步发展目标：成为长三角中欧班列的"集结中心"。《2022浙江省政府工作报告》提出，"继续深度参与共建'一带一路'，争创长三角中欧班列集结中心"。省政协委员、"义新欧"贸易服务集团董事长冯旭斌表示，"一个具有更强辐射带动能力的长三角中欧班列集结中心在义乌呼之欲出"。他解释道，一方面，长三角有较为完整的产业链供应链体系，需要更高能级的中欧班列集结中心来释放潜能；另一方面，随着"义新欧"中欧班列回程班列越来越多，大批"一带一路"沿线国家和地区的产品搭上这条"热线"进入中国市场，通过"世界超市"义乌辐射长三角地区乃至全中国。

（三）在全球新冠疫情肆虐的严峻形势下，"义新欧"中欧班列充分发挥了运输"生命线"的作用

"义新欧"中欧班列有力保障了疫情防控期间我国对沿线国家的进出口贸易，对稳定国际物流供应链，服务国内国际"双循环"起到积极作用。

1. "义新欧"中欧班列是全国最早复工的中欧班列，为"一带一路"沿线国家输送防疫物资提供了重要保障

近年来，疫情导致全球重要港口拥堵和延误，在亚欧货运市场的大量需求和全球航运受阻的背景下，中欧班列安全、稳定、高效的运输优势进一步凸显。2020年2月10日，"义新欧"中欧班列率先重启运行，成为全国最早复工的中欧班列。3月16日，义新欧贸易服务集团向社会发出"丝路万里，命运与共"公开信，承诺从3月21日起，"义乌至马德里"班列将确保每周发车，任何机构、侨团、个人捐赠给西班牙方面的防疫物资，都免费提供国际铁路运输服务。公开信发出后，"义新欧"贸易服务集团带头首批捐赠50箱10万个口罩。3月21日，全国首趟搭载出口欧洲防疫物资的X8020次中欧班列从义乌西站鸣笛启程，驰援西班牙疫情防控，此趟中欧班列中装载的防疫物资主要为医用口罩、防护服等货品，包括11余万只一次医用口罩和766套防护服，共计70余箱，货值35万元人民币。"义新欧"西班牙运营公司总经理卡洛斯·桑塔纳认为，在疫情防控期间，铁路运输成为从中国进口医用物资的一种可靠方案。"义新欧"中欧班列被评为"2020年全国交通运输抗击新冠疫情先进单位"。

2021年1月25日，载着100个标箱防疫物资和生产生活物资的"义新欧"中欧班列X8026次（义乌—马拉舍维奇）防疫物资专列从义乌西站启程，此趟班列中82个标箱为防疫物资，约4万余件防护服、医用隔离衣、注射器等，总重324吨。这是2021年全国首趟中欧班列防疫物资专列，为驰援波兰和欧洲抗疫防疫急需补充物资提供"生命通道"。截至2021年底，已累计向西班牙、德国、波兰、白俄罗斯、俄罗斯、捷克等欧洲国家运送口罩、防护服、防疫手套、护目镜、额温枪等防疫物资1581.26吨，向世界输送了"中国温度"和"中国力量"。

2."义新欧"中欧班列承担起长三角企业向欧洲国家出口商品和生活物资的重任

在新冠疫情肆虐的形势下,全球运输渠道受到一定影响,相比海运、空运,铁路货运机械化程度高,且不产生人与人之间的直接接触,同时铁路陆上运输畅通无阻、全天候、不间断,加上快速、便捷、经济、安全等优势,出口企业对铁路运输的依赖度明显上升,为长三角地区稳外贸提供了稳定的物流通道,服务国内国际"双循环"起到积极作用。

第一,创新服务方式,缩短运营时间。受疫情影响,不少国家处于停产停工状态,中国国内生产力恢复较快,个人防疫护具、家具、运动器材、日用消费品等领域出口量迅猛增长,一些订单时间要求非常高。"义新欧"中欧班列从单纯的站对站的物流服务转变为门对门的全流程配送服务,通过海外仓的布局以及与海外物流体系的对接,为客户提供国际贸易的全套解决方案。例如,2020年5月,东方日升新能源股份有限公司生产的一批光伏板即将交付欧洲客户,按照交货日期需7月底运送至荷兰(德拉赫特),但当时疫情在国外尤其是欧洲地区蔓延,导致赴欧航空运力锐减,运输成本急剧上涨,海上运力处于停摆阶段,时效无法保证。在"义新欧"班列全力协助下,这批光伏板7月4日发货,只用了18天就抵达德国杜伊斯堡,经过终端物流配送,在7月29日抵达荷兰按时交付客户。

第二,研判市场需求,定制物流通道。"义新欧"中欧班列不断根据市场需求增开防疫物资专列、跨境电商专列、吉利汽车配件专列、中国邮政运邮专列、玩具专列、中亚进口棉纱专列等客户定制专列。例如,受全球新冠疫情的影响,海运受阻、运价大幅度波动等因素导致外销茶叶大量积压,浙江茶企外贸经营受到严重影响,占全国绿茶出口量60%的嵊州绿茶受到的影响更为突出。为解决茶农和茶企的出口难题,铁路部门和地方政府积极协作、多次对接并派出专门工作组,通过市场调研分析和运力调配,利用"义新欧"中欧班列品牌成功开行茶叶专列,较过去的海上运输节约了20天的时间,不仅解决了茶叶海运周期长、陆运车皮紧张的问题,还利用时间优势缓解了企业在资金周转、茶叶品质等方面面临的难题,有效加强了浙江企业抵御国际风险的能力,更好地服务全省开放大局。

　　响彻千年的骆驼铃声被"哐当哐当"的火车声音所取代,"义新欧"中欧班列是"一带一路"的重要载体,已经成为世界运输体系的重要组成部分,也是传播中华文化、输送中国温度的重要力量。面对当今世界处于百年未有之大变局,面对中华民族实现伟大复兴战略全局,"义新欧"中欧班列终将置身于其中,在国之大局、世界之变局的宏观图谱上,把握机遇和挑战,确立新目标、找准新方位,聚焦新重点,实现更高质量的发展。

参考文献

[1]曹晶晶,方巍巍."一带一路"背景下依托"义新欧"中欧班列提升义乌进口贸易水平研究[J].商业经济,2019(4):76-78.

[2]曹晶晶,叶丽芳."义新欧"中欧班列高质量发展策略研究[J].对外经贸实务,2021(9):93-96.

[3]曹晶晶."义新欧"中欧班列常态化运营策略探讨[J].商业经济,2018(6):135-137.

[4]陈越."义新欧":主导中欧班列高质量发展[J].浙江经济,2019(11):24-25.

[5]董华英,吕宏芬."一带一路"倡议下"义新欧"班列运行的问题及措施[J].北方经贸,2018(12):40-42.

[6]李菲.中欧(义新欧)班列的浙江特色[J].浙江经济,2022(5):60-61.

[7]李金龙."义新欧"班列常态化助推义乌试点转型[J].现代企业,2015(12):79-80.

[8]李金龙.关于"义新欧"班列常态化运行的思考[J].港口经济,2016(2):28-31.

[9]李炜."义新欧"沿线国家文化交流机制研究[J].智库时代,2020(3):279-280.

[10]孟娜.习近平会见西班牙国王:欢迎积极参与"一带一路"建设[EB/OL].(2017-06-09). https://www. yidaiyilu. gov. cn/xwzx/xgcdt/15738. htm.

［11］毛艳,甘钧先."义新欧"铁路对浙江经贸发展的影响分析［J］.北方经
　　　贸,2019(11):16-19.

［12］宋继飞,高玲.基于博弈论的中欧国际班列政府补贴优化——以"义新
　　　欧"为例［J］.物流技术,2021(1):33-37.

［13］习近平.阔步迈进新时代,携手共创新辉煌［EB/OL］.(2018-11-28).
　　　http://dzqf.haimen.gov.cn/mobile/view.asp? keyno＝1486.

执笔人:郑春勇,浙江工商大学公共管理学院

第十四章 浙南侨乡——"一带一路"视野下的青田侨文化

　　丽水和青田都是具有江南韵味的地名,诗情画意中描绘了这一地方的山与水。青田县隶属丽水市,位于浙江东南之隅,在悠久的历史文化浸润下,青田人在新时代闯出了一条特色发展之路。从自然资源禀赋上来说,它是"九山半水半分田",平原面积狭小,洪涝等天灾频发,在不少历史时期都严重影响了当时百姓的生存。拥有拓荒精神的青田人"穷则思变",千方百计谋生存、谋发展,在不同时期诞生了不少艰苦创业、一心报国的感人事迹。现如今,一张张青田名片展示着青田发展的成绩,比如世界农业遗产——青田稻鱼共生系统、"国际名品"青田石雕、华侨进口商品博览会和"欧洲小镇"等。

　　青田虽小,但驰名海外,甚至"凡是有华人的地方就有青田人",说法虽然夸张,但也不可否认青田人在海外布局广泛、联系紧密。在构建人类命运共同体和推进"一带一路"建设的当下,青田的"侨资源""侨文化"应该说可以发挥特殊作用。但可惜的是,这种优势并没有得到重视,或者说还没有发挥它最大的价值。推进"一带一路",实现民心相通,需要一批能够联通中外两种语言、两种制度与两种文化的"中间人"。海外华人华侨是连接中国与当地文化,实现民心相通的重要媒介,是促进政民沟通、经贸合作、公共外交、弘扬中华文化的坚定力量,是天然的"粘合剂""润滑油"。青田华人华侨可以在加强中国与"一带一路"沿线国家互联互通中发挥独特优势,其中青田特色的侨文化应该加以挖掘。本章主要从跨区域合作的视角,对青田发展过程中独特的"侨文化"资源进行梳理和阐释,对感人的"侨故事"进行剖析,并总结若干经验和启示。

一、青田发展概述

（一）青田侨乡的历史与现状

青田拥有 300 多年的华侨史,是中国著名的侨乡,也是浙江省重点侨乡。青田华侨的诞生是与青田石雕出洋密不可分的。据民国二十四年英文版《中国年鉴》记载,在十七、十八世纪之交,就有少数国人循陆路经西伯利亚前往欧洲经商,初期前往者以浙江青田籍人为多,贩卖青田石制品。青田所产的叶蜡石是石雕和印章等美术工艺品的上等原料,历史悠久、质地细腻,早在宋朝就已经开始开发利用,在元明时期发扬光大,在清初技艺更显成熟。偏僻山区交通不便,使得石雕的市场效益受到限制,一批华侨开始远涉重洋,从商贩卖石制品。

到 20 世纪 20 年代,青田出国人数开始攀升。一方面是由于青田石雕在巴拿马万国博览会等场合亮相,为打入国际市场开拓了道路;另一方面是青田在军阀统治下粮食匮乏,甚至有人只能以"观音土"充饥,民不聊生,不少人不得不以身试险、出国谋生。

欧洲社会对青田石雕兴趣浓厚,需求旺盛,出国谋生的青田石商群体开始不断扩大。随着在巴拿马博览会等国际展览中频频拿奖,青田石雕更是蜚声于世,进一步扩大了青田石商的商业版图,青田人东渡日本、西游欧美、散居广阔的海外世界,活跃于西方国家和地区。

第二次世界大战前后,海外华侨处境艰难,青田海外华侨也有不少选择回国。到 20 世纪 80 年代,我国改革开放的政策又将出国热推向高潮,据统计,1980 年海外青田华侨总数约 5000 多人,到 1985 年已达 1.2 万人。[①] 改革开放后的青田海外华侨所从事的行业呈现出多元特征,餐饮、商贸等多有涉及,不过仍集中于欧洲。2006 年全国侨情调查显示,全球华侨华人共有146825 人,分布在全球 84 个国家和地区,欧洲集中了 141014 人,占总 96%。[②]

时至今日,欧洲不少唐人街大都是青田人所建。欧洲青田同乡总会、意大利青田总商会、斯洛伐克青田总商会、法国青田同乡会、芬兰青田同乡会、匈牙利青田同乡会等协会组织蓬勃发展,乐善好施,构建了庞大的利益共同

---

① 史澄.青田华侨特点初探[J].华侨历史,1987(1):38-45.
② 郭剑波.青田华侨华人与中欧文化交流[EB/OL].(2009-09-27).http://www.zjsql.com.cn/index.php? m=content&c=index&a=show&catid=32&id=4642.

体、命运共同体和责任共同体,也有助于国内更好完成侨务、统战、公共外交等工作;无论是一战时期的"以工代兵"的华工群体,还是二战时期在欧洲组建"抗日后援会",抑或是在新旧世纪之交聚集召开"全球华侨华人推动中国和平统一促进大会",都表明青田华侨具有广阔的胸襟、高度的国家认同感和归属感,在辛亥革命、抗日救亡、改革开放的历史进程中做了大量工作、留下了光辉篇章。①

改革开放以来,在党的领导关怀下,在海内海外青田人同心同德的拼搏下,旧时的青田贫困面貌已经改变,各方面都欣欣向荣、踏步向前。目前,青田拥有 33 万华人华侨,遍布 120 多个国家。青田本土常住人口与海外青田籍人口数大概 1∶1。《中国县域经济发展报告(2015)》指出,青田跻身县域经济竞争力综合百强县,在全国县域经济竞争力、发展潜力上分别排在第 85 位和 81 位。在中国社会科学院财经战略研究院《中国县域经济发展报告(2020)》中,青田名列全国投资潜力"百强县"第 14 名。

青田的特殊发展历史为这个县域带来很多"奇观异景",比如青田成为外汇存款第一县,中国第一家村级外币兑换点在方山乡龙现村;在青田的大街上可以看到有人拿欧元买东西;乡村百姓炒外汇的火爆程度异常,对外汇的涨跌异常敏感;巴洛克式、古罗马式、文艺复兴式的建筑在青田比比皆是。

(二)青田"侨文化"概述

中国侨联前主席林军曾指出,"侨文化"的渗透能力强劲,能影响到海内外的各个领域、各个层面。青田华侨能够凝聚在一起,能够将青田的特殊文化精神一代又一代传承,离不开"侨文化"的浸润。华人华侨个人或者组织群体,借助社会各方力量,充实文化工作的载体,建设文化工作的平台,开展具有侨特色的、内容和形式丰富多样的文化活动,其实都是侨文化的具体体现。

侨文化,包括青田侨文化,一般都具有以下几个特点:(1)开放性。侨文化不仅仅吸收西方文化,同时也向世界传播了中华传统文化。如果仅仅是单向度的文化交流不是真正的交流,在中西文化交流中也应该坚定文化自

---

① 叶肖忠."一带一路"上的青田华侨[M].杭州:浙江教育出版社,2017.

信和民族自信,防止文化渗透和全盘西化,防止将文化的话语权拱手相让。(2)包容性。侨文化的包容性体现在对外来文化的宽容,而非盲目排斥、断然拒绝,洋为中用同样可以创新文化,比如青田文化礼堂建筑中的欧陆风格等。(3)时代性。文化总是具有一个时代的特征和烙印,与时俱进。无论是饮食文化、商业文化还是乡俗文化、宗教文化,都具有该特征。比如说吃西餐、喝咖啡的习惯逐渐也在青田本地居民中形成;在国外也需要借鉴现当代的经营理念来运营华人餐馆等。(4)创新性。当两种文化产生碰撞时,如果两者能够兼容并蓄,那就意味着在两种文化的某个融合状态产生了新的契合,其文化外在表现就是一种创新的事物状态,比如青田的民俗文化也在欧洲流传并因地制宜,在继承中创新发展。

青田的侨文化的建设,有助于为青田人民和广大侨胞提供丰富的精神养分,树立起强大的文化自信。青田广大侨胞和侨乡人民长期与海外交往沟通,立足中国传统文化,主动吸收借鉴世界各国优秀文化,并逐渐在青田地区创造出独具内涵和艺术形式的侨文化,应该说是融世界与青田、传统与现代于一体的一种基本精神、基本价值观,同时也自成体系、独具韵味。

二、政府主导的青田侨文化重大载体

建设好青田侨文化,才能够让华人华侨记得住"乡愁",才能让更多的海外游子能够找到精神的栖息地,也同时能够帮助家乡搞建设。青田更加如此,21世纪前夕青田还是"省级重点帮扶贫困县",到后来发展成为全国百强县,不能忽略侨乡文化在其中扮演的角色。正是这种文化联结,让更多华人华侨将新观念、新技术、新的生活方式带回来。而创造和产生这种文化意象的联结,需要建设好文化的载体。青田华侨爱国爱乡、重情重义的优良传统,在华侨二代、三代中也生根发芽,极具社会责任感的华侨领袖与当地政府官员、海外力量等一起建设了多个具有创新性、传承价值和国际影响力的文化载体。

(一)搭建平台:世界青田人大会

世界青田人大会已经顺利举办四届,每次举办都会吸引成千上万华侨从海外回到家乡,为青田人议青田发展、推进世界青田人联谊合作提供了平台,于是青田人齐聚美丽的瓯江之畔,共商发展计划,共谋美好未来(见表14-1)。活动采取"政府主导、社会参与、市场运作"模式,动员和引导海外华侨、国内青商共同投身浙江(青田)华侨经济文化合作试验区建设,深入挖掘宣传青田历史文化,充分展示青田经济社会发展成就,推动"青田人经济"与"青田经济"互动发展,开创"美丽青田、幸福侨乡"新局面。

表 14-1　历届世界青田人大会相关情况

届数	举办时间	主题	主要活动
第1届	2011-07-10—2011-07-12	弘扬文化、宣传青田、凝心聚力、发展经济	《青田华侨史》首发仪式、荷兰青田同乡会向青田革命老区捐赠仪式、青田县侨联成立50周年纪念大会暨2011·青田华侨慈善捐赠年活动表彰大会、世界青田人联谊总会成立大会、青田异地商会会长座谈会
第2届	2015-11-07—2015-11-09	新常态新侨乡新发展	开幕式、"五洲之水共聚瓯江"注水仪式、《看青田》图片展、欧洲华商会理事会换届、"一带一路"倡议与华侨经济文化发展国际学术研讨会、瓯江歌手大赛等
第3届	2017-09-24—2017-09-26	相约青田、共筑梦想	华文媒体座谈会、浙茶产品推介会、青田侨乡进口商品城第四市场开业暨世界红酒中心招商启动仪式、世界青田人青年创业创新联盟成立大会、"建设和谐侨团·实现共同发展"论坛、青田县"四好"商会建设研讨会
第4届	2019-11-10—2019-11-11	我为家乡发展出力	开幕式、青田发展论坛、世界青田人家宴、家乡行活动以及青田县世界青田人联谊总会、青田海外联谊会换届大会等

世界青田人大会得到当地政府重视,规模大、规格高、活动类型多样。如联合国前副秘书长、联合国可持续发展大会秘书长沙祖康,中国侨联副主席乔卫、朱奕龙等领导莅临出席,他们肯定了青田华人华侨在服务当地社会、支持家乡建设和推进中外交流交往、世界和平发展中的积极作用。历届大会都举办了多种多样的活动,涉及项目开工和招商启动仪式、各类换届会议、联盟成立会议、慈善捐赠、学术论坛、歌手比赛等。但各届大会也都有不同侧重点,如第四届会议侧重平台建设和项目招商,共涉及10个平台、22个类型共265个项目,政府层面系统设计、社会力量充分参与,青商华侨加快

要素回流,促进"青田人经济"向"青田经济"转化。

(二)沉淀历史:青田华侨历史博物馆与陈列馆

精神家园需要物质载体依托。建设华侨历史博物馆是历代华人华侨的
殷殷期盼,既能够回顾先辈筚路蓝缕,也可以启发后代牢记使命。青田华侨
历史博物馆是中国建设最早的县级华侨历史博物馆,其前身为青田华侨历
史陈列馆,于1993年9月落成。它是展示青田华侨文化的重要窗口,也是
弘扬传统文化的爱国主义教育基地,更是海内外青田人共同的精神家园。
2015年青田华侨历史博物馆被评为中国华侨国际文化交流基地。

华侨历史博物馆依托本地丰富的华侨资源,重点支持建设了六个"侨文
化"主题展馆,如仁庄镇的仁庄华侨历史陈列馆、方山乡的"华侨与石雕"主
题展馆、青田农商银行侨胞之家的"华侨与钱庄"主题展馆等。博物馆不仅
仅满足于陈列和展览,还在幕后做了大量的其他工作,如与国际知名大学学
者、浙江大学专家等开展研究合作,促进华侨文化资源利用和转化[1];依托侨
联优势,帮助海外华人华侨寻亲认宗,寻根圆梦。

仁庄是青田华侨的主要发源地,涌现出百年华侨楷模林三渔、传奇华侨
王志南等爱国爱乡的华侨典范。仁庄也被评为"最美侨乡",设计打造"华侨
小镇"。在这个小镇上建设的华侨历史陈列馆,建筑面积达3000平方米,分
为"华侨之路""侨界之魂""侨乡之光"三个展陈,记录着仁庄华侨的发展历
史、展示林三渔等老一辈华侨的事迹和当代侨乡精英的风采。建设陈列馆
有利于保护历史文物,梳理老侨故事,也可以让海外游子更好地记住乡愁和
历史。

新时期,随着海外华人华侨越来越关注家乡发展,政府对华侨史料的征
集工作也更成体系,大量新的华侨史料被带回青田,政府和社会人士也有意
在县城建设新陈列馆,以集中展示青田华侨的历史和文化。青田华侨历史
陈列馆(青田华侨之窗)于2020年11月正式开工,于2021年6月正式开馆,
位于县文化会展中心11楼,占地面积约948平方米。展览馆整体结构以青

---

[1]　这其中一个非常典型的例子是中外学者和博物馆围绕意大利"德拉址集中营华人难侨史料"进行通力合
作,抽丝剥茧研究青田华侨在当时所遭受的经历。

田华侨群体的产生、发展、壮大、融合、回归、大同的一系列发展历程为脉络,分闯荡世界、开基拓业、融合共赢、社团兴盛、家国情怀、侨"联"天下六个主题来展陈,精神脉络将延循结构脉络,提取青田华侨的重要历史事件、人物故事等来体现各个发展阶段青田华侨所表现出来的敢闯敢拼、创业天下、大气开放、团结共兴、爱国爱乡等可贵精神,旨在打造树立华侨精神、弘扬华侨文化、促进文化交流的文化场所。①

政府和有关社会力量热心于建造华侨历史陈列馆、博物馆等场所,也是顺应时代之需、民众之盼。"家家有华侨,人人是侨眷"的青田,特别需要一个个能够储藏和激活侨乡记忆的场景。在陈列馆里面,往前可以看到不同历史时期华侨在外谋生活的艰苦景象,往后又可以看到知名华侨从海外带回的护照、信件和行李箱,以及落叶归根建造的新楼等,仿佛穿梭古往今来、海内海外,无不让人唏嘘。

(三)政务服务:"侨海通"与"侨管家"

文化的共鸣需要不同形式的联通,如何通过技术手段联结各位华人华侨,以"一次都不用跑"的服务体验满足华人华侨的特殊需求,既是政府推动数字化转型的重点,也是侨胞翘首企盼的政策红利。在过去没有发达的航空和电子科技,出国意味着"明日隔山岳,世事两茫茫"。而如今发达的航运、各式的社交软件,华侨与侨眷之间、海外华侨与华侨之间、华侨与青田政府部门之间都可以通过社交软件、脸部识别技术、远程授权、电子转账、视频会议等完成过去绝不可能完成的政务服务、商业来往程序和亲人感情联络。

2020年新冠疫情凶猛袭来,一时间让全球航班、快递等物流运输方案几乎瘫痪,停航停运等消息不绝于耳。而对于青田这个拥有33万华侨的县城来说,如何打好防控境外疫情输入的阻击战是重中之重、难中之难。为了更精准地掌握海外华侨的抗疫状态和帮扶需求,青田县政府部门和华侨团体设计开发了"侨海通"抗疫帮扶平台,一方面在这个平台上发布入境入浙有关防疫要求政策,在境外疫情高发的时候尽可能劝导暂留、减少回国流量;

---

① 舒旭影. 青田华侨历史陈列馆开工[EB/OL]. (2020-11-19). http://www. zgqt. zj. cn/newsDetail/7955891. html.

另一方面守望相助,发布防疫物资征集需求和发放信息,汇总侨胞抗疫困难,向上反映普遍困难。另外,侨务部门还可以通过"侨海通"跨境视频服务中心与海外侨团负责人连线研判新冠疫情情况,制定最新政策。

"'侨海通'相当于我们与海外侨胞联系的纽带。"青田县委统战部有关负责人介绍道,通过建立"侨海通"跨境视频服务中心,我们可以直接联系到海外侨胞,侨胞在海外就可以提出需求并直接办理涉侨相关业务,"今年疫情期间,'侨海通'成了帮助海外侨胞进行疫情防控、侨情排摸调查的重要平台"。[①]

线上政务服务的重要性和迫切性得到了验证,无数的华侨受益其中。2021年,青田"侨管家"正式上线,它是由政府单位、企事业单位、社会团体、商业人士等共同参与打造的助侨联盟,设有全球侨胞服务中心、为侨服务数字平台,现有56家单位入驻其中,涵盖教育服务、医疗服务、家政服务等众多领域。比如,一些侨眷希望寄送一些口罩、中药等物资给远方的亲人,但家属可能由于身体和年龄原因无法在邮政窗口长时间排队,而"侨管家"招募了志愿者开展免费代办服务,帮助解决侨眷的烦恼小事。

从上述两个案例可以看到,青田政府部门和社会人士通过开发线上App、线下成立服务大厅等方式"为侨服务"。其中的经验包括:线上线下不仅要结合,而且要深度融合,才能够发挥综合效应;扎扎实实做服务,与政府工作相互协同;不断提升竞争力,想侨民之所想,多做一些暖侨心的工作。

三、用行动诠释青田"侨文化"

关于青田华侨的故事,可以说犹如空中璀璨的星辰,说不完道不尽。叶晓忠等出版了专门的青田华侨访谈录,其中不乏创业领袖、石雕艺术大师、妇女权益领袖、实业投资者等各行各业的佼佼者。如为浙江省与意大利多个城市建立姊妹城市牵线搭桥、为公益事业奔波的季志海;担任塞尔维亚中国和平统一促进会会长,被塞尔维亚总统府授予"华人慈善形象大使",并出席第五次中国—中东欧国家领导人会晤的郭晓;在匈牙利布达佩斯设立人

---

① 胡丁于. 侨乡青田打造"华侨经济文化之窗"引"侨元素"回归[EB/OL]. (2020-12-02). https://baijiahao. baidu. com/s? id=1684951216086547329&wfr=spider&for=pc.

才服务驿站的首任匈牙利丽水商会会长徐忠南；等等。在青田县侨联成立60周年之际，也对奥地利青田同乡会会长、中国驻奥地利大使馆领联络员胡扬红，浙江省政协常委、2005年度"十大风云浙商"郭胜华等做过人物专访。

青田华侨多为商界精英，也有部分人以华侨等特殊身份在政协界中担任委员涉及政界，部分华侨热衷善举而涉及公益界，还有部分华侨在外交实践方面具有一定经验而进入高等教育领域，如担任外交学院理事、大学生"一带一路"研究实践导师等。总体而言可以归纳为，青田华侨善于利用自身的经济资源、智力资源、人脉资源、赤诚的爱国情怀等，在各领域以实际行动诠释和传播青田"侨文化"。

（一）创业反哺家乡建设

创新创业，推动产业转型升级是青田侨文化的重要内容。

众所周知，青田是"杨梅之乡"。青田有句谚语讲：夏至大烂，杨梅当饭，说的就是此地盛产杨梅，每当夏至前后正式大熟。一方面，青田山清水秀有利于出产高品质杨梅，栽培面积达11.2万亩，其中投产面积8.8万亩，是浙江省杨梅核心产区之一。2021年，青田杨梅产量近5万吨，产值4亿多元；另一方面杨梅季节性极强、贮存时限短，不适合长时间远距离运输，而且青田也不具有交通优势，因而杨梅行业一直叫好不叫座，附加值低，一直缺乏专业的杨梅深加工产业链。

2021年3月，青田旅奥地利华侨张建明先生响应家乡招商引资政策号召，注册成立浙江嘉加乐食品有限公司并集中研发杨梅衍生产品如杨梅果酱、杨梅酥、杨梅饮料、杨梅酵素、杨梅醋等系列产品，从而延伸杨梅产业链，并带动杨梅种植农户增加收入。

杨梅本身就是青田的传统优势水果。根据浙江招商网的介绍，"山鹤"杨梅果大、形美、味佳、汁多，适合进行深加工。青田县为加快杨梅发展步伐，提出了全县发展10万亩，实现年产7.5万吨杨梅的目标，并且将杨梅保鲜贮运和加工项目列为县"双招双引"重点项目。政府还积极打造杨梅节、评选杨梅王、杨梅精品旅游一日游等文、体、旅活动，以提高青田杨梅声誉度。同时通过设置杨梅市场专用摊位等形式规范市场行为，通过支持技术研发等手段提高杨梅品质，多措施推动杨梅成为全县重要产业。

而华侨张建明也正是出于这方面考虑,利用自身经济优势、商业优势和技术优势,探索杨梅产业转型升级的可能路径,改变过去杨梅产业基础设施保障落后、新技术支撑乏力、产业化水平不高、商业化能力不足、产业间融合不够等弱势,为家乡杨梅产业的发展贡献一份力量,为家乡百姓的生计提供一些帮助。未来,该行业还能进一步推进加工转型升级,除了制作干果饮品外,还可以结合现代生物提取技术和医疗保健技术,开发营养保健品及药品和化工用品等,在果仁、根、树皮、叶等副产品上进行综合利用,形成新的产业利润增长点。二是进一步保障品质,如在栽培技术、换种技术、抵御虫害技术、保鲜技术等方面发力,创新杨梅种质资源。三是培育高端杨梅销售渠道,一方面做好线上电商销售渠道的维护工作,实现线下水果上“云端”,另一方面探索高端订制路线,以高品质打开国际市场。积极以国际文化建设为纽带扩大杨梅消费群体,织牢国际杨梅消费网络,壮大杨梅创新产业,同时发展侨商超市、技术交易平台等,助推杨梅产业创新创业迈向更深处。

(二)慷慨解囊捐助故里

捐赠善举,反哺桑梓是青田侨文化的另一个重要内涵。每当家乡发生自然灾害,每当家乡学校需要扩建,每当祖国深情召唤……总能看到青田华侨乐善好施的身影。

青田仁庄镇孙明权先生与妻子反哺桑梓,为家乡的医院、学校等公益性机构和其他公共基础设施建设慷慨解囊,捐资无数。关心家乡教育事业和人才培养的孙明权夫妇自1988年开始,先后捐资20万美元设立育才奖学金,奖励本县每年高考成绩前20名的优秀学子。截至2019年,“育才奖学金”已历经31载,获此奖学金的学生已达630人。

近年来,汤垟乡对底寮公路进行修复,建设同村绿道,提升改善村容村貌等工程引来华侨一片叫好,希望能够为家乡建设出一份力,据悉,汤垟乡近年已收到华侨捐赠资金1500万元。巴西华侨邱秀峰是参与该道路修复项目的华侨之一,他认为,之前他们在国外打拼,正因为有乡亲的支持才有了现在的事业;现在汤垟乡家家户户都富裕起来了,在海外的华侨更应该为家乡发展贡献力量。

伯温中学董事长邹立胜在企业发展最困难的两年里,仍然坚持捐资180

多万元,帮助家乡山村修建公路、发展农业项目。在获得政府有关奖励后,他说道:"现在已经完成了丽水每个县 1 个捐建项目的计划,接下去,打算再用 10 年,完成捐建 100 个学校项目的目标。"据统计,邹立胜先生在 10 年间共捐资 7000 多万元,惠泽 5 万多师生。

美国青田同乡会会长邱伯庄带领邱家兄弟向华侨中学捐赠 1000 美元,旅西班牙侨领吴广平向县文物保护委员会捐赠 100 万元人民币,意大利华侨联谊总会工作人员向王岙村捐赠 10 万元人民币用于修复基础设施……这样的案例不胜枚举。是什么让青田华侨如此热衷于建设家乡?旅居瑞典的归国华侨王柳英认为,落叶归根是每个青田华侨的愿望,通过自身的努力来回报家乡是应该的,虽然早年的经历让华侨疏远了与故乡的实地距离,但疏远不了对家乡热爱的殷切之情。

实际上,根据对青田华侨历史的研究,青田华侨为家乡兴建公益事业早在抗战时期就已经比较多见,比如捐赠筹建青田县县立医院,扩大青田县阜山乡村师范学校校舍,也有华侨采购番薯干、大麦、大米等粮食作物运回国内救济同乡。如今,家乡的阜青公路、瓯江大桥、太鹤大桥、历史陈列馆等都包含了华侨的公益热心,学校奖学金已设立 30 余个,总基金 400 多万元。

（三）民心相通促进开放

以侨为桥,为国家交流贡献民间力量是青田侨文化的另一个重要内涵。青田华侨向来关心国家大事,致力于做中外友好使者,积极主动地嵌入"一带一路"倡议之中,烙印下独特的青田印记。

巴西中国浙江商会会长郑侠茂在当选感言中就提到,协会一直致力于推动"一带一路"建设,其在《为"一带一路"建设践行公共外交》的访谈文稿中也提到民心相通的重要性。他举例说,每逢中国和巴西重大体育赛事、中巴文化交流盛会,华侨华人社团就应该活跃起来,利用可以宣传的资源做好公共外交工作。民心相通意味着对"一带一路"沿线不同国家进行不同的宣传,应具有针对性和贴近性,了解不同民族文化、风土人情和接受习惯,在两国媒体间建立良好稳定关系,华人华侨社团组织可以在其中发挥重要作用。厄瓜多尔青田同乡会首任会长杨小爱女士指出,语言在民心相通中特别重要。人文交流是"一带一路"的重要支撑,文化、教育、侨商、旅游等都是讲好中国故事的力量,而这一切的基础是语言,语言既是文化传播的载体也是文化本身的重要内容。

来自青田县仁庄镇的周小伟长期旅居意大利,在艺术领域耕耘已久,事业有成。意大利和中国都是文化大国,周小伟先生长期奔走中意文化艺术事业一线,促进两国文化交流,如带领欧洲文化机构负责人、知名艺术家先后到中国美术馆、广东博物馆、广东省美术馆、湖南博物院等处展示名作、互鉴交流。在2019年3月,中意签署"一带一路"合作文件,意大利成了首个加入"一带一路"倡议的G7国家,这令周小伟心潮澎湃。他认为文化艺术互鉴是共建"一带一路"促进民心相通的有效手段,中意文化交流的最好时代将要到来。他认为,"民心相通"是"五通"中最基本的,只有"民心相通"了才能做到"政策沟通",才能促使"设施联通""贸易畅通""资金融通"都畅行无阻、一通百通。而且艺术是民心相通中十分重要的一个领域,艺术无关政治信仰,无涉经济利益,完全始于人性对美好的追求,是可以跨越意识形态和地域语言的。这种平等的、和平的、共鸣的价值与"一带一路"的内在精神是相通的。

四、更好建设侨文化的经验启示

青田的侨务工作卓有成效,维护侨益、海外联谊、社团建设、吸引侨资、收集华侨史料等方面都可圈可点。在传承和发扬侨文化方面同样具有丰富经验。主要可以总结为:一是政府和民间都大力支持加强侨文化的发掘与保护工作,青田华侨自觉成为侨文化保护与传承的践行者,在政府各项相关工作中积极主动配合、贡献力量,比如在历史陈列馆、博物馆等的建设过程中捐献资金或者有价值的史料。二是一定程度上将侨文化开发转化,具有现实生产力的侨文化更容易发扬光大。比如青田县目前与侨相关的旅游景点、欧洲小镇、咖啡西餐等都并非停留于情怀与事业层面,而是通过一定程度的转化和运营,形成生产力。而且这过程中需要投入有形和无形的华侨资源,如华侨的商业思维与传统杨梅的结合,审美观念与当地建筑的结合等。这有助于侨文化的推陈出新并具有发展的不竭动力。三是培养下一代的侨文化意识也十分重要,尤其是针对华人华侨的后代。学校特色文化建设是国家教育改革和发展的重要任务,建设好"侨"字号特色学校,肩负着发扬华侨文化的光荣使命,同时也有利于深化课堂改革,提升学校育人质量。

面向未来,青田建设侨文化,还需要从不少方面凝心聚力、开拓创新。如将侨文化建设融入文明城市创建、街道改造等已有工作中,不仅要改变面貌,也要拾起散落的文化要素,提升城市文化管理的精细度。涉侨类博物馆的建设和发展具有重要价值,是促进华人华侨文化发展的重要力量,应进一步倾听侨声侨意,科学合理分区展示,不仅要静态展示,也要多组织华人华侨类的文化交流和传播活动,推动华侨文化博物馆"走出去",到海外巡展。同时,各级各类教育机构也应该重视将华人华侨文化嵌入课程体系中,充分利用博物馆、古籍资源开展侨文化社会实践,或者邀请著名华侨进课堂。不仅要构建起系统的青田华人华侨文化体系,也要从下一代出发,使华人华侨文化的理解、传承、发扬都具有可持续性,促进全社会来激活华人华侨文化,促进社会主义特色文化的蓬勃发展。

参考文献

[1]郭剑波.青田华侨华人与中欧文化交流[EB/OL].(2009-09-27). http://www.zjsql.com.cn/index.php? m＝content&c＝index&a＝ show&catid＝32&id＝4642.

[2]胡丁于.侨乡青田打造"华侨经济文化之窗"引"侨元素"回归[EB/OL]. (2020-12-02). https://baijiahao.baidu.com/s? id＝ 1684951216086547329&wfr＝spider&for＝pc.

[3]史澄.青田华侨特点初探[J].华侨历史,1987(1):38-45.

[4]舒旭影.青田华侨历史陈列馆开工[EB/OL].(2020-11-19).http:// www.zgqt.zj.cn/newsDetail/7955891.html.

[5]叶肖忠."一带一路"上的青田华侨[M].杭州:浙江教育出版社,2017.

执笔人:倪好,浙江大学区域协调发展研究中心、浙江大学中国西部发展研究院;吴易唯,浙江大学外国语学院

后　记

　　浙江大学区域协调发展研究中心充分发挥高校哲学社会科学的智囊团、思想库作用,聚焦国家和区域的重大战略性问题开展研究,撷取东西部扶贫协作、"山海协作"、"一带一路"国际合作等方面的鲜活典型案例,编撰出版《浙江跨区域合作典型案例(2021)》,旨在彰显浙江跨区域合作的创新实践和发展特色,为国家和浙江省提供决策咨询方案。

　　《浙江跨区域合作典型案例(2021)》以陈健、周谷平为项目总负责人,由浙江大学中国西部发展研究院、公管学院、海洋学院、浙江工商大学、温州大学等相关单位的教师和科研人员组成跨学科的研究团队。本发展报告的基本构思、章节架构由陈健、周谷平、辛越优提出,然后课题组分头写作。各章负责人如下,第一章、第二章:辛越优;第三章:郑春勇;第四章:陈健、王琳欢、陈庆福;第五章:骆凡、李莉、杨媚棠;第六章:孟东军、陈奕洁、林苑;第七章:孟东军、马伟红、范可、章潇;第八章:陈健、王琳欢、陈宣霖;第九章:薛天航;第十章:敖施雨、刘玥;第十一章:倪好、吴易唯;第十二章、十三章:郑春勇;第十四章:倪好、吴易唯。各章完成初稿后,陈健、周谷平、辛越优、敖晶负责全书的审阅校对,提出详细的修改意见,会同各章作者共同讨论进行修改完善,并终校定稿。

　　在本书即将付梓之际,我们要特别感谢本书的各位学术顾问,他们对本报告提出了诸多宝贵意见,很大程度上提升了该报告的质量。我们能够将浙江跨区域合作研究的最新成果展现给各位读者,离不开浙江省社会科学界联合会的鼎力支持,在此表示特别的感谢。也要感谢史晋川教授,他高屋建瓴的序言为本报告增添了不少色彩! 撰写过程中,各位作者在原有的基础上,通过实地调研、考察,掌握了大量第一手资料。在此基础上,编写团队参阅了大量文献,几易其稿,最终完稿。最后,感谢各章作者,以及浙江大学出版社的陈佩钰编辑,谢谢各位辛勤付出。

浙江将跨区域合作与服务国家战略相结合,涌现了许多各具特色的典型案例,形成了具有浙江特色和优势的跨区域合作模式。研究跨区域合作发展是一个不断探索和实践的过程,在此,我们抛砖引玉,真诚地希望广大读者及学界同仁不吝赐教!

浙江大学区域协调发展研究中心

2022 年 9 月 20 日